KB134109

근대적 통치성을 넘어서: 제도적 측면

다층적 통치성 총서 **5**

근대적 통치성을 넘어서: 제도적 측면

이동수 편

ⓘ 인간사랑

　근대는 전근대적 지배의 문제를 근대적 통치의 문제로 전환시켜 국가의 주권을 한 개인이나 계층이 아니라 모든 구성원에게 나누어줌으로써 자유민주주의의 발전을 도모해왔다. 그러나 자유민주주의는 사회주의와 권위주의 및 국가주의 등에 의해 도전을 받아왔으며, 그 자체의 한계로 인해 보완되어야 할 필요성에 직면해 있다. 혹자들은 의회민주주의 대신 시민들의 직접적 참여를 더욱 확대해야 한다면서 참여민주주의나 풀뿌리민주주의를 강조한다. 다른 혹자들은 사회통합의 어려움 때문에 공동체주의나 공화주의를 강조하기도 한다.

　이 책은 이러한 문제의식 아래 오늘날 자유민주주의의 문제점을 제도적 차원에서 보완하려는 시도들을 모았다. 먼저 1장은 서유럽과 다른 경로로 근대화를 이룬 동유럽과 북유럽 국가의 역사를 설명했고, 2장과 3장은 자유민주주의의 핵심인 지방자치와 주민자치 문제를 다루었다. 그리고 4장과 5장에서는 대의민주주의의 핵심인 정당과 대통령선거제 문제, 6장에서는 정부의 행정체계 문제를 다루었다. 그리고 7장과 8장에서는 글로벌 이슈로서 난민과 이주노동자 문제를 각각 다루었다.

각 장의 내용은 대략 다음과 같다.

먼저 1장 "근대의 또 다른 길: 동유럽과 북유럽 국가"는 동유럽과 북유럽의 근대화 과정이 서유럽과 다르다고 지적한다. 예컨대 헝가리나 폴란드 같은 동유럽의 경우, 귀족들이 '선거왕제'나 '자유거부권'을 통해 엄청난 제도적 특권을 가져 국력을 응집하기 위한 중앙집권화와 국민통합에 어려움을 겪었으며, 국토분할과 국가상실을 경험한 후에야 비로소 근대적 제도가 성립되었다. 또한 덴마크나 스웨덴 같은 북유럽의 경우, 왕권과 귀족권이 팽팽한 가운데 19세기 국가적 위기가 닥치자 서로 연대해 의회주의적 제도개혁과 국민통합을 이룸으로써 근대로 진입하는 데 성공했다.

이어 2장과 3장에서는 지방자치와 주민자치 문제를 다루고 있다. 2장 "자치권의 주체에 대한 이해와 오해: 기관구성의 다양화에 대한 논의"에서는 오늘날 우리의 지방자치제도가 지방자치단체 즉 집행부를 중심으로 하고, 지방의회는 이를 견제하는 일을 하고 있는데, 이는 지방자치의 본질을 벗어난 것이라고 지적한다. 유럽 중세도시에서 비롯된 지방자치 개념은 집행권을 가진 영주가 아니라 도시의 시민들이 지방의회를 중심으로 자치권을 확대해 온 것이다. 따라서 지방자치에서는 지방의회 중심의 기관통합형과 주민에 의한 직접 자치가 가장 중요한 요소라고 주장한다.

3장 "'읍면동 민주화'의 주민자치적 의미와 조건"에서는 풀뿌리 민주주의의 필요성과 제도적 개혁을 강조한다. 우리의 경우 민주주의가 성숙하려면 중앙정부나 지방정부보다 읍면동 단위에서의 주민자치가 선행되어야 한다. 그런데 우리는 미국이나 서구와 달리 주민자치가 관제화되어서 그 기능을 다하고 있지 못하다. 한국 민주주의의 발전을 위해서는 무엇보다 주민자치가 내실화되어야 하는데, 이는 로컬정당의 허용, 기초선거에서 중앙당 공천제의 폐지, 읍면동장 직선제 및 읍면동 의회의 구성, 읍면동통리 단위에서 주민자치회의 선거제 도입이 필요하다.

이어 4장, 5장, 6장에서는 각각 정당과 대통령선거제 그리고 정부 문제에 대해 다루고 있다. 먼저 4장 "정당 개혁의 방향: 제도화와 자율성"에서는 우리 정치에서 정당의 제도화와 자율성 사이에 존재하는 현실적·논리적 긴장을 통해 정당정치의 개혁 방향을 모색한다. 먼저 정당을 국가와 시민을 연결하는 중개자로서 자발적 조직임과 동시에 공적 제도의 역할을 하는 이중적 존재라고 전제한다. 그리고 개혁의 방향은 정당이 새롭게 등장하는 시민사회 균열들을 받아들일 수 있도록 자율성이 확대되고 정당활동의 자유가 보장되는 한편, 다차원적 균열이 무질서가 아닌 패턴있는 경쟁이 될 수 있도록 정당의 공천 제도를 비롯한 정당 내적 결정이 법률을 비롯한 국가의 공식적 제도에 의해 규제되어야 한다고 주장한다.

5장 "대선후보 국민참여경선의 문제점: 프랑스, 한국 비교"는 우리가 채택하고 있는 대선후보 국민참여경선제의 문제점을 파악해 그 대안을 제시한다. 먼저 우리와 유사한 대통령선거제를 채택하고, 대선후보 국민참여경선을 도입했던 프랑스 사례를 분석한다. 프랑스의 경우 대통령 후보 국민참여경선의 성과는 분명하지만, 정당 민주화나 당원 책임성과 국민 대표성의 조화 및 제도화 측면에서 보완할 부분이 있다. 이를 참고해 볼 때 한국에서의 국민참여경선은 당원과 시민의 참여 확대의 조화, 공직 후보자 선출과정에서 정당 민주화와 시민참여의 확대,

정당 내 공직 후보 선출의 상향식 제도화를 강화해야 한다.

6장 "영국 신노동당의 '연계 정부(Joined-Up Government)': 추진과 한계"는 최근 한국 사회에서 대두되고 있는 복합적인 사회 문제들, 예컨대 저출산 고령화, 경제성장 둔화 및 양극화, 이에 따른 복지 및 고용 정책 등을 해결하기 위한 정부체제에 대해 다룬다. 이와 같은 복합적인 문제들을 해결하려면 중앙과 지방 간, 정부와 시민사회 간의 협력과 조정이 필요하며, 따라서 '연계 행정'이 중요해진다. 영국은 19세기부터 책임 장관과 직업 관료로 이루어진 행정체계를 발전시켰고, 이러한 근대적 행정체계는 20세기 말 '부처할거주의'를 발생시켰다. 이를 극복하기 위해 블레어의 신노동당 정부는 반대로 '연계 정부'를 추진했는데, 이 역시 위계적인 성격, 연계 유닛들과 연계 담당자들의 급증, 그리고 책임소재의 혼란 등을 촉발시켰다. 따라서 '연계 정부'와 같은 조직을 새로 구성하는 것보다, 이슈 중심의 연계 거버넌스가 정책조정에 더 도움이 된다.

마지막 7장과 8장에서는 글로벌 연계성이 강한 난민과 이주노동자 문제를 다룬다. 먼저 7장 "통치성 시각에서 본 국제난민레짐"은 유엔난민기구의 리더십 한계를 지적한다. 그리고 난민 문제를 단순히 '자선 패러다임'이 아니라 신자유주의적 합리성과 난민 문제의 안보화라는 두 측면을 강조한다. 이에 따르면 유엔난민기구는 난민 유입 억제를 도모하는 북반구 국가들의 논리를 대변하고 있으며, 불가피하게 발생하는 난민에 대해 국제사회의 공평한 책임 분담에 대해서는 소극적이라고 비판한다.

8장 "경계(境界)와 탈경계의 이주정책: 고용허가제의 현황과 변화"에서는 세계화로 인한 이주노동자의 증가 속에서 그들의 노동권 보호가 매우 약하다고 비판한다. 우리의 경우 대표적 이주노동정책인 '고용허가제'는 모순과 폐해가 가득한 이전의 '산업연수생제'보다 진일보했다. 하지만 '고용허가제'는 이주노동자의 인권침해, 강제노동, 미등록 체류 등의 다양한 문제를 안고 있다. 따라서 한 걸음 더 나아가 '단계적 노동허가제'가 필요하다. 이는 이주노동자의 고용을 사업주에게 허용하는 '고용허가제'와 달리, 이주노동자에게 국내에서 취업과 노동할 권리를 단계적으로 허가해 주는 제도다. 이는 이주노동자들을 단순히 도구적인 기능인력으로 활용하는 대신, 그들의 인권과 사회적 권리를 확보하고 사회에 통합시키는 기회를 제공한다.

이상과 같은 일련의 글들은 모두 오늘날 우리 사회가 당면하고 있는 제도적 개혁에 대해 어떤 방향성을 제시해 준다. 이 책은 2022년도부터 2025년까지 진행하는 〈한국연구재단〉 인문사회연구소 지원사업 "다층적 통치성(governmentality)과 넥스트 데모크라시: 폴리스, 국가 그리고 그 너머"의 2단계 사업(NRF-2022S1A5C2A02093466)의 일환으로 출판하게 되었다. 각 장들은 프로젝트에 참여하는 분들이 담당해 주셨다. 매달 열리는 세미나와 콜로키움 및 포럼에 참석해 좋은 발표와 열띤 토론을 해주신 연구자들에게 진심으로 고마움을 느낀다. 그리고 이 책의 출판을 지원해 준 〈한국연구재단〉과 사명의식을 갖고 출판을 기꺼이 수락해 준 〈인간사랑〉 출판사 관계자들, 그리고 책 교정에 도움을 준 〈공공거버넌스연구소〉 조교들에게 깊은 감사의 말씀을 전한다.

2024년 2월
경희대학교 공공거버넌스연구소장 이동수

차 례

1장 근대의 또 다른 길: 동유럽과 북유럽 국가*

이동수

I. 서론

근대는 16세기부터 19세기까지 유럽에서 정치, 경제, 사회, 문화 등 모든 부문에서 새로운 기풍과 제도가 형성되어 오늘날 현대사회의 토대를 이루는 것을 지칭한다. 보다 구체적으로 근대는 16세기 이후 왕 혹은 의회 중심으로 중앙집권화가 이루어지고, 상업과 무역을 통해 시장경제와 자본주의가 발달하며, 이성과 과학적 사고가 진작되기 시작한 전기

---

*   이 글은 2024년 1월 『한국과 세계』 6권 1호에 게재된 "근대의 또 다른 길: 동유럽
     과 북유럽 국가를 중심으로"를 수정·보완한 것이다.

와 18세기 중반 이후 기술적 혁신으로 산업혁명이 일어나고 정치적 격변을 겪으며 일반 시민들의 정치참여가 확대된 후기로 나누어진다.

특히 정치적 측면에서 근대는 귀족들이 득세한 중세 봉건주의 시대를 넘어 군사적 기술의 발달과 전쟁의 양상이 달라지면서 전시에만 동원되는 귀족들의 기병대를 능가하는 중앙정부의 상비군이 확대되고, 빈번한 전쟁 수행에 필요한 재원을 얻기 위해 조세권을 지역 영주 대신 중앙정부가 확보하며, 이런 임무를 수행하기 위해 전문적인 행정조직인 관료제가 발달했다. 또한 근대 후기엔 중앙정부의 왕권이 귀족권을 능가하면서 절대왕정 수립을 도모하자, 이를 견제하기 위한 귀족들의 반격과 왕권 및 귀족권을 모두 견제하기 위한 제3신분과 농민과 같은 일반 시민들의 반격이 늘어나면서 시민들의 정치참여가 확대되기 시작했다.

이런 특징은 서유럽의 경험을 토대로 한 것으로서, 유럽의 다른 지역들 예컨대 동유럽과 북유럽의 경험과는 다소 차이가 있다. 특히 헝가리와 폴란드 같은 동유럽은 근대 초 왕위를 세습하는 대신 귀족들이 선거로 선출하는 '선거왕' 제도로 인해 귀족들의 힘이 너무 강해 절대왕정을 수립하고 중앙정부를 강화하는 데 실패했으며, 덴마크와 스웨덴 같은 북유럽의 경우엔 왕이 절대왕정을 수립하거나 귀족들이 왕을 압도하는 대신 두 세력 사이에 치열한 다툼이 이어진 가운데 결국 왕과 귀족 그리고 시민들이 함께 타협하는 의회주의를 정착시켰다.

그런데 이런 비교론적 관점은 일찍이 후쿠야마(F. Fukuyama)가 『정치질서의 기원』에서 택한 것으로서, 그는 근대 국가건설의 유형을 '약한 절대주의', '강한 절대주의', '실패한 과두제', '책임정부' 등으로 나누고, 영국과 덴마크를 가장 현대국가에 적합한 '책임정부' 유형으로 분류했다(Fukuyama 2011, 321-335). 여기서 '약한 절대주의' 국가는 프랑스와 스페인 같은 경우로 가산제적 중앙정부가 강력한 귀족권을 억제하지 못하고 약한 집단에게만 과도한 세금을 징수해 시민들의 정치혁명을 불러일으켰기 때문에, 절대왕정이기는 하나 약한 체제이며, '강한 절대주의' 국가는 러시아로서 절대왕권이 귀족과 관료까지 통제했는데, 왕이 그들과 함께 농민과 농노들을 과도하게 착취함으로써 결국 정치혁명이 초래되었다고 본다. 또한 '실패한 과두제' 국가는 헝가리와 폴란드 같은 경우로 강력한 귀족권이 득세하고 이들이 농민과 농노를 착취하는 것을 왕이 견제하지 못해 국가가 귀족들의 사적인 것으로 전화되어 허약해져서 결국 외침에 무기력했던 반면, 잉글랜드나 덴마크와 같은 '책임정부' 국가는 왕과 귀족이 서로 견제와 타협에 성공하고 법치에 근거한 강력한 중앙집권제를 수립해 발전할 수 있었다고 본다.

필자는 이러한 후쿠야마의 주장에 기본적으로 동의하면서, 다른 한편 조금 미진한 부분을 보완할 필요가 있다고 생각한다. 후쿠야마의 논의는 베버처럼 주요한 개념을 설정하고 이를 토대로 국가 간의 비교를 통해 유형을 나누어 설명하는데, 이는 충분히 유용한 측면을 갖고 있다. 다만 부족한 것은 그 유형을 나눔에 있어 하위 개념들을 설정하고 그것들의 관계와 정도에 따라 좀 더 세밀하게 부연 설명을 하는 것이다. 예컨대 근대국가 수립의 요소로 간주되는 하위 개념들인 중앙집권화, 관료제, 국민통합, 상비군, 절대주의 등과 근대적 경제개혁 요소인 상업사회, 자본주의, 산업혁명 등, 또 정치개혁 요소인 신분제 탈피, 의회주의, 권력분립, 헌정주의, 민주주의 등의 연관성을 좀 더 뚜렷하게 보여줄 필요가 있다는 것이다. 그리고 이런 연관성은 개념적이고 이론적인 관점 외에 한 국가의 경험을 역사적으로 접근할 때 가장 잘 드러난다.

그런 점에서 이 글은 후쿠야마의 분석을 토대로 하면서도 거기서 미진하게 다루어졌던 부분들, 예컨대 북유럽 국가로 후쿠야마가 높게 평가했지만 구체적으로 다루지 않은 덴마크와 스웨덴의 경우, 그리고 그가 다루었던 헝가리와 유사하지만 그보다 더 심각했던 폴란드의 국가적 특징을 역사적 접근(historical approach)을 통해 살펴보고자 한다. 이는 근대의 특징을 잘 보여주는 기본형인 서유럽 모델 외에 동유럽과 북유럽 국가들의 근대 국가건설 과정을 살펴 좀 더 이해의 폭을 넓히고자 하는 것이다. 이를 위해 서론에 이어 2장에서는 동유럽 헝가리와 폴란드 근대의 역사적 경험을, 3장에서는 북유럽 스웨덴과 덴마크 근대의 역사적 경험을 살펴보고, 마지막에 결론을 맺고자 한다.

II. 동유럽: 강한 귀족과 약한 국가

1. 헝가리

헝가리의 출발은 895년 중앙아시아에서 온 투르크계 7개 마자르 부족이 연합해 아르파드(Árpád)를 중심으로 판노니아 평원에 국가를 건설하면서부터다. 1000년엔 이슈트반 1세(István I)가 교황으로부터 기독교 세례를 받아 헝가리 왕으로 승인되고 유럽 기독교 세계의 일원이 되었다. 그러나 벨라 3세(Béla III)의 후계자들이 왕이 되려 할 때 귀족들의 지지가 필요했기 때문에, 왕실 재산을 봉토가 아닌 자유 토지로 분배하면서 귀족권이 강화되었다. 안드라스 2세(András II)의 왕실근위대는 왕을 수행했다는 이유로 나중에 강력한 귀족들로부터 보복당하는 것을 두려워해, 왕에게 보호해 달라고 요청할 정도였다. 결국 1222년 헝가리 귀족들은 안드라스 2세에게 왕권을 제약하는 '금인칙서(Bulla Aurea)'[1]에 서명을 강제해 자신의 특권을 법적으로 보장케 하였다. 심지어 귀족들은 1241년 몽골이 쳐들어왔을 때 왕에 대한 반감으로 전투를 거부해 국가가 멸망 위기에 몰리기도 했다.[2] 또한 1301년 아르파드 왕조에 후사가 없자 귀족들은 국왕을 선출하는 선거왕제를 실시했는데, 선출된 왕들은 허수아비 같은 존재로서 군대와 관료를 직접 지휘할 수 없었다. 국가의 주요 결정은 귀족회의에서 이루어졌으며, 스페인 귀족회의인 코르테스(Cortes)를 능가할 정도로 왕보다 강력한 권한을 가졌다.

일시적으로 왕권이 강화되고 중앙집권화를 시도한 적도 있었다. 귀족회의에서 섭정으로 선출된 중하위귀족 후냐디(Hunyadi János)가 오스만투르크의 공격을 격퇴해 영웅이 되자, 1458년 그의 아들 마티아슈(Hunyadi Mátyás)가 왕으로 선출되었다. 당시 인기가 많았던 마티아슈는

---

1 '금인칙서'는 정기적인 귀족회의 개최, 귀족에 대한 불법적인 체포 금지, 귀족에 대한 조세 및 기타 부담 면제, 왕에 대한 귀족의 반항권 등을 규정했는데, 이는 잉글랜드의 '대헌장(Magna Carta, 1215)'과 비슷한 위치를 갖는다. 다만 '대헌장'은 잉글랜드 존왕의 독주를 막기 위해 귀족과 기사들이 백성의 지지를 얻어 왕으로부터 법률적 보호를 받으려는 것인 반면, '금인칙서'는 헝가리의 강력한 귀족과 성직자들이 약한 왕을 겁박해 자신들의 특권을 보장받기 위한 것이었다.

2 이때 몽골군이 국내문제로 스스로 철수함에 따라 헝가리 왕국이 겨우 보존되었다.

국민의 지지를 바탕으로 왕권 강화를 시도했다. 중앙집권화를 위해 관료를 충원하고, 왕실 재무청과 왕이 지휘하는 '검은 군대(Fekete sereg)'를 창설했으며, 중앙정부가 세금을 부과해 귀족권을 견제했다. 하지만 마티아슈 사후 다시 귀족들이 득세해 아예 외국인을 왕으로 선출하고 허수아비로 만들어버렸다. 1514년 중하위귀족들은 지금까지의 관습법을 토대로 삼분법(tripartitum)을 제정해 왕에 대한 저항, 귀족들 사이의 평등, 귀족의 세습적 특권, 농노들의 성가신 의무들을 규정했다(이상협 2009, 41).[3]

헝가리는 16세기에 국가가 분할되는 위기를 겪었다. 오스만투르크의 슐레이만 대제(Süleyman I)가 1526년 유럽 기독교 세계로 쳐들어가기 위해 비엔나를 침공했다. 헝가리는 비엔나로 가는 길목이어서 먼저 공격을 받았는데, 헝가리 왕 러요시 2세(Lajos II)가 맞서 싸우다 '모하치(Mohács) 전투'에서 전사하고 헝가리군은 대패했다. 다만 합스부르크 오스트리아가 비엔나를 결사적으로 방어함으로써, 오스만투르크의 '1차 비엔나 침공'은 결국 실패했다. 그러나 헝가리는 이 전쟁의 영향으로 국토가 삼분되었다. 서부는 합스부르크 오스트리아가 통치하는 로열 헝가리, 중심인 부다와 페스트 지역은 오스만투르크가 여전히 점령해 통치하는 오스만 헝가리, 그리고 동부는 오스만과 합스부르크를 모두 거부하는 중하위귀족들이 자치권을 얻어 통치하는 트란실바니아 공국이 그것이다.

---

3   이 법은 1848년 시민혁명으로 폐지될 때까지 모든 법의 기초가 되었는데, 국가의 '귀족적 성격'을 오랜 기간 유지하는 토대가 되었다.

헝가리가 다시 합쳐진 것은 1683년 오스만투르크가 '2차 비엔나 침공'을 감행했을 때, 합스부르크 오스트리아를 필두로 한 기독교 연합군이 그들을 동유럽에서 몰아낸 이후다. 이때 합스부르크 오스트리아는 헝가리 외에도 크로아티아, 슬로베니아 등을 장악해 동유럽에 거대제국을 건설하고 합쳐진 헝가리를 자신의 속국으로 삼았는데, 궁극적으로는 헝가리를 제국의 한 지역으로 삼고자 했다. 따라서 헝가리에서 개신교를 제한하고 가톨릭을 강요했으며, 마자르 문화를 억제하고 게르만화를 시도했고, 귀족의 특권을 보장해주는 대신 합스부르크가의 헝가리 왕위 세습을 명문화했다(이상협 2009, 47).

그러자 트란실바니아 대공 라코치 2세(Rakoczi II)는 절대국가 건설과 귀족 특권 제한, 농민의 자유와 같은 개혁을 주장하면서 헝가리 독립운동을 시도했는데, 대귀족과 지주들이 반대하고 군사력이 부족해 실패했다. 이후 합스부르크 오스트리아는 헝가리를 보헤미아처럼 제국의 내부로 삼는 대신 독립을 유지해 주고 귀족의 특권과 종교의 자유를 보장하는 선에서 타협했다. 이에 헝가리 귀족들도 1713년 제정한 합스부르크가의 '황실전범(Pragmatica Santio)'[4]을 인정하고, 합스부르크가가 장악한 신성로마제국 황제가 헝가리 국왕을 겸직하는 것을 승인했다. 그 대신 헝가리는 귀족회의와 주의회는 유지하게 되었다(이상협 2009, 48).

---

[4] 여기엔 제국의 황제는 합스부르크가의 직계 여자도 계승할 수 있게 한 규정과 제국의 황제는 오스트리아 대공, 헝가리 왕, 보헤미아 왕의 직을 반드시 겸해야 한다는 규정이 포함되어 있다. 이는 합스부르크가 신성로마제국 황제 카를 6세(Karl VI)가 아들이 없는 상태에서 딸인 마리아 테레지아(Maria Theresia)를 후계자로 정하기 위해 전통적인 게르만법 대신 아들, 딸 구별 없이 황위를 계승할 수 있게 한 것이었다.

이후 헝가리의 국가적 발전은 합스부르크 제국의 발전과 궤를 같이 했다. 1740년 실제 황제권이 마리아 테레지아에게 넘어가자, 주변국들이 반발해 '오스트리아 왕위계승전쟁(1740-1748)'이 발생했는데, 그녀는 타협안을 만들어 남편 로트링겐의 프란츠가 신성로마제국 황제직을 맡고 자신은 오스트리아 대공과 헝가리 왕, 보헤미아 왕 등 실권을 장악했다. 그녀와 아들 요제프 2세(Joseph II)는 당시 유행하던 계몽주의를 받아들여 근대국가, 절대주의, 민족통일을 추진하는 개혁정책을 추진했다. 일찍이 제국의 친위대는 제국 내 여러 민족 출신 청년들을 비엔나로 소집해 구성했는데, 이들 지방의 귀족 자제들이 추후 귀향해 지역의 낙후성을 깨닫고 개혁운동을 벌이기도 하였다.

하지만 전통적인 귀족들은 합스부르크가의 개혁정책에 반발했다. 특히 1784년 합스부르크가가 '독일어 칙령'을 발표해 제국 내 국가들의 언어를 독일어로 통일하려 하자, 헝가리인들은 민족적 정체성을 강조하면서 이에 대항했다. 특히 프랑스혁명 이후 '나폴레옹전쟁(1803-1815)'을 통해 자유주의 사상과 국민국가(nation-state) 형성에 대한 기대가 높아지고 민족주의가 대두됨에 따라, 헝가리엔 합스부르크의 종속에서 벗어나 완전히 독립하려는 요구가 커졌다.

그러나 '나폴레옹전쟁' 후 유럽은 '비엔나체제'로 복귀해 그런 열망을 담아낼 수 없었다. 1830년 프랑스에서 발발한 '7월 혁명'은 서유럽에 자유주의와 민족주의적 사고에 큰 영향을 주어, 저지대 남부가 벨기에로 독립하고 스위스와 이탈리아에도 파장이 일었다. 하지만 '비엔나체제' 아래 합스부르크가의 지배를 받는 동유럽은 그 영향이 적었다. 프랑스에서 1848년 발발한 '2월 혁명' 때에야 비로소 동유럽에도 그 여파가 미쳤다. 특히 헝가리는 프랑스 '2월 혁명'과 독일 지역에서의 '3월 혁명'으로부터 영향을 받아, 중산층과 지식인을 중심으로 마자르어를 확대하고 독립된 국민국가 수립을 목표로 시민운동과 독립운동이 발발했다. 그러나 합스부르크가는 1849년 8월 러시아에 진압군을 요청해 투입하고 크로아티아를 회유해 헝가리를 공격하게 함으로써, 헝가리의 독립운동을 좌절시켰다(김철민 2016, 161).

헝가리에 기회가 온 것은 합스부르크가가 1866년 프로이센과의 전쟁에서 패한 후다. 합스부르크 황제 프란츠 요제프 1세(Franz Joseph I)는 프로이센에 밀린 후 생존하기 위해 헝가리와의 연합 즉 오스트리아-헝가리제국(1867-1918)의 수립을 제안했다. 이는 합스부르크 오스트리아가 헝가리와 동등한 입장에서 각자 자치권을 가지면서도 연합해 제국의 위력을 유지하려는 시도였다. 당시 헝가리의 자유당 정부는 독립운동 대신 연합제국이라는 타협안을 받아들였다. 이에 민족주의자들은 헝가리의 정치적, 헌정적, 사회적 발전을 눈먼 동맹에 맡겨버린 자기기만이라고 비판하고, 연합제국 구성은 기계적인 통합으로서 다른 소수 민족을 제외한 헝가리인만 우대하고 있으며, 헝가리는 독립성에 대한 주권을 얻은 것이 아니라 환상에 그칠 뿐이라고 비난했다(Tihany 1969, 120-122).

하지만 헝가리로서는 연합제국 수립이 독립 대신 근대화의 기틀을 마련한 계기가 되었다. 헝가리는 합스부르크 오스트리아와의 마찰을 피하고, 크로아티아나 세르비아 같은 다른 동유럽 국가들과 달리 특권을 누리면서, 역사상 매우 안정되고 평화로운 상태에서 근대화와 산업적 발전을 추진할 수 있었던 것이다(Good 1984; Reifowitz 2009; Romsics 1999). 먼저 헝가리 정부는 1873년 페스트, 부다, 오부타 등 세 도시를 합쳐 부다페스트로 통합해 수도로 삼았으며, 중앙정부의 권한을 강화해 의무교육 실시와 종교와 언론의 자유 등을 추진했다. 또한 경제 부문에 있어서는 대대적인 관개사업으로 경작지를 넓히고, 새로운 작물과 기계를 도입해 곡물생산량을 3배 늘려 이 중 절반을 수출했다. 인구가 100만으로 늘어난 부다페스트시에는 사회간접자본을 확충하기 위해 영국에 이어 세계 두 번째로 지하철을 건설했으며, 전체 철도의 길이도 '1차 세계대전' 전까지 10배 확충했다. 그리고 서유럽과의 무역을 통해 유럽의 일원으로 확실히 자리매김했으며, 경제성장 덕분에 GDP가 3배로 늘어나는 성과를 거두었다. 종전의 후진적 농업국에 불과했던 헝가리는 연합제국 기간 비약적으로 발전해 농공업국으로 발전했고, 소위 '평화로운 황금시대'를 맞이했다(김지영 2013, 12-13).

그러나 오스트리아-헝가리제국은 출발부터 커다란 문제를 안고 있었다. 이 연합제국은 오늘날의 오스트리아와 헝가리 지역뿐만 아니라 보헤미아, 크로아티아, 슬로베니아, 세르비아 등이 포함되어 다양한 인종과 언어, 종교 때문에 정체성 수립에 어려움을 겪었다. 제국 내에 11개의 언어, 7개의 종교가 공존했기 때문에, 다민족 다문화 사회로서 억지로 모아놓은 것에 불과했다(김새미 2017, 208). 그리고 헝가리 지역 자체 내에서도 마찬가지였다. 헝가리 인구 구성에서 가톨릭교도 헝가리인은 40% 정도였으며, 나머지는 정교회인 루마니아인, 루테니아인, 세브르인 및 개신교인 트란실바니아인 등이 합쳐 있었다(이상협 2009, 44). 또한 헝가리어는 대다수 유럽인의 인도-유럽어족이 아니라 아시아인과 유사한 핀-우고르어에 속해, 다른 유럽 국가들의 언어와 소통하기 불편했기 때문에, '언어의 섬'으로도 불렸다. 그리고 귀족계층이 50만 명 정도로 총

인구의 5-6%(헝가리인 기준 10-12%)로서 귀족의 비율이 상당히 높았으며, 대귀족은 부재지주로서 주로 비엔나에 거주했으며, 중하위귀족은 관료로 편입되어 지배계층을 형성하고 있었다. 인구 대부분은 농노 혹은 농노에서 해방된 소작농들로서 중산층과 시민층이 부재하였다(김지영 2013, 2, 15). 또한 헝가리인들은 자기 관할에 포함된 크로아티아와 슬로베니아를 차별하는 이중적인 태도를 갖고 있어서, 독일계는 물론 비헝가리계는 사회통합의 밖에 존재했다. 결국 오스트리아-헝가리제국 내의 종속 지역인 세르비아의 독립운동 때문에 '1차 세계대전'이 발발했으며, 그 결과 제국은 패전국이 되어 영토의 70%, 인구의 2/3 이상을 신생국들에 넘기고 헝가리는 축소된 상태로 독립되었다. 특히 예전 헝가리 동부는 승리한 연합국 측에 가담했던 루마니아에게 양보해야만 했다.

경제적인 측면에 있어서, 본래 헝가리인들은 판노니아 평원지역에서 곡물과 밀 농사를 주로 했으며, 귀족들의 장원 농노를 포함해 농업 인구가 80%를 넘었다. 19세기 접어들면서는 농산물 수확량이 늘어 수출이 가능해졌고, 오스트리아-헝가리제국 시절엔 부다페스트가 유럽에서 가장 큰 제분업의 중심지였으며, 이 외에도 설탕, 과일 통조림, 맥주, 술 등 식료품들을 수출했다. 그러나 내륙국가인 헝가리는 오스트리아가 주요 수출국이었는데, 이곳이 산악지형이어서 철도로 많은 양을 수출하기는 어려웠으며, 또한 오스트리아는 19세기 내내 보호무역주의를 채택했기 때문에 수출엔 한계가 있었다. 그리고 오스트리아-헝가리제국 시절 헝가리는 완만하게 공업이 발달하고 농업의 공업화는 이루어졌으나, 제국 전체 공업의 중심지는 석탄이 풍부한 보헤미아 지역이 담당해 헝가리의 산업화는 더딘 편이었다. 또한 헝가리인들의 교육 수준과 문자 해독률이 낮아 양질의 노동자를 구할 수 없어서 산업화에도 한계가 있었다(Cameron 1993, 259-260).

이상과 같이 헝가리는 농업국가로서 전통적으로 귀족권이 왕권보다 강했다. 귀족들의 제일 목표는 자신의 토지를 지키고 권력을 유지하는 것이었으며, 이는 때로는 국가 위기를 초래할 정도였다. 국가의 출발이 7개 부족연합이었던 헝가리는 시대를 거듭할수록 귀족들의 특권이 확대되었으며, 심지어 왕을 선출하고 왕권을 약화시켜 국토가 분리되는 수모를 겪기도 하였다. 19세기 중반 합스부르크 제국이 소멸 위기에 처하자, 오스트리아의 요청으로 연합제국을 구성했지만, 이는 근본적인 해결책이 되지 못했다. 연합제국은 헝가리 경제발전엔 어느 정도 기여했지만, 전면적인 산업화 대신 농업의 공업화 정도에 그쳤다. 결국 헝가리는 '1차 세계대전'에서 패전국의 멍에를 뒤집어쓰고, 축소된 형태로 겨우 독립을 맞이했다.

2. 폴란드

고대 폴란드 지역엔 스키타이인들과 일리리아인들이 거주했는데, 이후 게르만족이 대이동을 통해 들어왔다가 서쪽으로 이동하자, 동쪽에 살던 슬라브인들이 새로 들어와 자리를 잡았다. 이 지역은 평원이고 사방이 노출되어 있어서 로마제국조차도 국가를 수립하는 데 어려움을 겪은 바 있다. 960년 슬라브계 폴라니(Polani) 부족의 미에슈코 1세(Mieszko I)가 최초로 국가를 건설해 피아스트 왕조(Piast, 960-1370)를 개창하고,

966년 가톨릭을 받아들여 유럽 세계의 일원이 되었다.

폴란드는 서쪽으로 프로이센, 동쪽으로 러시아, 남쪽으로 오스트리아와 인접해 있는데, 특히 독일과의 연관성이 매우 깊고 양국 관계도 갈등과 협력의 이중적 관계에 놓여 있었다. 귀족의 상당수가 독일인이었으며, 이웃 독일 공국들도 호시탐탐 폴란드에 대한 군사적 팽창을 시도했다. 이에 대항하기 위해 폴란드는 기독교 복음에 기반한 독일 기사단에 도움을 청했으나, 그들은 독일 공국들의 공격을 퇴치할 뿐만 아니라 폴란드의 영역도 차지해, 결과적으로 독일인들의 폴란드에 대한 개입이 더욱 강화되었다(이동수 2019, 108).

이런 상황을 탈피하기 위해 폴란드는 14세기 카지미에시 3세(Kazimierz Ⅲ) 때부터 리투아니아와의 연합을 추진했다. 그런데 그가 후사 없이 사망하자, 사촌이자 앙주가 헝가리 왕인 러요시 1세(Lajos Ⅰ)가 왕위를 계승했다. 그는 헝가리 왕궁에 머물며 폴란드엔 부재했는데, 광활한 영토를 통치하기 위해 폴란드 귀족들의 특권을 인정하고 의무를 감해주는 한편 그들에게 왕령지를 나누어주고 세금도 면제해 주었다. 또한 그는 딸 야드비가(Jadwiga)의 왕위 계승을 귀족인 슐라흐타(Szlachta)에게 보장받기 위해 경제적 특권과 행정적 자치권을 보장하는 '코시체(Košice)의 특권'을 부여했는데, 이로써 폴란드 귀족들의 권한은 한층 강화되었다(Anderson 2013, 279).

그러나 야드비가의 왕위 계승은 순탄치 않았는데, 귀족들의 계속된 요구와 분란으로 2년 가까이 공위기를 거친 후에야 비로소 대관식을 거행할 수 있었다. 또한 야드비가는 예전부터 추진하던 리투아니아와의 연합을 위해 1385년 리투아니아 대공 요가일라(Jogaila, 브와디스와프 2세)[5]와 결혼함으로써, 새로이 폴란드와 리투아니아 수장을 겸하는 동군연합의 야기에우어왕조(Jagiellonowie, 1385-1573)를 탄생시켰다. 요가일라도 튜턴기 사단에 시달려 이 결혼에 동의했으며, 혼인과 함께 가톨릭으로 개종해 리투아니아의 안전을 도모하고 광활한 폴란드도 확보하게 되었다(이동 수 2019, 108).

이 연합왕조는 귀족들의 지지 없이는 지탱할 수 없었는데, 따라서 연합왕은 귀족권의 확대를 눈뜨고 바라볼 수밖에 없었다. 귀족들은 1425년 "법원의 판결 없이는 누구도 체포되지 않는다"는 인신보호청원을 법으로 제정하고, 1493년 양원제를 도입해 대귀족은 상원(Senat) 중 하위귀족은 하원(Sejm) 의원이 되었으며, 1505년 귀족을 위한 니힐누보법 즉 "모두의 동의 없이 새로운 것은 없다"는 법령을 제정했다. 그리고 예전 집행기구였던 주의회(Sejmik)도 각 지역의 이해관계를 대변하는 대의기구로 격상되었다. 그리하여 왕실에 우호적인 상원을 제외하고 하원과 주의회를 장악한 중하위귀족들의 권한이 대폭 확대되었다(안두환 2023, 128).

야기에우어왕조 마지막 왕 지그문트 2세(Zygmunt II)는 아들이 없어 딸 안나(Anna)의 남편감을 구하는 것과 러시아 이반 4세(Iban IV)의 도전을 막아야 하는 과제가 있었는데, 사위로는 신성로마제국 황제 막시밀리안 2세(Maximilian II)의 차남 에르네스트(Ernest)를 낙점하고, 러시아를 막기 위해 1569년 '루블린 합병(Unia lubelska)'으로 폴란드와 리투아니아

---

5 리투아니아어로는 요가일라이고, 폴란드어로는 야기에우어이다.

를 통합해 폴란드-리투아니아 연방(1569-1795)이라는 두 국가체제를 수립했다.

그러나 폴란드 귀족들은 합스부르크가 에르네스트 왕자를 거부하기 위해 러시아의 이반 4세와 결탁했고, 지그문트 2세가 죽자 1573년 하원 귀족 4만 명이 '바르샤바연맹(Konfederacja warszawska)'을 만들어 왕권을 제한하고 국왕을 선출하는 선거왕제를 제정했다. 또한 선거의 승자는 즉위에 앞서 국왕의 권한과 비세습원칙 등 의무를 상세히 명시한 '헨리크 조항'의 준수를 맹세해야 했는데, 이로써 귀족들이 왕에게 합법적으로 저항할 수 있는 권한을 획득하게 되었다. 폴란드 왕은 귀족과 강대국 사이에 끼여 별로 힘을 못 쓰는 상황이 반복되었고, 다른 유럽 국가들과 달리 중앙집권화를 이루지 못했다(안두환 2023, 130).

이후 폴란드 왕에 선출된 사람들은 대귀족들도 있지만 외국인 출신이 주를 이루어 프랑스의 앙리 3세(재위 1573-1575), 스웨덴의 지그문트 3세(재위 1587-1632)와 얀 2세(재위 1648-1668), 독일 작센의 아우구스트 2세(재위 1697-1704, 1709-1733)와 아우구스트 3세(1734-1763) 등이 왕이 되었는데, 이들은 부재군주인 경우가 많았다. 따라서 폴란드는 겉으로는 왕정 체제였지만 선거왕제를 통해 왕이 존재하더라도 귀족들의 권한이 훨씬 강해 일종의 '변형된 귀족정' 체제 즉 실제로는 귀족들이 통치하지만 책임은 왕에게 있는 체제였다.

강한 귀족과 약한 국가체제인 폴란드는 대외전쟁을 수행하는 데 어려움을 겪었다. 당시 중앙집권화를 통해 강력한 군대를 양성한 강대국들과는 달리 여전히 귀족들의 군사동원에 의존해야 하는 폴란드는 군사강국인 스웨덴이나 오스만투르크와의 전쟁에서 크게 패했으며, 18세기엔 '폴란드 왕위계승전쟁(1733-1735)',[6] '오스트리아 왕위계승전쟁(1740-1748)', '7년 전쟁(1756-1763)'[7] 등을 겪으면서 엄청난 피해를 입었다.[8]

특히 18세기 중요한 근대화 및 계몽주의 시기에 즉위한 작센 출신의 아우구스트 3세는 작센에 거주하는 부재군주로서 러시아의 속국 지위를 받아들이고 아무런 개혁도 하지 않았다. 당시 폴란드에 관심이 높았던 러시아의 예카테리나 2세(Ekaterina II)는 친분이 있는 주러시아 폴란드 대사 출신 포니아토프스키(Poniatowski)를 자신의 힘을 이용해 폴란드 왕 스타니스와프 2세(Stanisław II)로 선출시키고, 그의 묵인 아래 러시아군을 진입시켜 폴란드를 속국으로 삼으려 했다. 하지만 주변 강대국인 프로이센과 오스트리아가 러시아에 이의를 제기하면서 폴란드는 1772년 프로이센, 러시아, 오스트리아에 의해 '1차 삼국분할'이 되어 영토의 1/3을 잃게 되었다.

---

6 이 전쟁은 아우구스트 2세 사후 계승권을 둘러싼 폴란드 내전으로서, 서유럽에서 오스트리아 합스부르크가의 힘을 저지하려고 부르봉가의 두 힘인 프랑스와 스페인이 폴란드 왕위에까지 손을 뻗쳐, 주요 유럽 국가들이 참여한 전쟁이다. 폴란드에서 전투의 결말은 아우구스트 3세가 계승하는 것으로 끝났는데, 그는 합스부르크가와 러시아의 지지를 받았다.

7 이 전쟁은 합스부르크 오스트리아가 '오스트리아 왕위계승전쟁'에서 프로이센에 패해 독일 동부의 비옥한 슐레지엔을 빼앗기자, 그곳을 되찾기 위해 프로이센과 벌인 전쟁이다. 유럽의 거의 모든 열강이 이 전쟁에 참여했으며, 특히 작센과 폴란드 지역의 피해가 컸다.

8 대외전쟁에서 폴란드의 위상을 높인 것은 1683년 오스만투르크의 '2차 비엔나 침공'을 스웨덴 출신 군인왕 얀 3세 소비에스키(Jan III Sobieski)가 무찌른 때이다. 얀 3세는 이 공을 계기로 왕위세습을 시도했으나 실패했고, 폴란드 귀족들은 후임으로 작센의 아우구스트 2세(August II)를 선출했다.

하지만 스타니스와프 2세는 분할 이후 즉위에 도움을 준 예카테리나 2세의 뜻에 반하여 폴란드의 부흥을 꾀했다. 그는 먼저 프랑스혁명으로부터 영향을 받아 1791년 개혁적인 인사들로 하여금 유럽 최초 성문 헌법인 '5월 3일 헌법'을 제정케 하였다. 이 헌법은 국체를 세습적인 입헌군주제로 하고 귀족의 특권을 제한하는 내용을 담았는데, 왕은 이를 토대로 개혁을 추진했다. 이에 놀란 폴란드 귀족들은 1792년 '타르고비차연맹(Konfederacja targowicka)'을 결성하고 러시아군을 끌어들여 내전 성격을 갖는 '폴란드-러시아 전쟁'을 발발시켰다. 전쟁이 귀족들의 승리로 끝난 후, 폴란드는 1793년 '2차 삼국분할'을 통해 나머지 영토의 반을 빼앗겼고, 1795년 코시치우슈코(Kościuszko) 장군이 국왕을 중심으로 단결해 러시아와 귀족들의 처단을 추진하는 봉기를 일으켰는데 실패하자, 폴란드는 '3차 삼국분할'을 통해 영토를 모두 상실하고 말았다.[9]

폴란드가 이렇게 된 것은 소수 귀족만의 '황금의 자유'가 인정되고 전근대적인 특권을 허용한 채, 대항해시대 이후 유럽 국가들이 서로 경쟁하기 위해 중앙집권화와 절대왕정을 추구하던 시대적 흐름과 동떨어졌기 때문이다. 심지어 군사 강국이기는 하지만 근대화에 뒤떨어진 러시아조차 표트르대제 때 '대북방전쟁(1701-1721)'을 통해 스웨덴으로부터 상트페테르부르크를 확보해 수도 겸 무역항으로 삼아 급속히 발전

---

[9] 폴란드는 1807년 프랑스 나폴레옹군에게 점령당한 후 '틸지트 조약'에 따라 바르샤바 공국이라는 괴뢰국이 수립되었다가 1813년 바르샤바가 러시아군에 다시 함락되면서 원상 복귀되어 '1차 세계대전'이 끝나고 독립될 때까지 삼국분할 통치가 계속 이어졌다.

하고, 예카테리나 2세 때 계몽주의를 받아들여 근대화를 추진했다. 그런데 폴란드 귀족들은 러시아마저 동참한 근대화를 한사코 거부하고 자신의 특권을 유지하는 데만 온 힘을 기울였을 뿐이다. 그들이 마지막 왕인 스타니스와프 2세에게 바랬던 것도 전임자들과 마찬가지로 '헨리크 조항'을 준수하며 무력하게 지내는 것으로서, 설사 폴란드가 러시아의 속국이 되더라도 자신의 '황금의 자유'만 존중되면 상관없다는 듯이 행동했다(안두환 2023, 132).

폴란드 사회는 친족적 성격을 갖고 있다. 16세기경 귀족은 인구의 7-8%인 70만 명 정도로 타국에 비해 많은 편이며, 귀족-농노의 계서적인 구성을 이루었다. 다만 대귀족과 중하위귀족들 사이엔 어느 정도 평등을 유지했다. 일찍이 선거왕제를 통해 왕에 오른 프랑스 출신 앙리 3세는 자신이 왕에 선출되는 대가로 왕위 세습을 포기하고 왕과 귀족 사이에 '동의협약(pacta conventa)'을 맺었는데, 이는 왕의 실질적 권력을 박탈하는 것이었다. 예컨대 왕은 임의로 관료나 장교를 해임할 수 없으며, 왕의 군대는 3,000명을 넘지 않아야 했고, 서열 2위인 군사령관 헤트만(hetman)은 종신직으로서 왕의 통제 없이 독립적인 지휘가 가능하며, 중요한 정치적 및 재정적 결정은 2년마다 열리는 하원의 동의를 요한다는 내용을 담고 있다. 왕이 이를 위반할 때, 귀족들의 반란은 정당화된다. 따라서 어떤 왕이나 왕조도 다시는 왕국을 지배하지 못했으며, 폴란드는 사실상 국왕을 우두머리로 한 '귀족공화정'의 성격을 지녔다(Anderson 2013, 286).

또한 지주인 귀족들은 중앙의 허약성을 유지하고자 의도적으로 프랑스, 헝가리, 스웨덴, 작센 등과 같은 외국 출신 왕의 선출을 선호했는데, 외국왕들은 국내에 자신을 지탱할 만한 경제적 기반이 없으며, 대 귀족들의 수입과 군대는 왕의 그것을 능가하는 경우가 많았다. 더욱이 1652년 하원은 '자유거부권(liberum veto)'을 인정하고 만장일치제를 채택 했는데, 이로써 어느 귀족의 1표로도 국정은 마비될 수 있었다. '자유거 부권'은 이후 70여 지방의회까지 확대되어 귀족들의 권익을 보호했는 데, 이로써 국가는 일종의 무정부상태처럼 운영되었다(Anderson 2013, 292).

군사적 측면에 있어서, 폴란드군은 오스만투르크 및 코자크(Cos- sack) 기병대에 대응하기 위해 기병 중심의 군대를 유지했는데, 이는 보 병과 포병 중심의 서유럽 군대와는 달리 전근대적이었다. 또한 국민군 이 아니기 때문에 군사 강국인 스웨덴, 러시아, 오스트리아, 프로이센군 에 무방비 상태로 몰렸다. 코자크는 원래 키에프 공국이 몽골에 멸망된 뒤 폴란드 지배 아래 용병 역할을 했었는데, 17세기 중반 폴란드가 코자 크군을 종속시키려 하자 반란을 일으켜 독립했으며,[10] 이후 폴란드군은 약체를 면치 못했다(Tilly 1995, 199-202).

한편 경제적 측면에서 볼 때, 폴란드는 평원의 곡창지대로서 자급 자족 후 남는 곡물을 단치히를 통해 서유럽에 수출하는 농업수출국이 었다. 특히 16세기 이후 유럽 인구가 증가하고 곡물 가격이 상승하자, 폴란드 지주 귀족들은 곡물 수출로 막대한 부를 축적했으며, 농민과 상인을 곡물무역 체제에서 배제한 채 봉건적인 장원경제를 구축하고 농

---

[10] 코자크는 러시아의 시베리아 정복과 남동부 정복 때 용병으로 참가했으며, 18세 기 후반 폴란드 분할 때 우크라이나 중부와 동부는 러시아에 합병되고 서부는 오스트리아에 합병되었다.

민들의 '재농노화'를 추구했다. 예전보다 더 가혹한 재농노화를 통해 폴란드는 1600-1750년 사이 농업생산이 3배로 증가하고 거대한 수입을 올렸는데, 상업적 마인드가 없는 지주들은 이익을 생산적으로 투자하지 않았고 기술 수준도 매우 낮았다. 또한 지주들은 반도시화정책을 추진해 상업자본이 형성되지 않았으며, 심지어 경쟁자인 국내 상인들에게 타격을 주기 위해 1565년 외국 상인들에게 특혜를 주기도 했다. 그리하여 그나마 몇몇 남아있는 도시들은 독일인, 유대인, 아르메니아인 상인들이 장악하고, 국내 상인계층은 몰락하고 말았다(Anderson 2013, 282-283).

폴란드가 산업화를 시작하고 근대적 경제체제로 옮겨가기 시작한 것은 삼국분할 이후다. 분할 시기 종주국들의 산업화와 경제발전이 시작하면서 종속국인 폴란드에 비로소 경제적 개혁이 이루어졌다. 먼저 러시아령 폴란드인 바르샤바와 우치가 공업도시로 발전했으며, 그 후 독일령 폴란드와 오스트리아령 폴란드가 뒤따랐다. 폴란드는 '1차 세계대전' 후 민족자결주의 원칙에 따라 독립을 획득한 후부터 본격적인 산업화를 추진했는데, 이는 유럽에서 가장 늦은 편이다. 요컨대 폴란드는 헝가리와 마찬가지로 귀족들의 권한이 지나치게 강하고 왕권이 약한 국가였으며, 특히 귀족들의 '자유거부권'과 하원에서의 만장일치제 채택은 왕을 견제하는 것을 넘어 국가기능을 마비시키고 국가이익을 추구하는 대신 귀족들 자신만의 자유와 이익만 보장해 줄 뿐이어서, 결국 국가가 통째로 소멸하는 비극을 겪게 되었다.

III. 북유럽: 약한 왕권과 강한 연대

1. 스웨덴

스웨덴의 역사는 1세기경 웁살라 멜라렌(Mälaren)호수 근처에서 스베아(Svea)족이 자리를 잡으면서 시작된다. 대부분 지역이 숲으로 우거지고 호수가 많으며 토지가 척박해 인구가 적은 편이었다. 스웨덴인들은 살기 편한 좁은 계곡에 모여 살면서 부족한 농사를 짓고, 생존을 위해 수렵과 어로를 병행하기 위해 해상으로 나가야만 했다. 특히 계곡 지역 인구가 과잉되기 시작한 8세기 말부터 11세기에 걸쳐 대거 해상으로 진출해 약탈, 정복, 식민, 교역 등을 하면서 세력을 확장했다. 노르웨이인과 덴마크인이 영국과 프랑스 등 서유럽으로 침투한 반면, 스웨덴인은 러시아를 비롯해 동유럽과 비잔틴 등으로 진출했다. 특히 유럽을 통일한 프랑크왕국이 샤를마뉴대제 사후 동, 서, 중 프랑크로 나뉘어 혼란에 빠졌을 때 스웨덴인을 비롯해 노르웨이인, 덴마크인 등 바이킹들의 해상침략이 더욱 강화되었다(김광수 1997, 63-68).

국가가 성립되기 전 스웨덴은 지역 부족장 중심의 사회였다. 지역 수장들은 각자 작은 지역을 통치했는데, 주요 결정은 부족장 혼자가 아니라 민회인 '팅그(Thing)'에서 이루어졌다. 여기선 자유인들이 자신의 의견을 말하고 다른 사람에 대한 불평을 건의할 수 있었다(Jones 1968, 50-51). 그런데 부족들 간의 싸움 끝에 10세기 말 우플란드 지역의 에리크(Erik) 6세[11]가 '피리스벨리르(Fyrisvellir) 전투'에서 조카 스티르비욘(Styrbjorn)

을 물리치고 최초의 스웨덴 왕으로 즉위했다. 또한 그의 아들 올라프 3세 쇠트코눙(Olof III Skötkonung)은 1008년 기독교로 개종하고 라틴어 왕 칭호인 '렉스(Rex)'를 사용하면서 유럽 기독교 세계에 편입되었다. 그러나 스웨덴 왕위를 둘러싸고 이후 200여 년 동안 전국적인 투쟁이 계속되었다(변광수 2006, 62-66).

특히 1130년대부터 1250년대까지는 스베르케르(Sverker) 왕가와 에리크 왕가가 왕위를 번갈아 차지했고, 이후 재상 비르예르(Birger)가 왕위를 자기 가문으로 가져왔다. 스웨덴도 당시 다른 유럽 국가들과 마찬가지로 봉건제였는데, 내전 및 왕과 귀족들 간의 분쟁 때문에 왕위는 세습 가능하되 귀족들이 왕을 선출하고 심지어 축출하는 데까지 관여할 수 있었다. 그러나 반란으로 형 발데마르 비르예르손(Valdemar Birgersson)의 왕위를 찬탈한 망누스 3세(Magnus III)는 국가를 전면적으로 개편했다. 먼저 그는 1279년 '알스뇌 규약'을 통해 평민 중 상층부에겐 왕에게 충성을 맹세하고 전시에 군마를 제공하는 대신 면세 특권을 허용했는데, 이들은 세금으로부터의 해방을 뜻하는 '프랄세(fralse)'라는 귀족계층이 되었다. 또한 교회에도 면세 특권을 부여해, 스웨덴 교회가 귀족을 견제하는 제3세력으로 성장하게 되었다. 마지막으로 기존의 성직자와 귀족이 참여하는 국정회의를 체계화해, 귀족, 주교, 지방회의 의원, 왕의 군

---

11 최초의 왕인데도 불구하고 에리크 6세라는 칭호를 쓴 이유는 그 이전 전설상의 왕을 모두 계승한다는 의미를 담기 위해서다. 에리크 6세가 창건한 왕조를 문쇠(Munsö)왕조로 부르는데, 일부에서는 에리크 6세의 실존을 부정하면서, 에리크 6세의 아들이자 스웨덴 최초의 기독교 군주인 올라프 3세 쇠트코눙을 최초의 왕으로 보기도 한다.

사 및 법률 보좌관, 재상 등이 참여하는 원로원(Riksradet)을 구성했다.

그러나 혼돈은 계속되었다. 망누스 3세는 사망하기 전 장남 비르예르 2세 망누손을 후계자로 임명했으나, 그가 미성년자여서 총사령관 토르길스 크누트손(Torgils Knutsson)을 수반으로 하는 원로원에 국정을 맡겼다. 그런데 망누스 3세는 작은 아들인 에리크와 발데마르에게 공작위를 수여하고 상당히 독립적인 지위를 허용한 바 있는데, 장남이 성년이 되자 두 동생이 형을 도와 토르길스를 축출하고 왕의 단독 집권을 도왔다. 하지만 형이 집권한 후 세 형제는 또다시 왕위를 둘러싸고 싸움을 벌였는데, 귀족들이 비르예르 2세를 축출하고 에리크의 아들 망누스 4세 에릭손(Magnus Ⅳ Eriksson)을 왕으로 선출했다. 이때 왕의 선출엔 전국의 유력인사와 각 지방에서 온 농민 대표들이 참여했으며, 왕의 선출과 관련해 귀족과 교회의 특권이 확정되고 왕은 새로운 세금 징수 시 원로원과 지방의회의 승인을 받게 되었다(변광수 2006, 71-72).

그러나 망누스 4세가 다시 왕권을 강화하려 하자, 스웨덴 귀족들은 왕의 매제인 독일 북동부 메클렌부르크(Mekclenburg) 공작 알브레히트 2세(Albrecht Ⅱ)에게 접근해 그의 아들 알브레히트 3세를 스웨덴 왕위에 추대하겠다고 제안했다. 이에 망누스 4세는 덴마크 및 노르웨이와 공동 전선을 펼쳐 대항했으나, 알브레히트 3세가 북독일 한자동맹 도시들의 지원을 받아 군대를 이끌고 스웨덴에 들어와 왕위를 차지했다. 그는 자신을 도와준 스웨덴 귀족들의 권한을 광범위하게 인정해 주어야 했으며, 가장 큰 공을 세운 비욘손 그리프(Bjornson Griff)는 특혜를 받아 스웨덴 영토의 1/3을 얻었다.

알브레히트 3세가 지지 기반 구축을 위해 주요 지역을 독일 영주에게 넘겨주고 중요 보직에도 독일인만 중용하자, 스웨덴 귀족들은 그리프를 중심으로 결집해 왕을 견제했다. 그리고 1389년 그리프가 사망하자 귀족들은 그의 방대한 영지의 상속권을 두고 왕과 분쟁을 벌였다. 이때 알브레히트 3세는 덴마크와 노르웨이의 섭정이자 실질적 지배자인 마르그레테(Margrete) 1세에게 도움을 청했고, 그녀는 스웨덴의 섭정까지 겸하며 1397년 덴마크-노르웨이-스웨덴 동군연합인 '칼마르동맹(Kalmarunionen)'을 수립했다. 이 동맹은 덴마크 주도로 1523년까지 지속하며 북유럽에 안정을 가져왔으며, 스웨덴은 덴마크에 종속되어 질서를 되찾았다.

스웨덴이 다시 독립국이 된 것은 1520년 덴마크가 섭정으로 스웨덴을 실제 통치하던 스투레(Sture) 가문을 무너뜨리고 병합을 시도하자, 스웨덴 귀족과 농민들이 구스타브 바사(Gustav Vasa)를 중심으로 모여 덴마크군을 격파하고 1523년 바사를 스웨덴 국왕으로 옹립하면서부터다. 바사는 당시 종교개혁에 편승해 루터교를 국교로 공인하고, 가톨릭교회 재산을 몰수해 왕령지를 5배로 늘렸으며, 교회가 걷는 십일조의 2/3를 국고로 귀속시켰다. 또한 전통적인 방식인 원로원과 의논하지 않고 신분의회(Riksdag)를 이용함으로써 귀족의 권한을 축소하고, 1544년 신분의회로부터 선거왕제 대신 왕위세습제를 얻어내 왕권을 강화했다. 이러한 조치들이 귀족의 반감을 사지는 않았는데, 오히려 귀족들은 독립된 국가에 강한 유대감을 표시하면서 단결했다(Anderson 2013, 173-174).

왕권을 강화한 스웨덴은 이후 18세기 초 '대북방전쟁(1700-1721)'에서 러시아의 표트르대제에게 패할 때까지 전성기를 누렸다. 특히 구스타브 2세 아돌프(Gustav II Adolf)는 부친 사후 어린 나이에 즉위해 귀족들과 타협할 수밖에 없었는데, 귀족들은 다시 원로원의 권한 강화와 관료 임명에 귀족을 우대하라는 내용을 담은 헌장을 강제로 제정케 하였다. 그리하여 신분의회 중 귀족원(Riddarhus)을 핵심으로 삼고 중앙 5부는 귀족 출신 관료를, 전국 24개 주는 귀족 출신 총독을 임명하고 왕과 귀족 간의 유대를 강화했다. 구스타브 2세는 이후 해외로 영토확장을 시도해, 러시아와 경계를 이루는 핀란드만을 장악하고, 폴란드로부터 리가와 리보니아 지역 전체를 획득했으며, 1630년 프랑스의 동맹으로 '30년 전쟁'에 참여해 독일 북부 포메라이나 지역을 얻었다. 또한 우세한 군사력을 바탕으로 '덴마크 침략전쟁(1643-1645)'에서 승리하고, 덴마크와 그 종속국인 노르웨이로부터 많은 지역을 할양받았다. 이 시기 스웨덴은 에스토니아, 라트비아 일부, 핀란드, 상트페테르부르크 일대를 지배하고, 독일 포메라이나 지역까지 차지해 북유럽 최강국으로 부상했다(김인춘 2016, 78).

그러나 당시 스웨덴 경제는 낙후되어 있었다. 농지가 부족한 가운데 지배계층인 왕, 귀족, 교회가 절반을 차지하고, 나머지 반은 소규모 자영농 체제였다. 인구는 본토에 90만 명 핀란드에 40만 명 정도였으며, 이 중 귀족은 1626년 '귀족원 칙령'을 반포했을 때 126개 가문이 심사를 통과했고, 전통적으로 원로원은 25-30개 대귀족 가문이 맡아 핵심 집단을 이루었다. 그리고 농민은 소규모 자영농 중심으로 동유럽 국가들과는 달리 대규모 장원이 없고 농노도 없었다. 이런 소농 체제에서 군사 징집은 오히려 쉬워 강한 군대를 만들 수 있었다. 다만 서유럽과는 달리 도시화가 덜 되어 부르주아 계층은 형성되지 않았다. 이런 상태에서는 동유럽처럼 귀족이 농민에게 결정적으로 승리하기도 어렵고, 농민이 귀족의 권력 독점에 도전하지도 않으며, 부르주아 계층이 부재해 귀족을 견제할 세력도 형성할 수 없었다. 오히려 탄탄한 귀족층은 중앙집권화된 군주정에 쉽게 적응하고 유대를 맺었으며, 서유럽처럼 절대왕정이나 의회주의에 입각하지 않은 채 왕과 귀족들의 연대 체제가 이루어졌다(Anderson 2013, 180-181).

1632년 구스타브 2세가 승리한 '뤼첸(Lützen) 전투'에서 전사해 6살에 불과한 딸 크리스티나가 왕위를 잇게 되자, 섭정에 오른 옥센셰르나(Oxenstierna)는 '통치조직법'을 만들어 자기 친척들이 포진한 원로원에서 고위 귀족들의 통치를 성문화했다. 그리고 1644년 친정을 하게 된 크리스티나는 경솔하게 고위 귀족과 군사관료들에게 작위와 토지 수여를 남발해 백작과 남작의 수가 6배 증가했으며, 하위 귀족들도 그 수가 2배에 달했다. 특히 해외 영토를 넓혔기 때문에 외국 태생으로 해외에 기반을 둔 귀족들의 수가 더 많아지게 되었다. 또한 왕령지와 징세권을 대거 관료들에게 양도해, 귀족들의 토지는 2배로 증가하고 국가 수입은 40%나 감소하게 되었다(Anderson 2013, 185-186).

결국 스웨덴은 '30년 전쟁'에 참여한 결과 영토는 확장했으나 귀족이 늘고 국가 재정과 경제력은 줄었다. 그런데 러시아가 서구화를 추진하면서 발트해 입구를 장악하고 있는 스웨덴과 격돌하게 되었다. 1700년 러시아는 동맹국인 폴란드, 덴마크-노르웨이, 프로이센, 하노버 등을 참여시켜 스웨덴과 전쟁을 벌였다. 전쟁 초기 스웨덴은 폴란드와 덴마크에 승리하고 1709년 러시아 남서부까지 진격했으나, 카를(Karl) 12세는 '폴타바(Poltava) 전투'에서 표트르대제가 직접 지휘한 러시아군에 패하고, 근처 오스만투르크로 망명했다가 후에 사망했다. 이런 악재에도 불구하고 스웨덴은 러시아 및 덴마크와 전쟁을 지속했으나 결국 패하고, 1721년 '뉘스타드(Nystad) 조약'을 맺어 17세기에 획득한 발트 해안과 북독일 지역 대부분을 상실하고 말았다.

'대북방전쟁' 패배로 열강에서 탈락한 후, 스웨덴은 왕권이 축소되고 중하위귀족들이 득세해, 귀족의회를 중심으로 한 귀족정으로 체제가 전환되었다. 이때를 소위 '자유의 시대(1720-1772)'라고 부르는데, 권력을 장악한 것은 대귀족이 아니라 군대와 행정을 담당하는 중하위귀족들이었으며, 이들은 하타르당과 뫼소르당을 만들어 파벌투쟁을 벌이기도 했다. 그러나 1771년 왕위에 오른 구스타브 3세는 관료들의 묵인과 군대의 도움으로 친위쿠데타를 일으켜 국정을 다시 장악하고 전제정 체제를 구축했다. 그는 북유럽의 계몽군주로서 부국강병책과 문화정책을 추진해 해군을 증강시키고 무역과 식민지 개척을 장려하고 1786년 한림원을 설립했다. 하지만 그는 1792년 체제에 불만을 품은 귀족 장교에게 암살당했다.

유럽이 '나폴레옹전쟁'에 휩싸여 소용돌이 치다가 1807년 '틸지트 (Tilsit) 조약'으로 일단락되었을 때, 스웨덴은 프랑스와 동맹을 맺은 러시아 및 덴마크 쪽과 프랑스에 대항하는 영국 중 어느 한쪽을 택해야 했다. 이때 스웨덴은 러시아의 위협에도 불구하고 무역 비중이 큰 영국과 동맹을 맺었는데, 이듬해 러시아는 1150년부터 스웨덴 영토였던 핀란드를 공격해 빼앗고, 덴마크는 스웨덴을 직접 공격해 왔다. 1812년 러시아가 반프랑스동맹에 복귀해 프랑스를 물리쳤을 때, 스웨덴은 핀란드의 반환을 원했으나 러시아는 그 대신 당시 덴마크로부터 독립한 노르웨이를 스웨덴이 속국으로 삼는 데 동의함으로써 타협했다.

이후 스웨덴은 전쟁에 직접 참여하지 않는 '중립주의' 노선을 택해 군사적 중립과 평화를 추구했다. 특히 19세기 '그레이트 게임'을 벌인 영국과 러시아 사이에서 중립을 유지했다. 다만 시기별로 정책이 조금씩 바뀌었는데, 칼 요한 시기엔 친러정책을 취했다가 대외팽창을 추진하던 오스카 1세는 '크림전쟁(1853-1856)'을 계기로 친영으로 전환했다. 또한 오스카 2세는 프로이센이 '보불전쟁(1870-1871)'에서 승리하고 강대국이 되자 친독노선으로 선회하고, 비스마르크의 초청으로 '베를린회의(1884-1885)'에 참석해 제국주의적 서구열강의 일원이 되었다. 결국 당시 스웨덴의 중립주의와 평화주의 노선은 군사력이 약화된 가운데 무력 사용 없이 열강의 지위와 이익을 노리는 자구책이었던 것이다(김인춘 2016, 84-88).

그런데 스웨덴이 경제적으로 발전한 것은 1814년 노르웨이와의 통합 덕분이다. 당시 노르웨이는 덴마크의 속국이었지만 북해와 대서양으로 나아갈 수 있어서 스칸디나비아 지역에서는 가장 상업화되고 무역이 발달한 나라였다. 스웨덴은 1825년 노르웨이와 관세를 철폐하고, 서구와의 자유무역을 촉진했다. 프랑스와 유사한 농업구조를 가진 스웨덴은 19세기 초 시장친화적 농업으로 개혁했는데, 이로써 곡물의 자급자족뿐만 아니라 수출까지 하게 되고 독립적인 소농 계층이 한층 강화되었다. 또한 단순히 목재를 수출하던 것을 1840년대 기업가들이 국내 수력을 이용해 합판으로 가공하고, 이후엔 화학적 처리방식을 통해 펄프에서 종이를 생산하는 공장을 설립함으로써. 목재업이 합판, 펄프, 종이 제조업으로 크게 진화했다(Cameron 1993, 255-256). 이후 1870년대 국제적으로 2차 산업혁명이 진행되면서 후발 공업국들이 활발하게 성장하고 국제적인 활황이 이루어질 때, 스웨덴도 막대한 매장량의 구리와 철을 제련하고 무궁한 수력발전을 통한 전기공급으로 기계공업과 조선업을 발전시켰다. 또한 1890년대 이후엔 무역뿐만 아니라 국내 내수시장이 발전해 1인당 GDP가 증가하고 생활 수준이 선진공업국 단계까지 이르렀다(Jörberg 1965, 3-4).

이런 가운데 정치에선 보수적인 지배층인 지주, 관료, 기업가 등이 포진한 상원과 농민이 장악한 하원이 실제적인 합의를 통해 점진적인 개혁이 이루어졌다(Rustow 1971, 13-15). 이러한 타협과 합의 과정은 결국 스웨덴의 정치문화와 연관이 깊다. 즉 때로는 왕권이 강화되기도 하고 때로는 귀족권이 강화되기도 했지만, 결국 대외적 위기 속에서 왕과 귀족들이 서로 타협해 왕과 귀족의 연대가 이루어졌고, 근대에 접어들면서는 입헌군주제 아래 귀족들의 상원과 농민들의 하원이 발전을 위해 서로 타협을 이루었다. 이는 일찍이 부족장제 아래 민회인 팅그에서 주요 결정이 이루어지고, 선거왕제 아래 농민들도 왕의 선출에 관여한 바 있으며, 상업화된 농업체제 속에서 독립적인 소농들이 중산층으로 진화한 덕분이다.

2. 덴마크

덴마크는 고대로부터 스칸디나비아반도 남부와 유틀란트반도에 거주하는 데인족들의 영토로, 오랫동안 여러 부족 단위로 분열되어 있었으며, 다른 노르드(Nord)인들처럼 북해와 지중해 각지에서 약탈과 교역을 병행하며 삶을 영위했다. 이 지역이 독립을 유지한 것은 810년 데인족 수장 고드프레드(Godtfred)가 프랑크왕국 샤를마뉴대제의 침입을 막고 유틀란트반도 남쪽 아이더강(슐레스비히-홀스타인)을 국경으로 확정했기 때문이다. 826년 기독교가 전래되어 유럽 기독교 세계의 일원이 되었으며, 936년 남부 옐링(Jelling)의 군주 고름(Gorm)이 대대적인 정복 활동으로 유틀란트반도를 통일해 최초로 왕조를 세웠고, 970년경 노르웨이를 병합해 덴마크-노르웨이 왕국을 건설했다.

스웨덴처럼 해상침략을 일삼던 덴마크는 994년부터 스벤 1세(Sven I)가 잉글랜드를 대대적으로 침공해 애설레드 2세(Aethelred II)로부터 항복을 받아내고 이후 세금과 공물을 상납받았다. 그러나 1002년 애설레드 2세가 데인세의 신음에 못 이겨 성 브라이스 축일을 기해 잉글랜드 내 데인족을 학살하자, 덴마크는 이듬해부터 스벤 1세와 그 아들 크누트 1세(Knud I)가 여러 차례 잉글랜드를 다시 침공해 승리를 거두고 직접 잉글랜드 왕위에 올랐다. 특히 크누트 1세는 추후 잉글랜드뿐만 아니라 덴마크와 노르웨이의 왕위를 모두 차지하고 북해를 내해로 삼는 북해제국(North Sea Empire)을 건설해 대왕의 칭호를 얻었다.

하지만 크누트 대왕 사후 북해제국은 아들들의 내분으로 무너지고 덴마크는 다시 스칸디나비아 지역의 한 세력으로 축소되었다. 또한 1134년 이후 교회와 국가가 분열해 국내 분쟁이 계속되고, 왕위 계승 후보자와 귀족들 사이의 권력투쟁이 12세기 후반까지 이어졌다. 그러다가 1157년 발데마르 1세(Valdemar I)가 경쟁자들을 물리치고 전국을 통일해 다시 막강한 권력을 얻었다. 그와 두 아들 크누트 6세 및 발데마르 2세의 지배 아래 덴마크는 거의 100년간 전성기를 맞이했다. 특히 그는 팽창정책을 통해 발트해 남부까지 영토를 확장하고 코펜하겐시를 창건했는데, 이곳은 발트해 무역의 최적지로서 교역상의 요지가 되었다(변광수 2006, 64-64).

그러나 발데마르 2세 사후 덴마크는 다시 내분이 계속되어 왕과 성직자 그리고 귀족들 간의 다툼이 심해졌다. 본래 그는 일찍이 자신과 동명의 아들을 공동 통치자로 임명한 바 있는데, 그가 요절하자 자신의 이복동생 슐레스비히공 에리크 4세를 다시 공동 통치자로 임명했다. 그리고 발데마르 2세는 다른 아들들에게도 봉토를 나눠주었는데, 아벨에게는 슐레스비히, 크리스토페르 1세(Christoffer I)에게는 롤란섬 및 팔스테르섬, 그리고 크누트에게는 레발을 수여했다. 이 때문에 1241년 발데마르 2세가 사망하고 에리크 4세가 단독 통치자가 되었을 때, 이들 사이에 내분이 발생하고 여기에 성직자와 귀족들이 편승해 국가가 혼란해졌다. 이에 에리크 4세가 귀족을 억압하고 왕권강화를 시도하자, 귀족들이 반격에 나서 1282년 왕권 제한과 고대 관습의 존중, 그리고 귀족 권한의 보장을 내용으로 하는 '국왕헌장(handfæstning)'[12] 제정을 관철하였다.

이후 귀족과 성직자들은 귀족의회(Danahofet)에 자주 모여 국가를 논하면서 자신들의 권한 확대를 도모했다. 그 확대의 정점은 1319년 에리크 6세가 사망하면서 동생 크리스토페르 2세가 왕위를 계승했을 때다.

---

12 덴마크 '국왕헌장'은 1282년 귀족들의 불만을 해소하기 위해 국왕의 권한을 제한하고 귀족들의 권한을 보장하는 내용을 담았다. 이 헌장은 영국의 마그나 카르타와 유사한 것으로, 국왕은 즉위 후 중앙 및 지방 통치에 대한 권한을 귀족들에게 위임하고 선전 포고 및 강화조약 체결을 위해서는 귀족들의 승인을 받도록 규정하고 있다.

본래 그는 에리크 6세에게 후사가 없어 유력한 왕위계승 후보로 꼽혔으나 에리크 6세의 수탈정책에 반발한 귀족들의 반란에 가담해 덴마크에서 추방된 적이 있었다. 비록 형이 사망한 뒤 귀국해 덴마크 왕위에 오르기는 했지만, 왕권 행사에 어려움이 있어 결국 왕권을 극도로 제한하는 내용의 헌장에 서명해야만 했다. 이에 따라 귀족들은 소작농에 대한 수수료를 마음껏 올릴 수 있었고, 전쟁에 참여해야 하는 의무도 폐지되었다. 주교들 또한 로마교황의 승인 없이 추방되거나 투옥되지 않게 되었고 면세 특권도 얻었다.

1375년 발데마르 4세 사후 정통성 있는 왕위계승 후보자가 없어 대공위 시대가 한동안 이어지다, 이듬해 발데마르 4세의 딸 마르그레테의 아들 올라프 2세가 덴마크 왕에 선출되었다. 그리고 올라프 2세는 1380년 노르웨이의 호콘 6세(Håkon VI)가 사망하자 노르웨이의 왕위도 이어받아 덴마크와 노르웨이가 동군연합 상태가 되었다. 그러나 올라프 2세는 너무 어렸기 때문에, 모친 마르그레테가 섭정이 되어 실제로 통치했다. 그런데 올라프 2세가 메클렌부르크의 알브레히트 3세에게 스웨덴 왕위를 빼앗긴 망누스 4세의 외손자였기 때문에, 마르그레테는 올라프 2세의 스웨덴 왕위 계승권을 요구했다. 비록 올라프 2세가 1387년 17세 나이로 갑자기 사망하면서 스웨덴 왕위 계승은 무산되었다. 하지만 마르그레테는 포메라이나의 에리크를 양자로 삼아 덴마크 왕위를 계승시키고, 자신이 덴마크와 노르웨이의 섭정이 되어 사실상 양국의 모든 실권을 장악했다. 그리고 1389년 알브레히트 3세와 대립하던 스웨덴 귀족들의 요청에 따라 사망한 스웨덴의 실력자 비온손 그리프의 막대한 영지까지 대부분 넘겨받고 스웨덴을 침공해, '오슬레 전투'에서 알브레히트 3세에게 승리를 거두었다. 결국 마르그레테는 1397년 스웨덴 동남부 칼마르에서 덴마크, 노르웨이, 스웨덴의 귀족회의를 소집해, 3개국 연합의 '칼마르동맹'을 수립하고 에리크를 통합 왕에 앉혔다(변광수 2006, 77).

이로써 덴마크 왕권은 다시 강화되었다. 덴마크 귀족들은 스웨덴 귀족보다 훨씬 막강한 지위를 갖고 있었는데, 그 기반은 그들이 소유한 토지 덕분이다. 덴마크엔 비옥한 농토가 많아 수입이 좋았는데, 이것이 귀족들의 권한이 강한 이유였다. 그러나 다른 동유럽이나 북유럽국가들처럼 덴마크도 국왕 선출제였지만, '칼마르동맹'으로 왕권이 강해진 후에는 왕의 장남이 왕위를 계승하는 게 전통처럼 되어버렸다. 왕은 원칙상 원로원이 정기적으로 국정에 참여할 권한을 인정해야 했으나, 점차 국왕이 단독으로 국정을 수행하는 일이 많아졌다(변광수 2006, 111-112).

하지만 1523년 스웨덴이 독립한 후 덴마크는 발트해 주도권을 둘러싸고 스웨덴과 계속 부딪쳐야 했다. 예컨대 덴마크는 폴란드 및 뤼베크와 함께 스웨덴과 '북방 7년 전쟁(1563-1570)'을 벌였고, 단독으로는 스웨덴과 '칼마르전쟁(1611-1613)'을 치렀다. 또한 '30년 전쟁(1618-1648)' 당시 승승장구하던 스웨덴이 신성로마제국 발렌슈타인(Wallenstein) 장군에게 패하자, 진로를 바꿔 1643년 전격적으로 덴마크를 공격해 유틀란트반도를 빼앗는 '토르스텐손전쟁(1643-1645)'을 벌였다. 또한 '2차 북방전쟁(1655-1660)'에서는 스웨덴에 밀려 스칸디나비아반도 남부 스코네(Skåne)를 비롯한 덴마크 영토를 스웨덴에 양도하게 되었다. 이후 덴마크는 발트해 제해권을 상실한 채 약소국으로 전락했다.

덴마크의 프레데리크 3세(Frederik III)는 '2차 북방전쟁' 위기를 넘긴

후, 절대군주제 확립을 도모했다. 본래 덴마크는 왕권을 제한하는 '국왕헌장' 때문에 귀족들의 권한이 보장되었지만, '2차 북방전쟁'에서 귀족들의 소극적인 대처로 참패함으로써 그들의 권위가 크게 실추된 틈을 노린 것이다. 이 전쟁에서 귀족 대신 오히려 코펜하겐 시민들의 활약으로 스웨덴군을 격퇴한 바가 있어 그들의 발언권이 강화된 상태였는데, 프레데리크 3세는 1660년 귀족과 대립하는 도시 부르주아 및 루터교 성직자와 결합해 선거왕제를 폐지하고 왕위세습제를 승인받아 왕권을 강화했다. 또한 1665년 대상인 출신 슈마케르(Schumacher)가 기초한 '국왕법'을 공포했는데, 이는 왕권신수설을 바탕으로 왕권의 절대성을 법제화한 것이다. 한편 그의 아들 크리스티안 5세는 1683년 절대왕정을 강화하기 위해 유틀란트반도와 셸란섬으로 구분해 적용하던 '지방법'을 폐지하고, 덴마크 전역에 공통으로 적용되는 최초 법률인 '덴마크법'을 공포했다. 1687년엔 같은 취지의 '노르웨이법'도 공포했으며, 귀족들은 관료직에서 점차 멀어지게 되었다. 또한 '대북방전쟁'에서 스웨덴이 러시아에 패하자, 덴마크는 홀슈타인-고토르프 공국과 슐레스비히를 병합하고 왕권을 더욱 튼튼히 했다(변광수 2006, 162).

다시 덴마크에 위기가 찾아온 것은 '프랑스대혁명' 이후다. '나폴레옹전쟁' 당시 덴마크는 영국과 프랑스 사이에서 중립을 지켰는데, 영국이 덴마크를 적대국으로 간주해 2차례(1801, 1807)에 걸쳐 '코펜하겐해전'을 일으켜 덴마크의 항복을 받아냈다. 계속된 영국과의 전쟁으로 덴마크는 1813년 국가파산을 선포하고, 이듬해 영국 및 스웨덴과 '킬(Kiel) 조약'을 맺어 영국엔 북해 헬골란트섬을 스웨덴엔 노르웨이를 양도하는 대신 포메라니아를 받고 '반프랑스전쟁'을 위한 군자금을 지원받았다.

당시 덴마크가 파산한 이유는 전쟁 동안 세금을 올리고 통화를 과도하게 발행해 엄청난 인플레가 초래되고 통화가 1/14로 평가절하된 덕분이다. 결국 덴마크는 전쟁에서의 패배, 동맹국 없는 외교 위기, 심각한 경제 파탄이라는 삼중고를 겪게 되었다(Elrod 2014, 3).

이런 위기 상황에 직면하자 덴마크는 대대적인 변화와 개혁을 개시했다. 덴마크는 전통적으로 농업과 낙농업을 주로 하면서 주요 도시인 코펜하겐이 외레순(Øresund) 해협을 끼고 있어 상업도 발달한 국가였다. 농업은 농노들이 귀족의 비옥한 토지를 경작해 자급자족할 정도였다. 또 코펜하겐이라는 수도명 자체가 '상업항구'라는 뜻으로 상업도 성행했으며, 무역선들이 발트해에서 대서양으로 가는 가장 적합한 항로인 외레순 해협을 통과할 때 받는 통행세가 중요한 국가의 수입원이었다. 그럼에도 불구하고 경제가 파탄한 것은 경제구조와 정책 때문이었다.

따라서 덴마크의 경제개혁 방향은 경제전문가들이 조언한 대로 사유재산제도의 확립, 투자와 이윤 및 기술을 통한 자본주의적 경제체제 수립과 같은 영국식 경제적 자유주의 추구였다. 위기에 직면한 국가는 지식인들이 계획을 세우고 왕과 지주 그리고 시민들의 공감대가 형성되어 자유무역주의 체제로 전환했다. 먼저 덴마크는 농업개혁에 착수했는데, 농업의 체질 개선을 위해 귀족들의 큰 토지를 작게 나누어 자영농에게 분할하고 독립적으로 경영하게 함으로써 생산성을 높이고 잉여농산물을 가공해 해외로 수출했다.[13] 이때 국가는 소규모 자영농에게 자본을 대여해 주었으며, 농민들이 토지 소유권을 갖는 대신 그들에게 토지세를 부여함으로써 국가의 세수도 크게 늘렸다. 또한 자영농을 귀족의 반대 없이 쉽게 징집할 수 있게 됨으로써, 군사력의 증강도 이루어졌다. 그리하여 덴마크는 1865년경 예전의 공동체적 농업체제로부터 자본주의적 농업체제로 완전히 변화하게 되었다(Elrod 2014, 4-5).

또한 덴마크의 토지 상속에 관한 전통은 남는 농민들의 노동자로의 전환을 쉽게 만들었다. 덴마크 농촌 전통은 토지를 모든 자식이 아니라 오직 1인에게만 상속하는 것이어서, 상속받지 못한 나머지 자식들은 고향을 떠나 이주해야만 했다. 당시 이들에겐 신천지인 미국으로의 이주가 가장 큰 목표였는데, 미국 이주엔 큰 비용이 들기 때문에 먼저 도시로 나가 노동을 통해 돈을 모아야 했다. 코펜하겐이 가장 큰 도시였지만 1850년경에도 인구가 13만밖에 되지 않고 도시가 수십 개 있었지만 모두 인구 5천 명 미만의 소도시들뿐이었는데, 농업개혁으로 고향을 떠나 미국으로의 이주를 준비하던 사람들이 스스로 도시에서 노동자로 전환함에 따라 공업이 크게 발전하고 1900년경엔 코펜하겐 인구가 60만 명까지 늘어나게 되었다(Nielsen 2014, 41-42).

다음으로 덴마크는 국가의 주요 수입원인 통행세를 과감히 폐지했다. 원래 코펜하겐과 스웨덴 말뫼 사이의 외레순 해협은 교통의 요지로 러시아와 스웨덴을 비롯한 발트해 연안 국가들이 북해와 대서양으로 나아가는 길목에 있어서, 덴마크는 1429년부터 외레순 해협을 지나는 모든 선박에 통행세를 부과했었다. 또한 1567년부터는 선적한 화물에도 세금을 부과해, 전체 통행세는 덴마크 국가 수입의 70%를 차지할 정도였다. 그런데 자유무역 국가들이 통행세 폐지를 요구하자, 덴마크도

---

13 당시 잉여농산물의 주요 수출국은 영국이었으며, 낙농업 제품의 2/3, 버터의 80%를 해외에 수출했다(Cameron 1993, 256).

자유무역을 활성화하기 위해 1859년 각국으로부터 6,700만 크로네(약 600만 달러)를 받고 통행세를 과감히 폐지했다(우양호·홍미영 2012, 378).

그런데 자본주의적 농업체제 속에서 소농들이 국민으로 편입되고 외레순 해협 통행세를 폐지해 자유무역이 증가함에 따라, 정치적으로 민주정에 대한 요구가 나타나기 시작했다. 특히 1848년 '2월혁명'을 통해 자유주의에 대한 열망이 가득했던 사회적 분위기 속에서, 덴마크는 1849년 입헌군주제 헌법을 제정했다. 이는 '2월혁명'으로 프랑스가 왕정을 무너뜨리고 제2공화정을 수립했지만 대통령인 루이 나폴레옹이 재임 중 친위쿠데타를 일으켜 다시 황제로 등극한 것과 비교해, 또한 독일이 1848년 '3월혁명'을 통해 프랑크푸르트 국민의회에서 입헌군주제를 추진했으나 프로이센의 반대로 무산된 것과 비교해, 상당히 괄목할 만한 결과였다. 덴마크의 소규모 자영농들은 농업개혁으로 사유재산권을 획득해 정치적 힘을 키워나가다가, 세금과 징병의 부담을 혼자 질 수 없다고 생각해 귀족의 특권을 제한하고 귀족과의 공동부담을 원함에 따라, 왕 및 귀족들과 타협해 '의회주의'를 성립시킬 수 있었다. 요컨대 덴마크의 경제적 자유주의가 정치적 민주주의를 견인해 의회주의를 이룸으로써, 영국식 모델과 가장 유사한 특징을 갖게 되었다(Elrod 2014, 6-7).

요컨대 1840-50년대 덴마크의 경제개혁이나 1849년 입헌군주제의 확립은 1813년 영국에 패해 노르웨이를 잃고 파산을 선언하는 국가적 위기에 직면하자, 왕과 귀족 그리고 농민들 모두 변화의 필요성을 절감한 결과였다. 모든 계층이 정치적 변화에 동의하는 가운데, 왕의 조력자였던 귀족과 성직자의 권력이 축소되고 새롭게 부르주아와 농민들의 권한이 커지면서 그들이 경제와 정치의 개혁을 주도하게 되었다. 특히 1860년대 슐레스비히-홀슈타인 문제가 대두되면서 왕은 귀족, 성직자 외에 부르주아 및 농민들과도 상의하였고, 지식인들은 자유주의와 민주주의를 옹호하면서 사회적 분위기를 그렇게 만들어 갔던 것이다.

IV. 결론

이상의 논의를 요약하면 다음과 같다. 첫째, 헝가리는 선거왕제를 통해 귀족들의 권한이 왕권보다 강했는데, 위기 상황에서도 귀족들이 자신의 토지를 지키고 권력을 유지하는 데만 급급해 국민통합이 어렵고 허약한 국가였다. 19세기 후반 오스트리아-헝가리제국의 성립이 그나마 경제발전의 계기가 되었지만 '농업의 공업화' 정도에 머물렀다. 둘째, 폴란드는 귀족들이 '자유거부권'을 가질 정도로 권한이 강했으며, 선거왕제 하에 국내 기반이 약한 외국인을 왕으로 선출함으로써 국가통합은 전혀 이루어지지 않았다. 그 결과 18세기 후반 주변 강대국인 프로이센, 오스트리아, 러시아에 의해 '삼국분할'로 국가가 소멸되기도 했다. 귀족들은 자신이 소유한 대농장의 곡물 수출로 이익을 극대화하기 위해 자국 상인을 배제하고 반도시화정책을 취해 상업발달이 부진했는데, 그나마 '삼국분할' 시기 점령국들 덕분에 부분적인 공업화가 진행되었다.

셋째, 스웨덴은 때로는 왕권이 강화되고 또 때로는 귀족권이 강한 가운데 상호견제가 이루어졌다. 그러다 18세기 러시아 패권에 밀려 국력이 쇠퇴하자 왕과 귀족이 타협해 입헌군주제를 채택했으며, 지주, 관료, 기업가 등이 포진한 상원과 일찍이 국왕 선출에 관여한 바 있는 농민들이 장악한 하원이 서로 실제적인 합의를 통해 점진적인 개혁을 추진했다. 경제도 1814년 종주권을 얻은 노르웨이의 상업과 무역 경험을 토대로 자유무역을 촉진하고 국내의 목재, 철, 구리 등과 같은 자원을 풍부한 물을 이용한 수력발전으로 가공해 경제발전이 빠르게 진행되었다. 넷째, 덴마크도 스웨덴처럼 때로는 왕권이 강하고 또 때로는 귀족권이 강했는데, 16세기 스웨덴이 '칼마르동맹'을 깨고 독립해 항상 국가적인 위협이 되었으며, 19세기 '나폴레옹전쟁' 당시엔 중립을 지키다 영국으로부터 공격을 받고 국가파산 위기에 몰렸다. 이후 덴마크는 경제적으로 국가의 주 수입원이었던 외레순 해협의 통행세를 폐지하고 영국식 자유주의 노선을 택해 해외무역을 장려하고, 정치적으로는 입헌군주제를 수립해 왕과 귀족 그리고 시민 사이에 타협이 이루어졌다.

헝가리와 폴란드 같은 동유럽국가는 평원지대에 자리 잡고 있어서 토지가 농업에 적합했으며 곡물 수출로 부를 획득했다. 거대한 토지를 소유한 귀족들은 권한이 왕보다 강해 선거왕제를 통해 왕을 선출했는데, 힘없는 왕은 강력한 귀족과 수탈받는 농민들 사이에서 중재할 힘이 없었다. 그 결과 귀족은 자유롭게 농민들을 재농노화시키고 토지를 대농장으로 확대해 자신만의 이익을 극대화했을 뿐이며, 국민통합엔 실패하고 국력이 약해지는 것을 막지 못했다. 반면 북유럽은 왕과 귀족들의 상호투쟁 과정이 있었으나, 결국 어느 정도의 권력균형 상태에서 국가위기에 직면하자 서로 타협하고 그 결과 국민통합을 이루고 국가의 발전이 가능해졌다.

　이런 점을 고려해 볼 때, 정치엔 결국 계층이나 세력들 사이의 권력 균형 및 국민통합이 중요한 요소라는 점을 알 수 있다. 특정한 계층이나 세력이 지나치게 강한 권한을 갖고 독주하면 사회가 분열되고 국력을 집결하지 못해 발전에 한계가 따른다. 물론 국력을 집결하기 위한 초기 단계엔 절대왕정처럼 왕이나 혹은 계몽주의적 영향을 받은 어느 특정 세력이나 계층이 중심이 될 필요가 있다. 그러나 그것은 초기에 한정될 뿐 장기적으로는 절대주의가 쇠퇴하고 여러 세력이나 계층 간의 권력균형이 필요해진다.

　서유럽의 근대도 그 과정은 달랐으나 결과적으로 세력균형과 국민통합이 중요한 요소로 작용했음을 알 수 있다. 프랑스의 경우, 근대 초기엔 왕을 중심으로 한 지배층의 통합을 위해 왕권이 귀족권을 압도하는 절대왕권이 수립되고 중앙집권화를 이루어 국력을 신장시켰으나, 근대 후기엔 결국 시민혁명을 거쳐 권력균형을 이루고 '지배층 통합'을 넘어 '국민통합'으로 나아갈 수 있었다. 또한 영국은 절대왕정의 수립 없이 중앙집권화가 이루어진 경우로, 왕당파와 의회파의 투쟁에서 의회파가 승리하고 네덜란드 출신 왕(윌리엄 3세)과 독일 출신 왕(조지 1세)들이 타협해 의회를 통해 권력균형과 국민통합을 이루어냈다. 프랑스와 영국 근대의 길이 다르고 또 북유럽과 동유럽의 길이 다르지만, 결국 정치발전의 초석은 계층 간의 권력균형을 이루고 그럼으로써 국민이 통합될 수 있는 여건을 만드는 것이다.

참고문헌

김광수. 1997. "바이킹과 북유럽상업권." 『경영사학』 16집, 45-70.

김새미. 2017. "오스트리아-헝가리제국에서 대타협안의 한계와 군악대 군대 문화현상을 통한 정체성 형성의 가능성." 『유럽연구』 35권 4호, 185-223.

김인춘. 2016. "스웨덴 식민주의와 스웨덴-노르웨이 연합(1814~1905): 연합 해체 후 탈민족주의의 노르딕 공동체와 변화." 『서양사연구』 54집, 69-115.

김지영. 2013. "두 가지 정체성의 공존: 헝가리인의 비(非)유럽적 기원과 유럽적 '자기인식'." 『통합유럽연구』 6호, 1-21.

김철민. 2016. "파리 2월 혁명(1848)과 크로아티아: 반(Ban) 옐라취치 활동과 전략적 선택을 중심으로." 『동유럽발칸연구』 40권 4호, 155-184.

변광수. 2006. 『북유럽사』. 서울: 대한교과서.

안두환. 2023. "장-자크 루소와 폴란드의 미래." 『국가전략』 29권 1호, 119-146.

우양호·홍미영. 2012. "동북아시아 해항도시의 초국경 교류와 협력방향 구상: 덴마크와 스웨덴 해협도시의 성공경험을 토대로." 『21세기정치학회보』 22집 3호, 375-395.

이동수. 2019. "역사화해를 위한 조건: 독일-폴란드 역사화해를 중심으로." 『서강인문논총』 56집, 103-135.

이상협. 2009. "합스부르크 제국과 헝가리의 민족 문화 정체성 형성." 『동유럽발칸연구』 21권 특집호, 33-73.

Anderson, Perry. 2013. *Lineages of the Absolutist State*. London: Verso.

Cameron, Rondo. 1993. *A Concise Economic History of the World: From Paleolithic Times to the Present*. Oxford: Oxford University Press.

Elrod, John W. 2014. *Kierkegaard and Christendom*. Princeton: Princeton University Press.

Fukuyama, Francis. 2011. *The Origins of Political Order: From Prehuman Times to the French Revolution*. New York: Farrar, Straus and Giroux.

Good, David F. 1984. *The Economic Rise of the Habsburg Empire, 1750-1914*. Berkeley: University of California Press.

Jones, Gwyn. 1968. *A History of the Vikings*. Oxford: Oxford University Press.

Jörberg, Lennart. 1965. "Structural Change and Economic Growth: Sweden in the 19th Century." *Economy and History* 8(1): 3-46.

Nielsen, Sofie Krogh. 2014. "Daily Life in Denmark in the 19th Century." *The Bridge* 37(1): 41-52.

Reifowitz, Ian. 2009. "Francis Joshep's Fatal Mistake: The Consequences of Rejecting Kremsier." *Nationalities Papers* 37(2): 133-157.

Romsics, Ignác. 1999. *Hungary in the Twentieth Century*. Budapest: Corvina Books.

Rustow, Dankwart A. 1971. "Sweden's Transition to Democracy: Some Notes toward a Genetic Theory 1." *Scandinavian Political Studies* 6: 9-26.

Tihany, Leslie C. 1969. "The Austro-Hungarian Compromise, 1867-1918: A Half Century of Diagnosis; Fifty Years of Post-Mortem." *Central European History* 2(2): 114-138.

Tilly, Charles. 1995. *European Revolutions, 1492-1992*. Oxford: Blackwell.

2장 자치권의 주체에 대한 이해와 오해: 기관구성의 다양화에 대한 논의*

김태영

I. 들어가는 말

이 글은 최근 국회를 통과한 지방자치 전부개정안에 포함된 '기관구성의 다양화와 관련된 조항'에 대하여 근본적 질문을 제기하고자 준비되었다. 현재 우리 지방자치에서 널리 활용되고 있는 집행부 중심의 기관구성 방식이 과연 더 일반적인지에 대해 묻고자 한다. 명시적으로

---

* 이 글은 2021년 3월 『한국지방자치학회보』 33권 1호(통권 113호)에 게재된 "자치권의 주체에 대한 이해와 오해: 기관구성의 다양화에 대한 논의를 중심으로"를 수정·보완한 것이다.

는 법률상 기관대립형이라고 하지만 사실상 집행부 우위 지방자치단체 운영이 목격되고 있는 현실에서 이 질문은 적어도 학술적으로는 유효하다. 집행부 우위든, 지방의회 우위든 결국 각각의 장단점을 보완하며 적절한 균형점을 모색해야 할 것이다. 다만, 집행부 우위 기관구성 방식을 전제로 지방의회 중심 기관구성 방식의 장점을 받아들여 나가는 방식과 지방의회 중심 기관구성 방식을 전제로 하되 집행부 우위의 기관구성 방식의 장점을 활용하는 방식 간에는 큰 차이가 있다.

본 연구는 지방자치 선진국으로 알려진 유럽 주요국들이 어떤 역사적 이유에서 지방의회 중심 기관통합형을 더 일반적인 방식으로 받아들여 왔는지를 탐색하고자 한다. 최근 영국 등에서는 지방의회 중심 기관구성 방식의 한계를 보완하고자 집행부에 힘을 실어주는 등의 조치를 취한 바 있긴 한데, 우리의 경우 오히려 집행부 중심 기관구성 방식의 문제점을 보완하고자 최근 지방의회에 더 큰 권한과 책임을 묻고자 하는 노력을 추진하고 있다. 2020년 12월 지방자치 전부개정안 통과도 그러한 노력의 일환이다. 본 연구에서 오해라고 하는 점은 지방자치 선진국의 경우 오히려 지방의회 중심 기관통합형을 원칙으로 이해하고 있는데 반해, 우리의 경우 243개 모든 지방자치단체가 집행부 중심 기관대립형을 취하고 있기에 자칫 집행부 중심 기관대립형을 오히려 더 원칙에 입각한 기관구성 방식이라고 오해할 수 있다는 것이다.[1]

---

1 최근 통과된 지방자치법 전부개정안의 내용 중 기관구성의 다양성과 관련된 조항에는 단서 조항이 붙어 있다. 주민이 원하면 다양한 기관구성 방식을 채택할 수 있다는 것인데, 현재 전체 243개 지방자치단체가 집행부 우위 기관대립형을

1991년 지방의회가 설치된 이후, 지난 30여 년 동안 지속적으로 지방분권이 추진되어 왔다. 중앙의 권한과 책임이 지방으로 점진적으로 이양되어 왔다. 그러나 국민들이 실제 체감하는 지방분권의 수준은 비례적으로 높지 않고, 여전히 대통령에게 큰 권한이 있다고 믿고 있으며, 시도지사와 시장 군수, 구청장 등 단체장이 큰 영향력을 갖고 있다고 믿는다(안성호 2016).[2] 중앙정부로부터 지속적인 권한 이양이 이루어졌음에도 불구하고 실제 국민들이 느끼고 체감된 분권의 수준이 낮은 이유는 무엇일까?

분권(decentralization)은 크게 수평적 분권(horizontal decentralization)과 수직적 분권(vertical decentralization)으로 대별 될 수 있다.[3] 김태영(2019)에 의하면 수평적 분권이란 대통령의 권한이 사법부를 포함하여 각 부처 장관에게 이양되는 것과 입법부인 국회로 이양되는 것을 의미한다. 다른 한편으로 수직적 분권이란 중앙의 권한이 지방으로 이양되는 것을 의미한다. 중앙집권이란 곧 단일 정부가 전체 영토를 관리한다는 것을 의미한다.

취하고 있는 점을 감안하면 동 조항은 예외적으로 지방의회 중심 기관구성 방식도 도입해 보자는 것으로 해석된다.

2 주민들이 인지하는 지방분권은 자치가 주민 중심으로 이루어지고 있는가의 문제와 연계되어 있고, 지방분권으로 인하여 내 삶이 달라졌는지와도 연계되어 있다. 안성호(2016)는 지방분권 추진에 대한 인식이 여전히 낮다고 생각하며, 분권 국가의 경쟁력에 대해서 강조하고 있다. 그 이유 중 하나로 단체장에 비하여 지방의회의 역할은 제한적이라고 믿기 때문이다.

3 김태영(2019)은 분권 개념을 구체적으로 설명하고 있으며, 특히 지방분권을 수직적 분권이라고 하면서 이를 다시 행정분권과 재정분권으로 구분한다. 재정분권의 경우 다시 수입분권과 지출분권으로 구분하여 재정분권의 개념을 명료히 했다.

한편 지방자치란 복수의 지방정부가 일정한 영토를 분할하여 관리하는 것을 의미하며, 후자의 경우 중앙정부란 필요에 따라 설치될 수 있는 피조물(creature)이라고 할 수 있다.[4] 미국의 경우 워싱턴 D.C.가 버지니아와 메릴랜드의 영토 일부를 할당받아 건설되었지만, 법적으로는 물리적 영토로 간주되지 않는다. 말하자면 중앙정부에 해당되는 연방정부는 특정 지역에 속하지 않은 개념상의 정부에 불과하며, 필요에 따라 설치된 피조물에 불과하다는 것이다.

지방분권(local decentralization)이란 중앙집권 체제가 점차 지방자치 체제로 전환되는 과정을 의미한다. 이론적으로만 보면 지방분권이 정점에 이르게 되면, 중앙정부는 소멸될 것이다. 그 이후 중앙행정 수요에 대한 요구가 증가하게 되면 중앙정부가 다시 설치될 수도 있을 것이다. 그러나 우리의 경우를 살펴보면, 지난 30여 년 동안 과연 중앙정부가 소멸될 수도 있는 수준과 방향으로 지방분권이 추진되어 왔다고 할 수 있는가? 오히려 그 반대로 지방정부는 사라져도 무방하다는 생각을 갖고 있는 듯하다.[5] 최근 지방이양일괄법의 통과 등으로 형식적으로는 지방분권이 활발히 추진되고 있는 것으로 보이지만, 지방이양에 대응하

---

4 Wright(1982)에 의하면 미국의 연방정부는 주(state)에 의하여 만들어진 피조물이라고 한다. 한편 지방정부 역시 주(state)가 만들어 낸 피조물이라는 것이 딜론(Dilon) 판사의 판결이며, 이는 일반적으로 딜론의 법칙으로 명명된다.

5 김태영(2021)은 최근 언론 보도들이 지방자치에 대한 부정적 인식이 널리 퍼져있다는 점을 보도하고 있음을 지적한 바 있는데, 특히 지방자치단체를 통폐합하여 일종의 신중앙집권이라고 할 수 있는 행정구역의 광역화 시도가 보도되고 있음을 확인했다.

는 수준의 인력과 재정의 이양은 여전히 불투명하다.[6] 그럼에도 불구하고 지방분권의 수준을 굳이 평가하자면 과거에 비해 진일보했다는 점을 부정하기는 어렵다. 특히 제도적 관점에서 지방자치의 완성도가 일정 부분 제고된 것은 사실이다. 점진적이긴 하지만 지방분권이 강화되는 방향으로 진행되고 있기는 하다.

수직적 분권과 관련하여 더 큰 문제점은 지방분권의 방향성이다. 이는 본 연구의 주된 관심 사항이라고 할 수 있다. 지금까지의 지방분권은 중앙정부의 집행부 권한이 지방정부의 집행부로 이양되는 경로를 보여 왔다(최계영 2013). 말하자면 대통령과 장관의 권한 일부가 시도지사, 시군구청장 등 단체장에게로 이양되어 왔으며, 이를 지방분권으로 이해하고 있다는 것이다.[7] 민주공화정의 핵심 거버넌스는 국회가 대통령을 지휘 감독하고, 지방의회가 단체장을 지휘 감독하는 것이다. 그리고 국회와 지방의회는 주민들로부터 상시 감시받는 구조다. 물론 이론적으로는 대통령과 단체장 역시 국민에게 직접 선출되기 때문에 역할과 권

---

6   지방이양일괄법은 국가의 권한 및 사무의 지방이양을 위해 필요한 법률들을 한 개의 법률안으로 종합하여 개정하는 것으로서 동 법에 따라 16개 중앙부처 소관 46개 법률에 명시된 400개 사무가 지방에 이양될 예정이며, 법 시행일은 2021년 1월 1일부터다. 그러나 이양사무 처리를 위한 소요 경비에 대한 지원은 여전히 요원하다.

7   최계영(2013)에 의하면 지방자치단체의 거의 모든 권한을 사실상 단체장이 갖고 있다고 보여진다. 문재인 정부 출범 초기에 소위 제2국무회의를 추진한다는 논의가 있었는데, 대통령과 시도지사가 국정을 함께 논의하자는 것으로서 지방분권을 강조하려 했다. 다만, 이 논의구조에서 지방의회가 제외되었다는 점을 주목할 필요가 있다.

한은 국회, 지방의회와 동등하다고 할 수 있다.[8] 다만, 대통령과 단체장은 다수의 공직자와 함께 정책을 집행하며 공공서비스를 제공하는 직접 당사자이기 때문에 국민에게 직접 관리되기 어려운 구조다. 따라서 현실적으로는 국회와 지방의회가 국민을 대리하여 대통령과 단체장을 상시 감시하여 지휘 감독하자는 것이 대의민주주의 체제하에서의 공화정 논리다.[9] 쉽게 말해 처방과 책임은 국회와 지방의회가 맡고, 제조와 공급은 대통령과 단체장이 맡는 방식의 분업이 우리 헌법에 명시된 민주공화정 거버넌스의 핵심이라고 할 수 있다.

민주공화정의 논리대로라면 지방분권을 통한 지역에서의 자치권의 수용 주체는 누구이어야 할까? 원칙대로라면 주민이 자치권 수용 주체다. 그러나 현실적으로는 지방자치단체가 자치권 수용의 주체라고 할 수 있다. 다만, 지방자치단체는 지방의회와 집행부로 구성되어 있는데, 지금까지의 지방분권 추진 현황을 살펴보면, 지방의회의 역할은 제한적이라고 보는 것이 적절하다.[10] 대한민국 지방의회의 경우 현재 의회 사

---

8 대한민국 헌법에 지방의회의 설치를 명시하고 있지만 집행부의 구성은 법률에 위임하고 있다. 지방자치단체장을 직접 선출할지 여부에 대한 논의는 법률에 위임되어 있기 때문에 간혹 논의의 대상이다. 그러나 2016년 판결(2014헌마797)에 의하면 지방자치단체장의 선출은 위헌이 아니라고 한다. 헌법 24조에 의하며 보호되는 권리로서 지방자치단체장의 직접 선출을 강조한 판결이다.

9 미국 건국 시기 연방주의자와 반연방주의자 간의 논쟁 역시 독립선언을 주도하던 세력은 존 로크의 영향을 받아 의회가 집행부를 주도하는 거버넌스를 선호했고, 연방헌법을 중시하던 세력은 집행부의 권한을 강화하자고 주장했는데, 공화정의 논리는 전자에 근접했다.

10 2018년 9월 19일 서울시의회 지방분권TF 김정태 단장은 자치분권종합계획에 대

무처 직원에 대한 인사권도 갖고 있지 않다.[11] 단체장이 지방의회 직원들에 대한 인사권을 갖고 있으며, 예산도 중앙정부로부터 관리받는다. 지방의회에 대한 부정적 인식이 강하기 때문에 이와 같은 현상이 발생한 것으로 보인다.[12] 따라서 자치의 주체가 지방자치단체의 집행부라는 인식이 널리 퍼져있고, 실제로 그동안 추진되어 온 지방분권 역시 집행부로의 권한 이양 방식이었다.

지방분권 자체가 지지부진한 상황에서 자치권의 주체에 대한 논쟁마저 더해진다면 상황은 더 복잡해진다. 자치권의 주체에 대한 이론적 근거와 현실적 대안은 무엇인가? 이 글은 자치권의 확대 여부와 별개로 자치권의 주체가 누구이어야 하는 것에 대한 이해를 통하여 향후 자치분권이 올바른 방향으로 나아가게 하고자 하는 것이 일차적 목적이다. 누가 자치를 주도해야 하는가와 관련하여 그 주체를 세 가지로 생각해 볼 수 있다. 첫째, 자치권의 주체는 주민(people)이다. 둘째, 자치권의 주체는 지방의회(local council)다. 셋째, 자치권의 주체는 집행부(executive office)다. 우선 주민이 자치의 주체가 되는 것이 헌법에 가장 부합하다고

하여 지방의회에 관한 내용이 미흡하다면 이를 지방의회 패싱이라고 비판했다. 이는 자치분권종합계획에 대한 전국시도의장협의회의 공식 입장이다(박종일 18/09/19). 최진혁(2021)도 최근 지방의회의 역할이 제한되어 있다는 점을 지적하며, 자치분권2.0을 강조했다.

11   최근 지방자치법 개정을 통하여 지방의회 인사권 독립이 확보되었는데, 지방자치 제도가 성숙되고 있다는 증거라고 할 수 있다.

12   임승빈(2015)은 일반국민, 전문가 집단으로 나누어 국민의식조사를 실시했는데, 지방의회에 대한 긍정적 인식이 가장 낮은 것으로 나타났다.

할 수 있다. 주권자인 주민이 주도하여 자치하는 것을 주민자치라고 할 수 있으며, 지방자치의 다른 표현이다. 주권자가 자치의 주체가 되는 것은 지극히 당연한 것이다. 한편 집행부가 주도하여 자치하는 것을 간혹 단체자치라고 명명되기도 하는데, 지방자치제도가 태동하던 유럽의 중세시기의 본래 모습과는 거리가 있다.[13] 오늘날 집행부와 단체장이 자치권의 주체가 되는 것은 자칫 중세 봉건 영주가 주도하는 자치 방식과 유사할 수 있다.[14] 마지막으로 지방의회가 주도하는 자치를 대의자치라고 할 수 있다. 주민을 대리하여 집행부를 지휘 감독하는 방식의 자치를 의미한다.[15] 서구 지방자치 선진국 등에서 흔히 발견되는 지방자치의 모습이다. 대개의 경우 지방의회 의장이 단체장을 겸직하는 방식으로 집행부를 지휘 감독하는 형식을 취하는데, 이때 자치권의 일차적 주체는 지방의회가 된다. 주민이 직접 자치하는 주민자치에 비하면 헌법 정신에는 미치지 못하지만, 현실적으로 받아들여지고 있는 기관구성 방식

---

[13] 지방자치를 주민자치와 단체자치로 구분하는 경향이 있는데, 지방자치가 강화되어 가는 과정을 설명하는 개념에 지나지 않는다. 말하자면 주민자치는 주민이 주도하여 지방자치 제도가 정착되어 가는 것을 의미하고, 단체자치는 중앙정부로부터 권한을 이양받아 지방자치제도가 정착되어 가는 것을 의미한다. 단체자치와 관련된 오해는 집행부가 주도하여 자치가 이루어지는 것을 지방자치의 한 유형으로 간주한다는 것이다.

[14] 현재 우리 사회에서 널리 받아들여지고 있는 집행부 중심 지방자치는 위헌일 수 있다. 2016년 헌재 판결을 통하여 지방자치단체장의 직접 선출을 합헌이라고 했더라도 여전히 공화정의 정신에는 위배된다고 할 수 있다는 점에서 기관구성의 다양성에 대하여 심도 있는 논의가 필요하다.

[15] 곽현근(2018)은 지방화시대 주민주권과 지방민주주의의 의의에서 대의민주주의 관점에서 지방자치의 중요성을 언급하는데 필자는 이를 '대의자치'로 규정한다.

이라고 할 수 있다.

　이에 본 연구는 어떤 이유로 지방자치 선진국인 서구 여러 나라에서는 지방의회 중심 기관통합형을 더 보편적인 방식으로 이해하고 있는지를 탐색하고자 한다. 결론부터 정리하면, 지역 중심 자치권에 대한 인식이 확립되던 중세 유럽 도시들에서 훗날 의회를 구성하게 될 상인, 부르주아 등 다양한 세력이 주도하여 자치제도가 구축되기 시작했다는 점이 주요 원인으로 판단된다. 말하자면 유럽의 경우 자치권에 대한 인식이 싹트기 시작한 시점부터 자연스럽게 지방의회가 주도하는 기관통합형을 기관구성 방식으로 채택해 왔다는 것이다.[16] 따라서 유럽의 기준으로 보면, 자치권의 주체로서 집행부의 역할을 강조하는 것은 지방자치에 대한 오해에서 비롯되었다고 볼 수 있다.[17]

---

[16]　박정훈(2014)은 기관통합형이 지방의회가 주도하는 기관구성 방식을 의미한다고 했다.

[17]　이진복 외(2019)는 실질적으로 집행부가 지방의회에 비하여 우위에 있다는 것을 실증 분석했으며, 우리의 현실에서 집행부 중심 지방자치가 이루어지고 있는 것은 당연한 것으로 간주되고 있음을 확인했다. 김태영(2022)은 푸코의 사상을 원용하여 자치(self-governing)는 개인의 의지와 지식이 모이는 과정임을 강조한다.

II. 이론적 논의: 자치권의 태동과 기관구성

1. 거버넌스의 진화와 인민주권의 등장

"우리 곁에 신이 있다면, 그 신으로 하여금 독재할 수 있도록 허용하는 것이 최상의 거버넌스일 것이다." 저자가 플라톤의 생각을 나름의 방식으로 정리해 본 것이다. 또한 아리스토텔레스의 생각을 정리해 보면 "인간은 사회의 일부로서 한 개인으로서는 불완전한 존재다."[18] 인간은 반드시 국가공동체 안에서 살아가야 하는 존재이지만, 국가공동체의 운영방식과 관련해서는 다양한 의견이 제시되었다. 전지전능한 신에 의한 통치를 최선으로 간주하기도 하고, 인간이 신이 아니기 때문에 여럿이 함께 통치하는 방식을 선호하기도 하는 등 통치방식과 관련된 논의들이 뒤를 이었다. 인류사의 시작점에 등장한 독재자들이 공동체 구성원들의 허락을 받은 것은 아니었지만 지도자로 군림할 수 있었던 것은 그들이 온전히 자신의 능력으로 영토와 재산을 확보했기 때문이다. 이러한 맥락에서 인류 문명 초기에는 정복자로서의 왕(king)에게 통치권한이 주어졌고, 상당 기간 왕정은 인류 사회의 보편적 통치방식으로 여겨져 왔다.[19]

---

18 플라톤의 국가론(The Republic)을 참고하고, 아리스토텔레스의 『정치학』 제2권, 제4권을 통하여 플라톤을 비판하며, 현실적인 정치체제에 대하여 언급한 대목이다.

19 태초부터 시작된 왕정은 21세기 현재까지도 지속되고 있다. 위키피디아 사전에

왕정에 대한 첫 번째 도전은 흔히 과두제로 불리는 몇몇 소수 귀족들에 의한 통치방식이다. 그러나 여전히 과두제는 독재의 한 형태에 불과하다. 과두제와 공화제의 차이는 인민들의 다양한 의견이 허용되는가의 여부이며, 더 나아가 인민들의 의사가 관철되는가에 달려있다. 로마 원로원의 경우 공화제의 형식을 띠고 있지만 민주성의 관점에서 보면 여전히 과두제에 더 근접하다고 이해된다.[20] SPQR로 대표되는 고대 로마 공화정의 정신은 훗날 많은 나라에 영향을 준 것으로 평가되지만 당시 주권이 원로원을 넘어 대중에게까지 확대되었을 것인가에 대해서는 모호하다. 실질적인 공화제의 등장은 중세에 이르러서야 싹트기 시작했다는 주장이 더 설득력 있다. 인민주권(popular sovereignty)이 형성되기 시작한 시점에 공화정의 정신(spirit of republic)이 발현되기 시작했다는 것이 더 설득력 있다.[21]

의하면 2019년 말 현재 실질적인 권한이 없는 입헌군주제까지 포함하면 현재 전 세계 국가 중 왕정을 유지하고 있는 국가는 70%가 넘는다. 근대국가 성립의 이론적 기초가 된 사회계약론이 역사성을 결여한다는 비판도 따지고 보면 애당초 국가는 시민이 만든 것이 아니라는 것이다. 정복자인 왕에게 소유권과 주권이 주어질 수밖에 없다는 것이다.

20 로마의 SPQR은 원로와 대중이 주도하는 거버넌스를 상징적으로 표현한다. 실제 고대 로마의 공화정은 인류 최초의 공화정이라고 할 수 있는데, 어원 그대로 여럿이 통치한다는 의미에 부합하고, 공공성을 강조했다는 점에서 의의가 있다. 그러나 고대 로마의 공화정이 과두제 형식에 지나지 않는다고 비판하는 주장도 일리는 있다. 허승일(1997)은 원로원이 주도했던 고대 로마 공화정은 과두제의 형식을 띠고 있다고 밝혔는데, 대중의 개념 자체가 오늘날과 달랐기 때문으로 짐작된다.

21 이동수 외(2013)는 공화정, 공화주의, 그리고 민주주의 개념을 명확히 정리하고

본 연구가 이론적 기초로 삼고자 하는 지점은 공화정에 대한 관심과 공화정으로의 이행에 대한 실질적인 움직임이 어떤 계기로 발현되기 시작했는지, 어떤 방식으로 진행되었는지, 그리고 공화정을 누가 주도했는지를 역사적 맥락에서 살펴보는 것이다. 이를 통하여 지역 수준에서도 자치의 주체가 누구이어야 하는가에 대한 답을 줄 수 있기 때문이다. 근대국가 성립의 이론적 기초로 알려진 사회계약론은 공화정으로의 이행 과정에서 촉매 역할을 했다고 이해된다. 홉스, 로크, 루소 등으로 이어지는 사회계약론은 공화정의 개념이 확대되는 과정으로 평가된다. 특히 루소가 주장하는 국민주권은 공화정의 완성을 지향하는데, 근대에 이르러 국민 전체로 주권 이양이 확대된 것으로 볼 수 있다. 다만, 사회계약론 이전에도 이미 공화정에 대한 관심이 확인되고 있었기 때문에 공화정 정신이 싹트기 시작한 지점에 무슨 일이 발생했는지를 이해할 필요가 있다. 이를 통해 주권이 누구에게 어떤 방향으로 이전되기 시작했는지를 확인할 수 있기 때문이다. 중세 철학자 마르실리우스가 제시한 인민주권론에 관심을 갖는 이유도 그 당시 국가 운영 체제가 공화정으로의 이행기에 있었다고 보기 때문이다.[22]

이 글이 특히 관심을 갖고 있는 부분은 중세시대에 제시된 인민주

공화정의 중요성을 일깨운 것으로 평가된다. 이화용(2001)도 이러한 입장을 견지하고 있다.

22 이화용(2001)의 연구에 의하면 Marsilius가 제시한 인민주권론은 훗날 사회계약론에 영향을 주었다고 하는데, 중요한 점은 어떤 배경에서 인민주권론이 싹트기 시작했는지를 확인하는 것이다. 또한 누가 주도하여 인민주권에 대한 인식이 확산되기 시작했는지를 확인하는 것이다.

권론이 어떤 배경에서 등장했으며, 누가 인민주권론의 확산을 주도했는가를 확인하는 것이다. 특히 인민주권론의 확산을 주도한 주체가 누구인지를 밝히는 것은 훗날 지방자치하에서 기관구성의 논리를 이해하는 데 중요하다. 첫째, 왕이 주도한 인민주권론이라면 이는 형식에 지나지 않을 가능성이 크다. 둘째, 교황이 인민주권론을 주장했을 가능성도 배제할 수는 없지만, 왕과의 권력투쟁 방식의 일환으로 간주될 수밖에 없을 것이다. 셋째, 영주(lord)가 주도했을 가능성도 고려할 수 있다. 왕과 교황 사이에서 균형을 잡을 수밖에 없었던 당시 영주들은 인민을 지렛대로 활용했을 가능성이 있다(이화용 2001). 중앙정부에 해당하는 왕에게 납부해야 할 세금 부담에 대한 회피 수단으로서 영주가 인민주권 개념을 활용했을 가능성이 있다는 것이다. 넷째, 당시 중세도시 소수의 도시민에 의하여 인민주권 개념이 싹트기 시작했을 가능성도 있다. 나머지 대다수의 인민은 의사 표현의 자유는 물론이고, 통행에 대한 자유도 제한되었으며, 성채도시 밖에 거주했기 때문에 당시로서는 인민주권을 주장한 주체는 극히 소수의 인민에 불과했을 것이다.[23] 따라서 마르실리우스가 제창한 인민주권의 개념에 포함되는 인민 역시 소수였을 가능성이 크다.

---

[23] 가이하쓰샤(Kaihatsusha 2019)는 중세유럽의 성채도시를 소개하는 과정에서 성채도시의 형성 이유와 기원 그리고 구조에 대해서 설명하고 있다. 주요 특징은 겹겹이 쌓여 있으며, 경제계급별 거주지가 다르다는 것이다. 외적에 맞설 요새로서의 기능을 갖추고 있기 때문에 한 가운데에 지배계급이 거주하는 방식을 취하고 있다. 성채도시에서 자유롭게 이동할 수 있는 자유인으로서의 인민은 전체 도시 인민의 약 3% 내외에 지나지 않는다고 한다.

마르실리우스 등에 의하여 관찰된 인민주권을 누가 주도했는지를 밝히는 것은 이 연구의 핵심이다. 말하자면 자치를 주도한 세력이 애당초 누구였는지를 밝히는 작업은 훗날 기관구성 방식의 유형을 탐색하는데 단서가 될 수 있을 것이다. 본 연구는 잠정적으로 소수의 경제계급인 도시민을 당시 인민으로 인식하며, 이들이 자치를 주도한 핵심 세력이었을 것으로 간주한다. 상인 중심의 소수의 인민이 영주와 교황을 압박하여 주권이 인민에게 있다는 점을 인식하고 확산시키기 시작한 시점이 바로 중세 후기였을 것으로 짐작한다. 이는 훗날 의회가 주도하여 공화정과 지방자치를 발전시킨 계기로 이해할 수 있다.

2. 지방자치단체의 기관구성 방식과 자치의 주체

　　지방정부는 지방의회와 집행부로 구성되어 있고, 현재 우리의 경우 지방의원과 지방자치단체장은 주권자인 주민에 의하여 각각 선출된다. 이른바 기관대립형을 취하고 있다는 것인데, 과연 이 방식이 공화정의 정신에 부합하는 것인지를 따져 볼 필요가 있다. 공화정의 맹아기에 인민주권을 누가 주도했는지를 밝힐 수 있다면 집행부와 의회, 그리고 주민 중 누가 자치의 주체가 되어야 하고, 그들 간의 관계는 어떠해야 하는가에 대하여 답을 줄 수 있을 것이다. 아울러 적절한 기관구성 방식에 대해서도 논의할 수 있을 것이다. 지방정부의 기관구성 방식은 이와 같은 관점에서 검토될 것이다. 2020년 국회에 제출되고 통과된 지방자치법 전부개정안은 기관구성 방식의 다양성을 허용하자는 내용을 포함하고 있다. "주민이 원하면"이라는 단서 조항을 붙이고 있지만 필요할 경우 지방의회가 주도하는 기관통합형 기관구성도 가능하다는 것이다.[24] 어쨌거나 기관구성 방식에 대한 관심이 높아졌다는 의미이며, 이는 30 여 년의 역사를 갖고 있는 우리의 지방자치에서 특히 지방자치 제도화 과정에서 기관구성 방식에 대한 대안이 최초로 제시되었다는 점에서도 의의가 있다.

지방정부의 기관구성은 법률로 정해지며, 우리의 경우 소위 강시장 -약의회 방식을 취하고 있으며, 집행부와 지방의회가 견제와 균형을 유지하는 소위 기관대립형으로 분류되고 있다. 243개 전 지방자치단체가 동일한 방식을 취하고 있는데, 임승빈(2020)에 의하면 실제로는 견제와 균형보다는 집행부가 주도하는 지방자치를 운영하고 있다.[25] 지방의회 는 견제와 감시 기능을 수행하는 임무를 갖고 있는데, 대부분의 지역에서 지방의회가 주어진 임무를 효과적으로 수행하고 있지 못하고 있는 것으로 알려져 있다. 집행부가 주도하는 지방자치를 단체자치로 이해하는 경우도 있다. 지방자치 관련 각종 교과서들이 지방자치를 주민자치와 단체자치로 구분하고 있다는 점에 기초하여 집행부 주도 지방자치를 정당화하는 경향이 있다. 단체자치와 주민자치를 구분하는 이유

---

[24] 2020년 다시 국회에 제출된 지방자치법 전부개정안의 내용 중 개정법률안 제4조 제1항과 제2항은 "지방자치단체의 기관구성을 지역실정에 맞게 다양화할 수 있도록 별도 법률이 정하는 바에 따라 지방자치단체의 의회와 집행기관의 구성을 주민투표를 통해 달리 정할 수 있도록 함"이라고 적시하고 있다.

[25] 임승빈(2020)도 한국의 지방자치의 현황 소개 부분에서 집행부 우위 기관 운영의 특징을 설명하면서 오랜 중앙집권 문화에 기인하고 있다고 지적한다.

는 지방자치제도가 정착되어 가는 과정을 설명하기 위한 수단이지, 지방자치의 유형을 의미하지는 않는다.[26] 이와 같은 오해는 한국행정학회의 온라인행정학전자사전에도 명시되어 있다.

기관구성의 또 다른 형태는 지방의회가 주도하는 기관통합형이다. 지방의회가 집행부를 구성하고 책임행정을 수행하는 방식이다. 단체장을 지방의회가 선출하거나 지방의회 의장이 단체장을 겸직하는 방식이다. 집행부는 주어진 정책을 집행하는 데 집중하고, 의회는 주요 결정을 하고, 결정에 대하여 주민들에게 책임을 지는 방식이다. 서구 지방자치 선진국에서 일반적으로 활용되는 방식이다(이진복 외 2019). 인민주권의 개념이 등장하고, 공화정이 확산되면서 지역단위에서 통상적으로 채택되던 기관구성 방식이다. 다만, 지방의회가 효과적으로 집행부를 관리하기 어려운 상황에서는 상설 위원회 등을 설치하여 간접적으로 집행업무를 수행하는 경우도 있는데, 이를 위원회(committee)형이라고 명명한다. 위원회 방식 역시 지방의회가 주도하는 유형인데, 위원회 자체가 집행부와 유사한 역할을 수행하기 때문에 통상적인 지방의회 중심 기관통합형보다는 다소 완화된 형태이며, 상대적으로 집행부의 역할을 더

---

26 지방자치 관련 지방의 권한이 본래부터 지역에 귀속된다고 믿는 소위 고유권설과 중앙정부로부터 이양받았다고 보는 전래설이 있는데, 단체자치는 전래설에 근거하고, 주민자치는 고유권설에 근거한다(임승빈 2018). 다만, 이는 지방자치제도가 성숙되어 가는 과정이 위로부터인가, 아래로부터인가를 설명하는 방식이지, 기관구성 방식 자체는 아니다. 독일의 경우 대표적인 단체자치 방식의 지방자치 제도화 과정을 거쳤으며, 미국의 경우 대표적인 주민자치 방식의 지방자치 제도화 과정을 거친 것으로 알려져 있다.

강조한다고 할 수 있다.

　다시 말하면 기관대립형보다는 지방의회 중심 기관통합형이 유럽에서는 더 보편적인 방식으로 이해되고 있다는 것이다. 영국의 경우 지방의회가 견제와 감시 기능을 넘어서 직접 집행하는 역할까지 맡고 있으며, 결정은 의회가, 집행은 공공부문 종사자[27]들이 수행하는 형태를 취하고 있다. 지방의회가 지방자치를 주도하는 방식을 기본형으로 삼고, 상황에 따라 기본형이 조금씩 변화되면서 다양한 형태의 기관구성 형태가 등장하게 되는데, 이를 기관구성 방식의 다양화라고 할 수 있다. 예컨대, 지방의회가 업무상 부담이 클 경우 위원회(committee) 방식을 가미하여 기관통합형을 일정 부분 완화하는 방식이 있고, 다른 한편으로는 전문 경영인으로서 시정 관리인(city manager)을 별도로 두어 지방의회의 부담을 분담하는 방식도 있다. 또한 집행부에 더 큰 역할을 넘겨주기 위하여 최근에는 집행부 최고 책임자인 시장을 별도로 직접 선출하는 사례도 나타나기 시작했다. 예컨대, 2000년에 도입된 영국의 지방정부법(local government act)에 근거하여 런던 시장이 직접 선출되기도 했다. 그럼에도 불구하고 런던의 지방자치가 강시장-약의회 방식으로 분류되지는 않는다. 주요 결정은 여전히 런던 의회가 갖고 있으며, 인사권, 조사

---

[27]　영국에서는 시청에 근무하며, 각종 행정업무를 처리하는 분들을 공공부문 종사자라고 표현한다. 공공부문 종사자의 범위는 사회복지사도 포함하는 광의의 의미이며, 좁은 의미에서 공무원은 지방의회에 근무하는 분들을 지칭한다(Lamberth Council Staff Interview 2018년 7월 27일). 말하자면 공무원 신분의 경계가 모호한데, 지방의회에 근무한 자는 예외 없이 공무원이라고 분류되는데, 시청에 근무한 자는 공무원일 수도 있고, 공공부문 종사자일 수도 있다는 것이다.

권을 비롯한 각종 권한을 의회가 소지하고 있기 때문이다.

기관구성 방식 논의를 떠나 주권자인 주민이 자치권의 주체인 것은 명료하다. 다만, 직접민주주의 환경이 성숙되지 않은 시점에서 한시적으로 지방의회가 자치권의 주체일 수밖에 없는 점을 서구 지방자치 선진국 사례를 통하여 확인할 수 있다. 동시에 집행부가 자치권의 주체가 될 수 없다는 사실도 확인할 필요가 있다.[28] 집행부가 자치권의 주체가 된다는 것은 기관구성 방식의 유형으로 간주되기보다는 지방자치제도가 아직 성숙하지 못한 것으로 간주하는 것이 더 적절하다. 집행부가 주도하는 지방자치가 가능하다면 그것은 지역사회에서의 중앙집권적 통치를 허용하는 것과 동일하기 때문이다.[29] 단체장 역시 주민에 의한 직접 선거로 선출되기 때문에 민주공화정의 정신에 위배되지 않을 수 있다는 논리는 국회를 두지 않고, 제왕적 대통령제를 피할 수 있다는 논리와 유사할 수 있다. 단체장도 직접 선출되고, 지방의회도 직접 선출되기 때문에 지방의회와 집행부가 효과적으로 견제와 균형의 논리로 운영될 수 있다는 주장도 있다.[30] 그렇다고도 하더라도 집행부와 지방의회 간

---

28 박정훈(2014)에 의하면 집행부가 주도하는 기관구성 방식은 기관통합형으로 분류되지 않는다고 한다. 말하자면 집행부가 주도하는 기관구성 방식은 하나의 유형으로 간주되기 어렵다는 것이다.

29 최진혁(2021)은 최근 자치분권위원회 특별기고문을 통하여 자치분권 2.0을 강조하는 과정에서 그간의 '중앙집권형 지방자치'의 한계를 지적하며 주민주도 지방자치를 촉구했다.

30 안용식 외(2000)는 지방자치단체장이 직접 선출되는 경우, 반드시 지방의회 우위 방식이 더 정당화한다고 볼 수는 없음을 시사하고 있다. 그러나 구체적인 권한관계를 살펴보면 여전히 단체장이 우위를 점하고 있는 것이 현실이다(최계영

에는 합리적 분업이 수반되어야 할 것이며, 적절한 권한 배분이 이루어져야 할 것이다. 예컨대, 주요 결정 사항 등 지방의회가 수행해야 할 업무와 집행부가 추진해야 할 업무를 구분해서 분업해야 하고, 인사권 등의 소재에 대한 합리적 논의가 수반되어야 할 것이다. 핵심은 집행부와 지방의회 중 어느 쪽이 주민과 더 긴밀한 관계를 유지하고 있는가이다. 후술되겠지만 서구의 지방자치 전통에 따르면 애당초 의회는 주민의 대리인이며, 집행부는 의회의 대리인이다. 우리의 경우 법률적으로는 의회도, 집행부도 주민에 의하여 직접 선출된 주민의 대리인이다. 그러나 현행 헌법에 지방의회의 설치는 명시되어 있지만, 단체장의 선출은 법률로 정한다고 했으니 굳이 구분하면, 우리의 경우도 집행부는 지방의회의 대리인으로 볼 수도 있다.[31]

3. 기관구성 방식에 대한 이론적 논의

1) 기관구성 방식의 다양성과 주요 유형

주민자치만이 지방자치라고 전술된 내용의 근거는 단지 원칙에 입

2013).

31 헌법 제117조와 제118조에 지방의회의 설치만 명시되어 있고, 집행부에 대한 언급은 없다. 말하자면 현행 헌법으로도 지방자치단체장의 선출 또는 임명은 법률로 정할 수 있다.

각한 것이고, 역사적으로 보면 나라마다 사정이 다르다. 주권자인 주민이 본래부터 권한을 갖고 있다는 공화주의 입장에서 생각하면 집행부 중심 자치를 지방자치로 간주하기는 어렵다. 그러나 주민이 주권자가 아니고, 애당초 왕이 주권인 시대에는 나름의 필요에 의해서 지역으로 권한의 일부를 이양하는 방식으로 지방자치가 허용되었을 가능성도 있다. 현실적으로 보면 왕에 해당하는 중앙정부가 자치단체를 설치하여 일정한 권한을 이양해 주고 해당 자치단체가 중심이 되어 자치를 실시하도록 한 경우도 많다. 우리의 경우도 이에 해당한다고 볼 수 있다.[32]

현실적으로 살펴보면, 주민자치 전통과 단체자치 전통을 공히 받아들일 만한 근거는 있다. 임승빈(2018)은 단체자치와 주민자치가 통합되는 방식이 지방자치라는 점을 도식화하여 설명하고 있다. 그는 "중앙정부로부터 자치권이 보장되는 지방자치단체가 없이는 주민자치도 있을 수 없고, 아무리 단체자치가 보장되어 있다고 해도 실제로 지방자치단체에서 주민의 참여 없이는 실질적인 지방자치가 이루어질 수 없다"고 하며, 절충안을 제시하고 있다. 그러나 이는 지방자치가 정착되어 가는 과정을 설명하는 도구로서 단체자치와 주민자치 방식을 예시하고 있는 것에 불과하다. 자치권 이양의 대상인 지방자치단체는 집행부와

---

32 지방정부를 우리의 경우 지방자치단체라고 명명하고 있는데, 중앙정부의 대리 기구라는 의미다. 업무를 효율적으로 수행하기 위하여 국가(중앙정부)와 지방자치단체가 일종의 분업을 하는 구조이며, 본래적 권한은 중앙정부가 소지하고 있다는 전제가 깔려있다. 김성호(1994)에 의하면 우리의 지방자치는 일종의 제도적 보장설에 근거하는데 헌법 117조, 118조에 의하여 보장되어 있다.

지방의회로 구성되어 있고, 단체장은 집행부의 최고 책임자일 뿐이다.

그렇다면 우리 사회에서는 집행부가 주도하는 지방자치를 왜 단체
자치로 간주하게 되었을까? 전술한 바와 같이 지방자치단체의 개념에
대한 오해가 있을 수 있다. 지방자치단체는 지방의회와 집행부로 구성
되어 있는데도 불구하고, 이를 오해하여 지방자치단체를 곧 집행부라
고 간주한 것으로 보인다.[33] 그렇다면 왜 그런 오해를 하게 되었을까?
왜 집행부만을 지방자치단체라고 간주하게 되었을까? 서구 지방자치
선진 국가들에서는 오히려 그 반대로 지방의회만을 지방자치단체 또는
지방정부로 간주하는 오해를 한 것으로 여겨진다.[34] 이들 국가에서는
지방자치단체 또는 지방정부를 통상 지방의회(local council)라고만 부른
다. 우리식으로 번역하면 local council은 지방자치단체라고 해야 할 것
이다.

기관구성 방식과 관련하여 다양한 형태가 이론적으로 제시되었다
고 전술했다. 이를 다시 살펴보면, 지방의회가 주도하는 기관통합형을
기점으로 지방의회의 영향력이 점차 완화되는 정도에 따라 다양한 유

---

33 서울시의회 의원이 시청 공무원에게 묻기를, "지방자치단체를 견제하는 것이 우리
의 주요 임무입니다."라는 표현이 토론회에서 언급된 적 있는데, 집행부와 지방자
치단체를 무의식적으로 오해하여 혼동하는 것으로 보인다(서울시 지방분권TF
세미나 2020년 8월 26일).

34 영국, 미국, 프랑스, 독일 등 대부분의 국가에서 지방의회 중심 기관통합형 방식
의 기관구성 형태를 보이고 있는데, 딱히 이유를 알기는 어렵다. 그 이유를 밝혀
보는 것은 본 연구의 핵심과제 중 하나다. 짐작건대, 왕과 영주에 대항하여 권리
를 획득한 주체가 소수 도시 인민이었고 이들이 중앙정부와 지방정부에서 각각
의원으로 활동하면서 직능을 대표했기 때문일 것이다.

형이 제시될 수 있다. 예컨대, 지방의회의 영향력을 완화할 목적으로 위원회 방식 기관구성이 대안으로 제시되고 있으며, 시정관리인 제도 역시 지방의회의 역할을 다소 제한할 목적이라고 했다. 지방의회의 역할과 영향력이 최소화되는 방식으로서 지방의회 중심 기관통합형의 대척점에 있는 유형은 소위 강시장-약의회 방식인데, 지방자치선진국에서는 쉽게 발견되지 않은 유형이다.[35] 이 유형은 한국과 일본에서 흔히 발견된다. 한국의 경우 100% 강시장-약의회 방식이다. 기관대립형을 법에 명시하고 있지만, 강시장-약의회 방식에 가깝다. 일본의 경우도 우리와 유사하며, 지방의원과 시장을 공히 주민이 직접 선출한다. 일본의 경우 중앙정부의 경우 의원내각제를 취하고 있지만 지방정부의 경우 상대적으로 시장이 우위를 점하는 강시장-약의회 방식을 취하고 있다.[36] 강시장-약의회 방식의 기관구성은 미국에서도 발견되고는 있지만, 강시장-약의회에 대한 통제 권한이 여전히 의회에 맡겨져 있다는 점에서 한국과 일본의 강시장-약의회 방식에 비하여 다소 약한 편이라고 할 수 있다. 시장에 대한 임명, 파면 동의권, 예산심의확정권, 조사권, 시장이 거부한 법안에 대한 재의 요구권 등이 의회에 남아 있는 것을 보면, 미국의 사례를 과연 강시장-약의회 방식이라고 할 수 있는지 의문이다(임승빈 2020).

---

35 우리의 경우 집행부가 주도하는 매우 특이한 지방자치를 실시하고 있는데, 그 대척점에 지방의회가 주도하는 기관통합형이 있다. 우리 사회는 현행 집행부가 주도하는 강시장형을 일반적인 기관구성 방식이라고 오해하고 있는 듯하다.

36 임승빈(2020)에 의하면 일종의 정치행정문화에 기인하는 것으로 이해된다고 한다. 한국과 일본의 경우 특히 강시장 방식이 채택되고 있는데, 아시아 여러 국가에서 공통적으로 나타나는 특징으로 볼 수도 있다.

1931년 미국 샌프란시스코에서 도입한 수석행정관(chief administrative officer) 제도 역시 강시장-약의회 방식의 한 형태인데, CAO가 인사권, 예산권, 감독권을 갖고 있기 때문에 시장은 의회와의 관계에만 집중하면 된다. 그러나 여전히 이 방식의 경우도 시장(mayor)의 영향력은 우리의 자치단체장이 갖고 있는 권한에는 미치지 못한다. 다만, 샌프란시스코의 강시장-약의회 방식의 특징에서 관찰된 것은 시장을 별도로 선출한다는 점이다. 의원과 마찬가지로 시장도 주민에 의하여 직접 선출되기 때문에 다소 독립적인 역할을 수행할 수 있다는 점에서 상대적으로 강시장(strong mayor)이라고 할 수 있다.[37]

이와 같은 예외적인 경우를 제외하면 거의 모든 지방자치 선진국에서는 지방의회가 주도하는 기관통합형을 취하고 있다. 기관통합형의 가장 큰 특징은 우선 시장을 주민이 직접 선출하지 않는다는 점이다. 주민은 지방의원만 선출하고, 지방의회는 시장을 선출하거나 지방의회 의장이 시장을 겸직한다. 위원회 방식이라고 하더라도 지방의회가 위원회를 구성하며, 시정관리인 등 대리인을 통하여 집행 역할을 수행하더라도 대리인을 지방의회가 선임한다. 약시장-의회형(weak mayor-council form), 의회-시지배인형(council-manager form) 등이 이에 속한다.[38]

---

[37] 윤인숙(2018)에 의하면 미국의 경우 일부 강시장-약의회 방식이 확인되고 있지만 여전히 상대적으로 강한 집행부는 아니라고 한다.

[38] 독일, 프랑스, 영국 등에서 일반적으로 발견되는 기관구성 방식이다. 독일의 경우 북독일과 남독일이 다소 다른 기관구성 방식을 취하고 있는데, 남독일의 경우 시장을 주민이 직접 선출하기도 한다. 이 경우 상대적으로 시장의 역할이 커지며, 북독일에 비하여 약의회의 특징을 보인다. 한국법제연구원의 『주요 외국의 지방

2) 시사점

구미 국가들의 지방정부 기관구성 방식과 관련된 다양한 논의는 하나의 틀로 설명될 수 있다. 원칙과 현실의 문제인데, 우선 원칙은 지방의회가 주도하는 기관통합형 방식을 채택하는 것이다. 대부분의 국가에서 이 방식을 주로 취하고 있으며, 집행부의 대표인 시장을 지방의회가 선임한다. 말하자면 주민의 직접 대의기관인 지방의회가 결정을 하고(decision making), 집행부는 결정된 사항을 집행(implementation)하는 일종의 분업 방식을 취하고 있다는 것이다. 집행부는 온전히 지방의회에 의하여 지휘 감독받고, 의회는 정치적 책임을 지는 방식이다. 다만, 민주성 가치에 추가하여 행정의 효율성, 능률성 등의 가치를 더 강조한다는 관점에서 지방의회의 역할을 다소 제한하고 집행부의 역할에 더 큰 비중을 두자고 하는 입장이 최근 주목을 받으면서 다양한 현실적인 대안들이 모색되어 온 것이 지방자치단체의 기관구성 방식에 관한 역사라고 할 수 있다. 원칙보다는 현실을 더 강조하자는 입장에서 집행부의 역할에 비중을 더 두는 기관구성 방식들이 등장하기 시작했다는 것이다. 위원회를 두어 지방의회의 영향력을 다소 제한하자는 것, 시장을 직접 선출하자는 것 등이 대표적인 예이다. 그러나 서구 사회에서 간혹 발견되는 강시장-약의회 방식도 우리의 단체장 중심 기관구성 방식에 비하면 여전히 약시장-강의회 방식으로 여겨진다. 예컨대, 미국의 대도시들에

자치제도 연구』(2018) 시리즈는 이를 확인하고 있다.

서 취하고 있는 강시장–약의회 방식도 시장을 주민이 직접 선출하기는 하지만 지방의회에 의하여 언제든지 해임될 수 있고, 인사, 예산 등에서 지방의회의 통제를 받는다. 우리는 지방의회 사무처 직원에 대한 인사권을 돌려달라고 지방의회가 집행부에게 요구하고 있는데,[39] 서구 사회에서는 거꾸로 시장(mayor)이 지방의회에 대하여 인사권 독립을 주장하고 있다[40]는 점이 이를 상징적으로 보여준다.

III. 자치권의 주체에 대한 이해: 역사적 고찰

1. 지방자치 주도 세력에 대한 이해

대의자치라는 용어는 아직 없지만, 굳이 정의하자면, 지방의회가 주도하는 자치를 강조하기 위하여 제시한 개념이다. 대의민주주의와 직

---

39 지방의회 위상정립을 위한 지방자치법 개정토론회(2019년 4월 12일)에서 신원철 서울시의회 의장을 비롯한 토론회 참석자들은 지방의회 인사권 독립을 요구하는 등 집행부에 비하여 상대적으로 위상과 역할이 제한된 지방의회의 위상 제고를 위한 다양한 요구를 했는데, 그중 하나는 지방의회 사무처 인사권을 집행부에서 지방의회로 이양해달라는 것이었다.

40 영국, 프랑스, 독일, 미국 등 주요 지방자치 선진국의 지방정부는 지방의회가 주도하며, 집행부 주요 직위에 대한 인사권을 지방의회가 갖고 있다. 강시장의 방식을 취하는 샌프란시스코 등 주요 도시의 경우도 집행부 고위직의 경우 인사권을 지방의회가 갖고 있으며, 집행부 입장에서는 불편한 사항이다.

접민주주의를 언급할 경우 통상 중앙정치를 논의할 때 사용되는 개념으로 인식되고 있기 때문에 편의상 구분하기 위하여 대의민주주의 대신 대의자치라는 용어를 사용하고자 한다. 주민민주주의를 강조하는 입장에서 대의민주주의의 한계를 지적하는 경우도 있는데, 국회 차원의 대의민주주의 문제와 지방의회 차원의 대의민주주의 문제를 살짝 혼용하는 경우도 있다는 점에서 용어를 달리하고자 하는 의도도 있다.

대의자치와 대비되는 개념으로서 집행부가 중심이 되어 실시하는 지방자치를 들 수 있다. 굳이 해석하면 집행부 중심 지방자치란 분권화된 중앙 집중형 지방자치를 의미할 수 있다. 중앙정부로부터 권한을 이양받았지만, 권한이 주권자인 주민에게까지 이양되지 못하고, 단체장에게만 이양된 형식이다. 지방의회가 설치되어 단체장을 견제하고 있지만 실효성이 낮기 때문에 사실상 선출된 영주(lord)와 유사한 위상을 갖게 된다. 한편, 주민자치란 주민이 직접 자치하는 것을 의미하며, 현실적으로 주민에 의한 직접자치가 쉽지 않기 때문에 불가피하게 집행부가 주도하는 지방자치가 대안이 되고 있다고 한다. 그런데, 이 논의 과정에서 우리의 경우 지방의회는 누락되어 있다. 주민에 의한 직접자치가 용이하지 않다고 한다면 우선 단체장이 주도하는 지방자치와 지방의회가 주도하는 대의자치를 비교할 필요가 있다. 좀 더 구체적으로 질문하면, 집행부와 지방의회 중 누가 자치의 주체가 되어야 할 것인가? 이 질문에 대한 답을 구하기 위해서는 지방자치 선진국이 겪어온 지방자치의 역사를 살펴보면서 자치권에 대한 인식이 싹트기 시작한 지점에 누가 지방자치를 주도했는지 파악할 필요가 있다.

자치권의 태동은 중세 유럽의 도시들에서 시작되었다고 한다.[41] 경제적으로 성장한 거대도시들이 중앙의 왕에 대하여 도시 자치권을 주장하고 그 결과 상당 부분 자치권을 확보하게 되는 성과를 거두었다고 한다.[42] 자치권 논의의 핵심에는 세금(tax) 문제가 관련되어 있다. 실제로 왕에 대한 납세 의무에 대하여 회의적인 시각이 조성된 것도 이 시기이며, 적정 수준의 세금만을 부담하겠다는 의지의 표명을 통하여 지역자치를 시작한 것으로 이해할 수 있다. 조세 제도의 기원과 관련된 연구들에 의하면 애당초 세금 부담은 납세자에게는 조건 없는 의무로 받아들여졌다. 정복왕의 영토에서 왕의 보호하에 경제활동을 통하여 얻게 되는 수입의 일부를 왕에게 돌려주는 것은 또 다른 대가(reward)를 바라는 행위가 아니며, 당연히 납부해야 할 의무(duty)로서 받아들였다는 것이다 (김태영 2020).

실제 고대 이집트와 페르시아에서 걷힌 세금에 대한 기록에 의하면 수입의 십분의 일을 세금의 형태로 왕에게 지불했으며, 납세자는 이에 근거하여 어떤 대가를 요구하지도 않았고, 요구할 수도 없었다고 한다.[43] 왕의 임무는 가급적 공평하게 세금을 부과하는 것이었고, 이는 안

---

41 김태영(2020)은 중세 경제도시의 발달이 자치권이 태동하게 된 주요 요인이라고 한다. 지역에 기반을 둔 경제도시들이 왕이 거주하는 도시에 대항하여 도시자치를 주장하게 된 것이 핵심 배경이라고 한다. 말하자면 세금 부담에 대한 갈등으로 인하여 경제도시들이 자치권을 주장하게 되었다는 것이다.

42 Neil McGregor(2016, 김희주 역)에 의하면 한자동맹으로 알려진 도시들도 이와 같은 과정을 거쳐 성장했으며, 중세 이후 자치도시로 성장하게 된 것으로 알려져 있다.

43 원윤희(2019)에 의하면 고대 사회에서 세금은 당연한 것으로 받아들여졌는데, 이는 신민의 입장에서 왕의 영토를 공짜로 이용하는 것이기도 했지만, 사회간접자

정적인 왕국의 유지를 위해서 반드시 필요했다. 특히 페르시아의 경우 지역별 할당제를 활용하여 세금을 거두었는데, 이 역시 공평하고 안정적인 수입원을 마련하기 위함이었다. 공정하고 효율적인 징세를 위하여 지역별 구역을 두는 방식을 취했다. 사트라피라고 하는 지역별 과세단위는 공평한 조세 부과를 위한 제도적 장치이며, 납세자들은 신성한 의무로서 세금을 지불했다(원윤희 2019). 훗날 종교단체에 지불하는 헌금 역시 10%이었기 때문에 당시 인민은 최소 20%의 세금을 부담한 셈이다. 재난, 전쟁 등이 발생할 경우, 추가적인 세금 부담이 수반되었기 때문에 실제 세금 부담은 20% 이상이었다고 한다.[44] 말하자면 초기의 세금은 공공서비스 등을 제공받기 위한 대가로서 납부되는 것이 아니었고, 왕의 신민과 노예로서 당연히 부담해야 할 의무로 받아들여졌다는 것이다.

중세에 이르러 도시 중심으로 상공업이 발달하기 시작하면서 도시가 세원(tax base)의 핵심 단위가 되었다. 말하자면 페르시아의 사트라피에 해당되는 과세 단위는 중세에 이르러 도시로 대체된 것으로 짐작된다(김태영 2020). 도시의 최고 책임자에게 가장 큰 임무는 왕에게 세금을 납부하는 것이었다. 도시의 최고 책임자인 영주는 왕에게 조세부담에 대한 불만을 드러냈을 것으로 짐작되지만, 사실과 다르다고 한다.[45] 실

본 시설 등을 왕이 제공했기 때문이다.

44 원윤희(2019)는 고대 사회에서 왕에게 바치는 세금은 의무였으며, 공공서비스에 대한 대가로서의 의미는 적었음을 시사하고 있다. 실제로는 종교기관에 바치는 헌금을 포함하여 훨씬 더 많은 조세부담을 진 것으로 알려져 있다.

45 중세도시의 역사를 살펴보면(Kaihatsusha 2019) 영주는 왕과 일종의 계약 관계에 있었기 때문에 과도한 세금에 대한 불만을 제기할 필요가 없었을 것이다. 계약의

제로는 도시의 구성원들이 왕과 영주에게 조세부담에 대한 불만을 제기한 것이라고 한다. 다시 말하면, 도시 내의 주요 경제계급들이 영주에게 일종의 조세저항을 했고, 동시에 왕에게도 도시 자치권(home rule)을 요구했다는 것이다(Pirenne 1997). 이 과정에서 소위 중앙과 지방 간 자치권 문제가 제기되었다는 것이다.[46] 이와 동시에 도시 내에서는 인민과 영주 간 전술된 인민주권(popular sovereignty) 논쟁이 발생하기 시작했다. 도시민 중 일부가 영주에게 부담해야 할 세금에 대한 정당성과 필요성을 제기했는데, 이는 납세자의 권리 개념을 넘어 주권의 소재에 대한 문제로 확대된다. 왕이 거주하는 지역으로부터의 자치권과 도시 내의 영주에 대항하여 자치를 강조한 인민주권의 개념은 도시 인민에 의하여 동시에 주창되었다고 볼 수 있다. 중세시대에는 도시의 주요 사회간접자본 시설들에 대한 투자와 비용을 새로운 경제계급으로 등장한 도시 인민들이 제공했으며, 결과적으로 공공서비스에 대한 대가로서 세금을 인식하

내용에 이미 세금에 대한 언급이 명시되어 있고, 실제 왕은 영주의 권한을 인정해 주었기 때문이다. 중앙집권적 지방행정체제 하에서 지방의 기관장이 왕에게 불만을 드러내지 못한 것과 유사하다고 볼 수 있다. 세금 부담의 피해는 고스란히 도시 납세자들에게 귀착된다.

46 중세 한자동맹(hanseatic league) 역시 도시 내의 상인들이 중심이 되어 중앙의 왕에 대항하여 자치를 강조한 것으로 이해된다(Persson and Sharp 2016 재인용). 피렌(Pirenne 1997)도 경제적으로 성장한 도시민들의 역할과 기존 질서에 대한 저항을 묘사하고 있다. 원윤희(2019)도 세금의 역사를 통하여 중세시대의 특징을 이와 같이 기술하고 있다. 이화용(2020)은 세금 문제를 언급하지는 않았지만, 도시 인민들이 교황권과 세속권에 대하여 대항하기 시작한 점을 강조했다. 한자동맹으로 알려진 주요 도시들이 중앙의 왕으로부터 자치권을 확보하기 시작한 것도 이즈음이다.

기 시작했다는 것이다. 결국 후술하게 될 길드 중심 경제계급인 도시 인민들의 입장에서는 왕과 영주에게 과도한 세금을 납부할 이유를 찾지 못했던 것이다.[47]

2. 중세시대 도시 인민의 역할과 자치권의 주체

그렇다면 자치권의 개념이 싹트기 시작할 무렵 누가 인민주권을 주장했는지에 대한 추가적인 탐구가 요구된다. 인민주권의 주체가 누구였는지를 밝힐 수 있다면 지방자치를 누가 주도하는 것이 합당한지를 확인할 수 있을 것이다. 자치를 주도한 세력이 봉건 영주와 인민 중 누구였는지를 살펴보는 것은 본 연구의 핵심 질문에 답을 줄 수 있다. 훗날 부르주아라고 불리던 인민은 중앙으로부터의 자치와 영주로부터의 지역자치를 동시에 주도했으며, 르네상스기에 이르러 사회계약론 등장의 토대가 된 것으로 알려졌다. 인민주권론을 최초로 제기했다고 알려진 마르실리우스는 도시 인민이 영주에 대항하여 주권을 주장했다고 한다.[48] 다른 한편으로 도시 인민은 왕에 대항하여 도시 자치를 요구했

---

[47] 김태영(2020)은 납세자가 세금을 인식하는 관점이 중세에 이르러 바뀌었다는 점을 지적하고, 세금은 공공서비스 제공에 대한 대가라는 인식이 확산되며, 왕이 사회간접자본 설치 등 충분한 공공서비스를 제공하지 않으면 일종의 조세저항 운동이 발생했다고 지적한다.

[48] 이화용(2020)은 마르실리우스를 가장 대표적인 중세시대 인민주권을 주장한 학자로 파악했다.

다고 한다. 도시 내의 영주와 성직자는 갈등 관계였고, 도시 인민은 영주와 성직자에게 각각 세금과 헌금을 바쳤는데, 이에 대한 반발이 가장 큰 원인으로 알려져 있다. 그런데 중세시대 인민주권을 처음 주장하던 도시 인민은 전체 구성원을 의미하지는 않는다. 성채도시 내에 거주하는 도시 인민 중 특허장(pass) 또는 시민권을 소유한 인민은 전체 도시 인구 대비 평균 약 3% 정도로 추정된다고 전술한 바 있다. 오늘날 지역주민을 대표하는 지방의회 의원이 유럽의 경우 평균 1% 정도라고 하는데, 중세시대의 실질적인 인민의 비율과 엇비슷하다. 중세도시는 주로 성채도시 형태를 갖추고 있는데, 성채도시 내부에 거주하는 인구와 외부에 거주하는 인구의 비중이 대략 3%:97%라고 한다. 결국 대다수 인민은 성채 밖에 거주했고, 성채 안에 거주한 소수의 도시민이 인민주권을 주장한 것으로 이해할 수 있다. 다만, 누구나 경제적으로 경쟁력을 갖추면 성안으로 진입할 수 있다는 점에서 인민주권의 개념은 경제적 관점과 맥락을 함께 한다고 할 수 있다(강명구 2020).

성안으로 진입할 수 있는 조건은 경제적 능력이다. 성안에 거주한다는 것은 일종의 특권이며, 납세의 핵심 세력이다.[49] 거주 이동의 자유

---

49 중세 성채도시의 특징은 도시민의 거주가 성안과 밖으로 일단 구분하고, 성안에서도 경제계급도 거주지가 결정된다는 점이다. 도시구조를 보면 성채를 중심으로 사방으로 확장되어 있는데, 일단 성 밖에 거주하는 인민들은 도시민으로서 역할이 전혀 없다고 볼 수 있다. 성안에 거주하는 자들이 고작 3% 내외에 불과하다는 것이 정설로 받아들여지고 있다(김태영 2020). 성안에서도 성직자와 영주가 맨 가운데에 위치하고 자유민으로서 인민이 근처에 거주한다. 중세도시의 특징은 경제계급에 따라 거주지가 결정되고, 그들의 영향력도 거주지의 위치에 의하여 파

가 제한되는데 이것 역시 경제적 능력에 따라 결정되며, 성채 도시 안에 서도 거주지가 그들의 경제적 능력과 관련이 있다. 소위 특허장(pass)을 소지한 시민과 그렇지 못한 시민 간의 구분은 여러 면에서 자유를 제약 받는다. 인민주권을 주장하기 시작한 주체는 특허장을 소지한 소수의 인민이라고 할 수 있다.[50] 이들 소수의 인민들이 영주와 왕에 대해서 주 권을 주장한 것이다. 영주와의 협력과 갈등을 통하여 경제도시의 번영 을 주도한 세력이며, 다른 한편으로는 왕에 대하여 자치권을 주장한 세 력이기도 하다. 경제도시의 번영에 기여한 일등 공신이 바로 소수의 도 시민이며, 이들은 지역에 근거한 자치를 주도하기도 했지만, 도시 내의 영주에 대해서는 조언과 압력도 가하여 주권의 소재에 대한 논쟁을 확 대해 나갔다(강일휴 2010).

중세도시는 일종의 집단지도체제를 통하여 자치와 번영을 누리게 된 것으로 해석할 수 있다. 서구의 전통에서 집단지도체제는 로마에서 부터 시작된다. 로마공화정은 원로원이라고 하는 의사결정 기구를 통 해서 작동된 것으로 알려져 있고, 훗날 절대왕권 시대에도 주요 결정은 귀족 등 의회가 주도한다. 영국과 같이 의회 주도의 역사가 상대적으로 긴 경우도 있고, 프랑스와 같이 현대에 이르러서야 의회가 주도한 경우 도 있다. 다만, 국민의 대표인 의회가 정치를 주도한 것은 사실이다. 이

악될 수 있다는 것이다. 엔넨(Enen 2014)도 유사한 주장을 펼쳤다.

50 고대 로마의 원로보다 수적인 면에서 더 많다는 점에서 공화정으로의 진전이 짐 작되며, 고대 로마의 SPQR에서 언급된 원로와 대중보다 더 큰 숫자일 수 있다는 점에서 의의가 있다.

와 같은 논리가 지방에도 적용된다. 지역 사회 유력 인사들이 주도하는 집단지도체제가 지방정치의 주요 모델이 되었다. 중세도시의 경제를 주도하던 도시 인민은 훗날 지방의회의 주요 세력으로 등장하게 되었는데, 이는 지역사회에서의 집단지도체제가 보편화될 수 있었던 전통으로 여겨진다.

3. 중세 길드의 역할과 자치권의 주체

지역사회에서 집단지도체제를 주도한 도시 인민은 구체적으로 누구인가? 경제적 역량을 갖춘 도시 인민은 주로 길드 조직을 통하여 성장했다. 중세도시에서 가장 두드러진 구성원은 길드조직이라고 할 수 있다. 경제적 발전이 어느 정도 확보된 후, 도시는 상인들에 의하여 운영된 것으로 볼 수 있다. 길드는 다양한 형태로 운영되고 다양한 구성원들로 충원되며 다른 한편으로 길드는 영주에 대항하여 투쟁할 수 있는 역량을 갖춰나가기 시작했다. 직종별 길드가 일반화되어 길드가 주도하는 도시 경제는 그 자체 집단제도체제로 간주할 수 있다(Gilomen 2017).

길드(guild)는 중세 경제도시의 성장에 핵심적 역할을 수행했다. 고대 로마 시대에도 조합 형태의 길드가 존재했지만, 길드의 역할이 중요해진 것은 중세에 이르러서였다(박용진 2004). 수공업 등으로 형성된 길드뿐만 아니라 상업에 종사하는 길드 등 경제주체로서 다양한 형태의 길드가 당시 유럽의 여러 도시에서 활발하게 역할을 수행했다. 길드는 중세에서 근세에 이르기까지 유럽의 도시들을 중심으로 장인(craftsman)이나 상인(merchant)이 조직한 일종의 조합이다. 길드를 통하여 도시 인민들은 경제적 부를 창출하고, 오늘날 시민권에 해당하는 특허장(pass)을 발급받아 특혜를 받기 시작했다. 특허장은 개인에게 부여된 것인데, 일종의 계급을 나타내는 징표로써 역할을 했다. 전술한 바와 같이 당시 도시 인민의 숫자가 큰 도시의 경우 5만 내지 10만 명이었고, 대부분 3만 명 내외였는데, 전술된 바와 같이 소수의 도시 인민만이 자유롭게 왕래할 수 있는 인민으로 분류된다. 오늘날 개념으로 단지 소수의 도시 인민 정도가 자유로운 시민으로서 의미를 가질 수 있었다고 볼 수 있다.[51] 그들은 길드 조직 등을 통하여 경제적 부를 형성하고, 영주에 대하여 정치적 영향력을 행사하고 한편으로는 왕에 대하여 도시자치를 주장한 신흥 정치세력으로 성장해 나갔다(성백용 2006).

실제 유럽의 여러 나라에서 도시 차원의 지역의회가 설치되기 시작했는데, 이 과정에 참여하는 주요 세력은 길드 등을 통하여 부를 형성한 신흥 계급이었다. 중앙정부 차원의 의회에도 다수의 참여자는 성직자 못지않게 당대 부를 형성한 귀족들이었다. 사실상 이들이 국회와 지방의회를 장악한 것으로 간주할 수 있다. 후술하게 될 영국의 시범의회에 참여한 의원들의 구성은 성직자와 귀족 그리고 도시별 2명을 추천받아 이루어졌다. 자치도시를 인정한 셈이며, 자치 도시별 추천받은 의

---

[51] 피렌(Pirenne 1997)은 중세도시 구조가 겹겹이 성곽으로 쌓여 군사적 목적이 우선이지만 이는 경제계급을 공간상에 배치한 것과 유사하다고 했다. 성당과 영주 거주지 근처에 거주하는 인민이 자치권을 주장하고, 인민주권을 주장한 핵심 세력이라고 짐작할 수 있다.

원은 지역사회의 경제계급이었다. 결국 중앙정부 차원에서의 의회 중심 통치가 지역에 기반을 두었지만, 지방정부 차원에서도 지방의회가 통치의 주도권을 행사하게 되었다. 이에 중요한 역할을 수행한 것은 길드를 통하여 부를 형성한 신흥계급이었다고 할 수 있다(김병용 2012).

4. 시범 의회(model parliament), 도시법(city charter), 그리고 자치권의 주체

시범의회(model parliament)는 모범의회로 불리기도 하는데, 역사적 맥락을 이해하면 시범의회로 번역되는 것이 더 적절해 보인다.[52] 이는 마그나 카르타와 연관이 있는데, 1215년 6월 15일 서명된 마그나 카르타의 내용이 실행에 옮겨지기 시작한 것은 에드워드 2세 당시 1297년이라고 하는 것이 정설이다. 마그나 카르타의 주요 내용들은 존 왕 후임들에게 받아들여지기 쉬운 것이 아니었을 것이다. 특히 세금 문제는 중요한 관심사였다. 사실상 마그나 카르타 자체가 세금 갈등을 봉합하기

---

[52] 백과사전 등 대부분의 서적이 모범의회로 번역하고 있는데, 맥락상 적절하지 않은 것으로 보인다. 왕의 입장에서 이 정도의 의회 모습이 이상적이라고 간주하여 만든 의회라면 모범의회라고 번역하는 것이 적절할 수도 있지만, 당시 에드워드 1세는 귀족들의 요구에 부응하기 위하여 반강제적으로 의회 설치를 허용했을 가능성이 높다. 그렇다고 한다면 다양한 세력이 의회를 구성하는 것이 적절하다는 생각을 했을 것으로 짐작된다. 마그나 카르타의 후예들도 의회를 설치한다면 다양한 각계각층의 의견을 수렴할 수 있는 대표기구로서의 의회를 상정했을 것이다. 훗날 상원과 하원으로 구분될 수 있는 사회원로와 지역대표로 구성된 모범의회는 시범의회로 번역되는 것이 더 적절해 보인다.

위하여 합의된 문서라고 보는 것이 합당하다. 존 왕이 과도한 세금을 부과하자, 당시 경제계급이었던 자유로운 도시 인민이자 귀족들이 주도하고, 성직자들까지 가세하여 존 왕에게 반기를 들었던 것이 사태의 본질이었다.

이태리 경제도시들에서도 도시 인민들이 영주와 왕에게 반기를 든 일차적 이유도 세금 문제였다. 헌금 수입에 의존했던 당시 성직자들도 도시 인민인 귀족들의 편을 들었는데, 따지고 보면 귀족에게 주어진 경제적 부담을 공유하기 때문이었다. 그러나 존 왕의 후임들이 마그나 카르타를 부정하면서 마그나 카르타가 잊혀 질 뻔했지만, 왕권이 약화될 때마다 마그나 카르타는 오히려 더 큰 정치 무기로 역할을 수행했다. 에드워드 2세가 마그나 카르타의 내용 일부를 수용하기 시작한 것이 1297년이라고 하는데, 2년 전 에드워드 1세 시절 1295년에 시범의회가 설치되었다는 것이 이를 보여준다.

시범의회의 구성은 성직자, 지성인, 그리고 카운티와 버로우의 다양한 대표자로 구성되었다. 각각의 카운티는 2명의 기사와 카운티 내의 버로우에서 선출된 2명의 자유인(이태리의 도시 인민과 유사)으로 구성되었고, 각 도시는 2명의 일반인(도시 인민)을 추천했다. 이러한 상원, 하원 개념의 구성은 훗날 영국 의회 설립에 기초 자료가 된 점에서 이를 모범의회로 부르기도 한다(김명주 2010). 1295년 11월 13일에 에드워드 1세는 의회를 구성하며, 마그나 카르타의 내용을 수용하는 입장을 보였지만, 사실 프랑스와의 전쟁을 위한 추가적인 세금을 거두기 위한 목적이었다.

어쨌거나 의회의 구성을 통하여 왕의 권한이 의회로 이양되는데 중요한 분기점이 되는 계기를 시범의회를 통하여 확인할 수 있다. 또한 지

역사회에서 선출되고 추천된 경제계급으로서의 도시 인민들이 시범의
회에 참여했다는 점도 시사점이 크다. 각 카운티, 버로우, 도시들에서
영향력을 행사하던 도시 인민의 역할은 중앙으로 확대되기 시작한 것으
로 볼 수 있다. 이 시점을 계기로 영국의 경우 중앙정치와 지방정치에서
공히 의회의 역할이 확대되기 시작한 것으로 간주할 수 있다.[53]

한편 플렌스부르크의 도시법 역시 마그나 카르타의 내용과 흡사
하며 세금 문제가 핵심으로 보인다. 도시법은 도시가 가져야 할 특권을
명시한 것으로서 중세 유럽에서 영주(lord)가 영지 간의 교역에 관한 권한
과 길드 결정에 관한 권한 등을 명시한 것으로서 자치권과 과세권을 특
정 도시에 부여한 것을 의미한다. 플렌스부르크의 도시법은 1284년 제
정된 것으로 현존하는 가장 오래된 도시법이다. 주요 내용은 도시가 중
앙정부에 대하여 자치권을 갖고 독립적으로 운영될 수 있는 법적 근거
를 마련했다는 것이다. 핵심은 과세권이며, 중앙정부에 납부하는 세금
을 줄이자는 것이다. 그러나 도시법을 주도한 세력은 영주가 아니라 도
시 인민인 경제계급이었다는 것이 중요하다(안상준 2007). 당시 납세의 핵
심 세력이었던 자유인으로서의 도시 인민은 영주를 압박하여 세금 부담
을 줄이고자 했다. 영주는 이들의 주장을 받아들여 도시법 제정을 허용
했고, 그 결과 도시는 과세권을 확보했으며, 세금 부담 수준을 스스로
결정하게 되었다. 영주가 이를 허용한 이유는 중앙정부로의 세금 납부
에 대하여 영주 역시 부정적 입장을 가졌기 때문이다.

---

53 의회와 왕과의 주도권 싸움은 명예혁명을 통하여 종결되었지만, 지역사회에서의
변화는 이미 시범의회의 설치 시점부터 시작되었다는 것을 알 수 있다.

도시법의 제정으로 플렌스부르크의 경제적 위상은 제고되었고, 중앙정부로부터 독립을 유지할 수 있는 계기가 되었다. 플렌스부르크의 자치는 영주가 아닌 도시 인민들에 의하여 주도되었다는 점을 주목할 필요가 있다. 플렌스부르크 역시 일종의 집단지도체제에 의하여 도시가 운영된 것으로 간주할 수 있으며, 당시 자치를 주도했던 경제계급 역시 훗날 지방의회 구성원으로서 역할을 하게 되었다. 이들은 중앙정치에서 의원으로 활동하며 국정의 주체가 된 것은 물론이고, 지역사회에서 자치의 주체로서 역할을 수행한 것으로 알려져 있다.[54]

5. 자치권의 주체에 대한 이해와 일반적 기관구성 방식

유럽 사회에서 지방의회 주도 기관구성 방식 형태가 나타난 것도 서구의 공화정 발전 역사와 관련이 깊다. 그 결과 우리와 달리 서구의 경우 지방의회가 지나친 권한을 갖고 있기 때문에 오히려 문제가 되는 경우도 많다. 긴급한 행정수요에 신속 대응이 어려운 것도 바로 의사결정 과정의 복잡성 때문일 것이다. 단체장에게 더 많은 권한을 주어야 한다는 각종 토론회 등이 서구 사회에서 개최되는 것은 우리와 반대되는 현상

---

54 피렌(Pirenne 1997)에 의하면 신성로마제국의 자유제국도시(Free Imperial City)의 경우도 황제직할도시로서 자치권을 갖고 있었고, 세금 관계로 보장된 자치권이라는 점에서 의의가 있다. 자유제국도시가 아닌 일반 도시의 경우 여전히 영주의 지배하에 놓여있었다는 점을 감안하면, 자치권의 확보는 경제계급인 도시 인민에 의하여 주도되었다고 볼 수 있다.

이다. 예컨대, 미국의 경우 긴급명령권(executive order)이 단체장에게 부여되어 있는데, 긴급한 경우 지방의회(local council)의 동의 없이도 단체장이 우선 행정 집행을 할 수 있도록 하자는 것이다.[55] 우리의 경우는 오히려 특수한 경우에만 지방의회로부터 동의를 얻는 방식이다. 이는 집행부 우위 기관구성(strong mayor-weak council)형태를 보여주는 대표적 사례다.

그렇지만 전술된 바와 같이 공화정 헌법에 부합하는 기관구성 형태는 지방의회 중심 기관통합형일 수 있으며, 지방의회가 집행부를 단순히 견제 감시하는 것을 넘어서 집행의 상당 부분을 책임지는 방식이다. 통상 지방의회 의장이 단체장을 겸직하게 되고, 필요에 따라서는 시정 관리인(city manager)을 별도로 두어 집행부의 역할을 수행하도록 한다. 영국의 경우 대부분의 지방의회에 집행위원회(implementation committee)가 설치되어 있다. 의회가 집행부의 역할까지 수행한다는 것을 의미한다. 실제 집행 업무를 담당하는 것이 아니라 집행 업무를 관리하는 역할을 수행하는 것이다. 예컨대, 런던의 램버스의회(lambeth council)는 집행위원회를 의회 내에 설치하여 각종 집행 업무를 관리하고 있으며, 현장 공무원들은 이들의 지휘 감독을 받는다.[56]

---

55 뉴욕시장이 COVID-19 관련 외출 금지 등과 관련된 일련의 조치를 취한 바 있는데, 소위 EO148을 연장한다는 것이다. 이러한 노력은 긴급하고 중대한 사항에 대하여 시장이 직권으로 시정을 펼칠 수 있다는 것을 의미한다.

56 Lambeth Council 관계자에 따르면 실질적인 행정업무를 구의회가 맡는다고 한다. 구청 공무원들의 경우 관내 여러 곳에 흩어져 있는 청사 건물에서 근무하며 집행 업무를 담당하고 있는데, 지휘는 구의회가 책임지고 있다고 한다(담당자 인터뷰 2018년 7월 27일).

자치권이 태동하고, 확대되기 시작한 중세 유럽의 역사를 통하여 알 수 있는 것은 애당초 지방정부의 기관구성 방식이 지방의회 중심 기관통합형이었다는 것이다. 이후 필요에 따라 현실 상황을 반영하여 강시장-약의회 방식 등 다양한 형태가 등장했다는 것이다. 이는 공화정의 정신과도 부합한다고 전술한 바 있다. 실제 영국을 위시한 이태리, 프랑스, 독일 등 유럽의 주요 국가들이 지방의회 중심 기관통합형 지방정부 구성 방식을 취하고 있는데, 이는 공화정의 발달 과정, 그리고 자치권의 확대 과정에 따른 것으로 이해될 수 있다.

IV. 맺음말

이 글은 지방자치제도가 부활한 이후 지방정부의 기관구성 방식에 대한 논의가 상대적으로 미흡하여, 기관구성 방식에 대한 이해를 통하여 다양한 형태의 기관구성 방식의 가능성을 확보하고자 작성되었다. 지방자치제도가 부활한 지 거의 30여 년이 지난 오늘에도 집행부가 주도하는 지방자치가 보편적이라는 정치문화가 우리 사회에 널리 퍼져 있는 것으로 보인다. 그 증거로 현재 243개 모든 지방자치단체가 강시장-약의회 방식의 기관구성 방식을 채택하고 있다. 또한 지방의회 사무국 직원에 대한 인사권 독립을 요구하는 주장이 지금도 지방의회에서 제기되고 있는데, 최근 지방자치법 전부개정안의 국회 통과로 인사권의 이관이 기대된다. 집행부가 오히려 지방의회로부터 인사권을 독립해달라고 요구하는 것이 자치선진국에서는 오히려 일반적인 모습인데, 우리의 경우 입장이 바뀌어 있다.

유럽에서는 어떤 이유로 지방의회 중심 기관통합형이 일반적으로 받아들여져 왔는지에 대한 이해를 증진시키기 위하여 유럽 여러 국가에서 자치권이 태동하던 시기에 누가 자치권을 주장하고, 실제 자치를 주도했는지를 살펴보았다. 다시 말하면, 유럽의 지방자치 선진국들에서 지방의회가 주도하는 지방자치가 어떻게 가능했는지를 살펴보면서 시사점을 도출하고자 했다. 만약 역사적 맥락과 공화정 철학의 정신에 대한 이해가 증진된다면 우리도 일단 다양한 기관구성 방식에 대하여 적극적으로 논의해 볼 수 있을 것이다. 이에 지방의회 주도형 기관통합 방식도 최소한 시범적으로라도 도입될 필요가 있다.[57] 예컨대, 구청장을 직접 선출하지 않고 구의회(district council, city council)에서 간접방식으로 선출하든지, 구의회 의장이 구청장직을 겸직하는 방식이 적극 검토될 수 있다. 또는 시정관리인(city manager)과 같은 전문 경영인을 구의회가 고용하는 방식도 고려의 대상이다.

본 연구는 누가 자치의 주체가 되어야 할 것인가에 대한 본질적인 질문에 답하기 위하여 자치권의 개념이 태동한 중세시대를 연구의 대상으로 삼았다. 서양에서 중세도시의 경제적 성장이 자치에 대한 인식을 싹트게 했다는 것은 널리 알려져 있다. 다만, 당시에 누가 주도하여 자

---

[57] 1295년 영국에서 시범의회(model parliament)를 설치한 것처럼 우리도 시범지방정부(model local government)를 설치하여 공화정 정신에 부합한 지방자치를 실시해 볼 필요가 있다.

치권이 확보되고, 확대되었는가에 대한 질문에는 추가적인 연구가 필요했다. 소위 중세 자치도시의 시장(mayor)에 비견되는 영주(lord)가 왕에 대항하여 자치권을 확보하기 위하여 노력했다는 주장은 아직 발견되지 못했다. 영주는 오히려 왕 또는 황제와 긴밀한 협력관계에 놓여 있었다고 전술되었다. 또 하나의 축은 도시 내의 고위 성직자인데, 성직자가 도시의 자치를 주장했다는 문헌은 전혀 발견되지 않는다. 지역의 성직자는 오히려 교황과의 긴밀한 관계를 형성하고 있으며, 중앙집권적인 위계질서에 놓여 있었기 때문에 도시자치에 대해서는 생각하기 어려웠으리라는 것이 정설이다(전경옥 외 2011).[58]

도시에서 경제적으로 성장한 인민 또는 시민이라고 불리는 경제계급이 과도한 조세 부담을 완화하고자 중앙정부로부터 도시를 독립시키자는 주장을 한 것으로 알려져 있다.[59] 결국 세금(tax) 문제가 계기였는데, 가장 중요한 세금은 관세(tariff)였다. 당시 경제도시들은 항구를 중심으로 형성된 교역경제가 핵심이었고, 지나친 관세는 부당할 뿐만 아니라 부담할 근거 자체가 없었다고 믿었기 때문이다. 고대국가에서

---

[58] 전경옥 외(2011)에서 이화용은 마르실리우스의 인민주권론을 소개하면서 누가 주권자인가에 대한 심층 논의를 진행했다. 고대 로마의 시민의 역할을 인용하여 중세 도시 인민이 실제 주권자임을 다각적으로 강조한 마르실리우스의 철학을 설명하는데, 성직자는 주권자로서 가능성이 없음을 시사한다.

[59] 1284년 독일 플렌스부르크에서 작성된 도시법이 이를 상징적으로 보여준다. 도시법의 핵심 내용은 전술된 바와 같이 도시 스스로의 재원으로 도시 인프라를 구축하고 교역 등에 집중할 것이니, 과도한 세금을 요구하지 말고, 간섭도 하지 말라는 것이었다. 이는 훗날 도시헌장(home rule)으로 발전된다.

조세저항이 활발하지 않았던 것은 항만 등 주요 시설들을 왕이 제공한 덕분이었을 것이다. 왕의 영토에서 왕이 제공하는 각종 사회간접자본 시설을 활용하면서 부를 축적했기 때문에 왕에게 바치는 세금에 대한 저항은 상대적으로 적었을 것이다. 그러나 중세에 접어들면서 경제 규모가 커지고, 주요 시설들에 대한 투자도 상인들이 중심이 되는 길드 등 각종 연합체가 주도했기 때문에 왕의 역할은 축소될 수밖에 없었을 것이라고 전술했다.

도시 인민들이 세금 문제와 관련하여 왕으로부터 자치권을 주장하게 되었는데, 그들은 이와 동시에 지역의 영주에게도 자치권을 요구했다. 소수에 불과하지만, 길드 등 직능 단체로 구성된 도시 인민들의 영향력이 컸던 것으로 확인되었다. 주요 납세자인 도시 인민들은 영주에게 바치는 세금뿐만 아니라 지역 성직자에게 바치는 헌금도 비례적으로 부담했다. 조세부담을 줄이기 위한 방편으로 성직자와 영주 사이에서 정치를 시도한 도시 인민들이 도시정치에 참여하게 되었다고 전술했다. 직능 단체로 구성된 도시 인민들은 주요 성직자와 함께 지역을 대표하는 정치세력으로 성장하게 되고, 훗날 의회 구성에 참여하게 되었다. 마그나 카르타를 주도한 세력의 후예들이 권리청원, 권리장전을 주도했고, 유럽의 부르주아들이 훗날 의회의 주요 구성원으로 역할 하게 된 점 등을 종합하면, 지방의회가 자치의 주체였던 것을 부인하기는 어렵다 (성백용 2006).

연구 결과 지방자치 부활 30여 년 만에 우리도 원칙에 충실한 지방자치를 시도해 볼 시점이 되었다는 점을 일정 부분 확인했다(최진혁 2021). 적어도 국정을 국회가 주도하는 수준 정도만이라도 자치를 지방의회가 주도하는 수준으로의 변화도 모색해 볼 필요가 있을 것이다. 다만, 4차 산업혁명이 진행되고 있는 시점에서 적어도 지방단위에서 직접민주주의의 실험이 가능할 수 있다는 점을 고려하여 지방의회의 역할과 주민의 역할에 대한 논의를 추가할 필요가 있다. 지방의회와 주민과의 합리적 협력관계를 모색할 수 있다면 직접민주주의로 나아가는데, 가교가 될 수 있을 것으로 전망한다.[60] 뉴잉글랜드의 주민총회형 지방자치와 스위스 등에서 실시되고 있는 직접민주주의의 가능성도 열려있다. 특히 주민조례발안제, 주민감사와 주민소송, 주민투표 등에 관한 지방자치법 개정안이 통과된 만큼 주민주권이 더 확대되는 방향에서 기관구성 방식을 이해할 필요가 있다.

---

[60] 최진혁(2021)은 '중앙집권방식으로의 지방자치제'를 지양하고 '주민참여에 기반한 지방자치'로의 전환을 강조하면서 지방의회의 중요성을 지적했다.

참고문헌

강명구. 2020. "도시로 본 중세유럽.",『대한국토·도시계획학회』통권 463호, 61-64.

강일휴. 2010. "유럽 중세도시사 연구의 현황과 과제.",『역사학보』207집, 437-459.

곽현근. 2018. "지방화시대 주민주권과 지방민주주의의 의의." http://webarchives.pa.go.kr/19th/www.pcad.go.kr/section/board/bbs_view.html?seq=6187&goto_page=5&PID=data&select_tab=(검색일: 2023년 11월 20일).

국민권익위원회. 2019.『2019년도 공공기관 청렴도 측정 결과』. 세종: 국민권익위원회.

김명주. 2010.『헌법사 산책: 헌법에 비친 주권의 풍경』. 서울: 산수야.

김병용. 2012. "독일 중세 도시민의 정치권력 투쟁에 관한 연구."『역사와 세계』42집, 113-137.

김성호. 1994. "헌법에 근거한 지방자치권력."『지방행정연구』9권 3호, 145-166.

김재홍. 2018.『아리스토텔레스의 정치학: 최선의 공동체를 향하여』. 파주: 쌤앤파커스.

김태영. 2017. "민주공화국의 완성은 지방분권에 달려 있다."『한국일보』(1월 26일).

김태영. 2017.『지방자치의 논리와 방향』. 서울: EAI.

김태영. 2019. "재정분권에 대한 이해와 오해: 지방소비세 제도와 재산세공동과세 제도를 중심으로."『한국지방행정학보』16권 3호, 201-220.

김태영. 2020. "자치권의 확대에 대한 이해와 오해: 역사적 고찰."『OUGHTO-PIA』35권 2호, 315-356.

김태영. 2021. "자치권의 주체에 대한 이해와 오해: 기관구성의 다양화에 대한 논의를 중심으로." 『한국지방자치학회보』 33권 1호, 1-26.

김태영. 2022. "주민자치에 대한 이해와 오해: 푸코의 통치성 개념을 통한 주민 자치의 본질에 대한 시론적 논의." 『한국지방행정학보』 19권 3호, 153-173.

대통령소속자치분권위원회. 2018. 『자치분권종합계획』. 서울: 대통령소속자치 분권위원회.

대한국토·도시계획학회. 2004. 『서양도시계획사』. 서울: 보성각.

박용진. 2004. "아미앵을 통해서 본 중세 조합의 성격 변화." 『프랑스사 연구』 10호, 5-30.

박정훈. 2014. 『자치단체 기관구성 다양화를 위한 입법사례 연구』. 세종: 행정안 전부.

박종일. 2018. "신원철 의장 "정부의 지방의회 패싱 더 이상 좌시하지 않을 것." 『아시아경제』 (9월 19일), https://www.asiae.co.kr/article/201809191 6201854902(검색일: 2023년 11월 20일).

박천오·서우선. 2002. "한국 지방의회와 집행기관간의 대립·갈등에 관한 실증 적 조사연구: 관련자들의 인식을 중심으로." 『행정논총』 41권 1호, 73-100.

성백용. 2006. "중세의 부르주아: '새로운 인간'에서 '새로운 귀족'으로." 『프랑스 사 연구』 14호, 5-35.

안상준. 2007. "중세 말 쾰른 시의 지배계층과 자치정부." 『역사교육』 102집, 207-238.

안성호. 2016. 『왜 분권국가인가: 리바이어던에서 자치공동체로』. 서울: 박영사.

안용식·강동식·원구환. 2000. 『지방행정론』. 서울: 대영문화사.

원윤희. 2019. 『역사속의 세금 이야기』. 서울: 박영사.

윤인숙. 2018. 『주요 외국의 지방자치제도 연구: 미국』. 세종: 한국법제연구원.

이달곤. 2004. 『지방정부론』. 서울: 박영사.

이동수·오문환·박현모·서희경·장명학·Xiaoming Huang·송창주·John P. Synott·김경희. 2013. 『공화와 민주의 나라: 대한민국 정체성을 찾아서』. 고양: 인간사랑.

이상윤. 2018. 『주요 외국의 지방자치제도 연구: 일본』. 세종: 한국법제연구원.

이진복·소순창·송병창. 2019. "지방의회와 집행기관의 관계에 관한 실증적 분석: 재의요구권을 중심으로." 『한국지방자치학회보』 31권 1호, 75-99.

이화용. 2001. "중세에서 근대로? : 마르실리우스 인민주권론에 관한 하나의 역사적 이해." 『정치사상연구』 5집, 55-79.

이화용. 2020. "제국과 도시국가, 인민주권의 태동: 역사적 맥락의 마르실리우스." 『OUGHTOPIA』 35권 2호, 357-383.

임승빈. 2003. "지방분권과 지방의회의 발전.", 『월간자치발전』 9권 12호, 128-136.

임승빈. 2015. 『지방자치 국민의식조사』. 서울: 대통령소속지방자치발전위원회.

임승빈. 2018. 『지방자치론』. 파주: 법문사.

임승빈. 2020. 『지방자치론』. 파주: 법문사.

장은혜. 2018. 『주요 외국의 지방자치제도 연구: 영국』. 세종: 한국법제연구원.

전경옥·서병훈·김은실·이동수·박성우·김동하·유홍림·김경희·김용민·박의경·공진성·김병곤·윤비·이화용. 2011. 『서양 고대·중세 정치사상사: 아테네 민주주의에서 르네상스까지』. 서울: 책세상.

전훈. 2018. 『주요 외국의 지방자치제도 연구: 프랑스』. 세종: 한국법제연구원.

정남철. 2018. 『주요 외국의 지방자치제도 연구: 독일』. 세종: 한국법제연구원.

최계영. 2013. 『지방자치단체 장의 고유권한을 침해하는 조례 규정 판단 기준 연구』. 서울: 법제처.

최진혁. 2021. "지방자치의 제2도약으로서의 자치분권2.0의 준비." http://webarchives.pa.go.kr/19th/www.pcad.go.kr/section/board/bbs_view.html-l?seq=6880&goto_page=2&PID=data&select_tab=(검색일: 2023년 11월 20

일).

허승일. 1997. 『로마공화정』. 서울: 서울대학교출판부.

홍세영. 2018. 『주요 외국의 지방자치제도 연구: 스웨덴』. 세종: 한국법제연구원.

Enen, Edith 저·안상준 역. 2014. 『도시로 본 중세유럽』. 서울: 한울아카데미.

Gilomen, Hans-Jorg 저·김병용 역. 2017. 『서양 중세 경제사』. 서울: 에코리브르

Kaihatsusha 저·김진희 역. 2019. 『중세 유럽의 성채도시』. 서울: 에이케이커뮤니 케이션즈.

Kostof, Spiro. 1999. *The City Shaped: Urban Patterns and Meanings through History.* London: Thames and Hudson.

McGregor, Neil 저·김희주 역. 2016. 『독일사 산책』. 고양: 옥담.

Pirenne, Henry 저·강일휴 역. 1997. 『중세 유럽의 도시』. 서울: 신서원.

Plato 저·천병희 역. 2013. 『국가』. 고양: 숲.

Schultz, Knut 저·박홍식 역. 2013. 『중세 유럽의 코뮌 운동과 시민의 형성』. 서울: 길.

Smith, Brian C. 2004. 김익식 역. 『지방분권론』. 서울: 행정DB.

Wright, Deil S. 1982. *Understanding Intergovernmental Relations.* Monterey: Brooks/Cole Pub Co.

3장 '읍면동 민주화'의 주민자치적 의미와 조건*

채진원

I. 공화국의 읍면동에서 주민자치는 잘되고 있는가?

2022년은 1919년 3·1운동의 공화정신에 따라 설립된 대한민국 임시정부가 민주공화국을 선포한 지 103주년이 되는 해이다. 새로운 100년을 준비하는 전환점인 만큼 무엇을 어떻게 할 것인지에 대한 국민적 지혜를 모아야 할 때이다. 특히, 1987년을 기점으로 민주화를 시작한

---

* 이 글은 2022년 8월 『분쟁해결연구』 20권 2호에 게재된 "'읍면동 민주화'의 주민자치적 의미와 조건에 대한 시론적 고찰"을 책의 취지에 맞게 재구성했음을 밝힙니다.

지 34년, 한 세대를 넘었다는 점에서 절차적인 '민주단계'가 어느 정도 마무리된 만큼, 그다음 단계인 '공화단계'로 자연스럽게 이행하는 문제에 관심을 가져야 할 것이다.

대의민주주의 한계를 공화적 절차로 보완하기 위한 대안이 모색되고 있다. 여러 의견이 있는 것은 자연스럽다. 그중에서도 '진정한 민주주의' 혹은 '진정한 민주공화국'의 조건으로서 '풀뿌리 민주주의(grass-roots democracy)'와 읍면동의 주민자치를 실질화하자는 주장과 의견들이 봇물처럼 터져 나오고 있다. 이것의 대표적인 연구자는 『마을공화국, 상상에서 실천으로-진정한 민주공화국을 위하여』를 쓴 신용인 제주대 법학전문대학원 교수이다(신용인 2019). 또한 2020년 1월 2일 국회 1호 법안으로 제출된 바 있는 '주민자치회 설립 및 운영에 관한 법률안(이하 주민자치회법)'을 성안하는 역할을 했던 전상직 한국주민자치중앙회 회장이다(한국주민자치중앙회 2021). 그리고 윤석열 정부도 의견을 표명했다. 윤 정부는 2022년 4월 27일 제20대 대통령직인수위원회의 〈지역균형발전 비전 대국민 발표문〉을 통해서 '주민자치위원회 및 주민자치회의 개선'을 국정과제로 제시하면서 "관변화된 주민자치위원회 및 주민자치회를 자율적인 순수 민간활동으로 전환하고 읍면동 수준에서 풀뿌리 자치 모델 도입을 검토하겠다"고 밝혔다(제20대 대통령직인수위원회 2022).

신용인 교수는 진정한 민주공화국의 모델을 '읍·면·동 마을공화국 자치'에서 찾아야 한다고 피력하고 있다. 그는 "2017년 12월 기준 우리나라 읍면동은 3,500개에 이르고 있지만 현행 읍면동은 아무런 자치권이 없다. 주민자치위원회나 주민자치회가 구성되어 있으나 명목상의 주민자치"라는 문제점을 비판한다. 그는 대안으로 "읍면동 주민에게 자기입법권과 자기통제권을 부여해야 한다. 그래야 무늬만 주민자치가 아닌 명실상부한 주민자치가 실현되며 우리나라가 제대로 된 '마을연방민주공화국'이 될 수 있다"고 주장한다.

전상직 회장은 서울시가 시범적으로 실시하고 있는 이른바, '주민자치위원회제도'의 문제점을 지적하고, 그 대안으로 미국의 건국시기 타운미팅(마을주민총회)과 타운자치정부의 성격을 갖는 '주민자치회'를 제시한다. 이것은 주민자치회법으로 제안되었다. 그는 '주민자치회법'의 주요 골자로 1) 주민자치회에 법인격 부여 2) 마을을 단위로 설립되어 해당 마을의 지역과 주민을 대표 3) 국가와 지방자치단체가 주민자치회의 자율성 보장 4) 매년 1회 이상 주민총회 개최 5) 설립 목적 범위 내 수익사업과 회비·기부금·보조금 등을 통해 독립재정 확보 등을 주장한다.

신용인 교수와 전상직 회장은 공통적으로 우리나라가 진정한 민주공화국과 실질적인 민주주의가 되기 위해서는 '읍·면·동의 자치권 회복'과 '시군구 사무와 예산의 읍면동 이양' 및 '주민자치회의 내실화'를 주장한다. 이들은 시·군·구와 마을 주민 사이에는 읍·면·동이라는 행정계층이 있는데 시·군·구 단체장은 읍·면·동장의 인사권과 주민자치위원의 임명권을 통해 지역사회를 지배하고 있다면서 읍·면·동의 장을 주민들의 직접투표로 선출하고 관제적이고 관치적인 주민자치회를 직접 주민들의 자치권(입법권, 재정권, 인사권)이 작동할 수 있도록 바꾸어야 한다고 주장한다.

특히, 이들은 인구 5천만의 대한민국에서 직접 민주주의를 한다는 것은 불가능이고, 평균 인구 22만 명의 시군구 단위에서도 대의민주주의로 갈 수밖에 없으며 그렇게 되면 많은 문제점이 나온다고 인식한다. 평균 인구 1만 5천 명의 읍면동에서 '민주공화국'의 본래 뜻에 맞게 '시민이 스스로를 통치한다'는 규범을 실현하는 것이 마땅하지만, 읍면동에는 자치권이 없는 하부 행정기관에 지나지 않는 것이 현실이라고 비판한다. 현재의 주민자치위원은 읍면동장이 위촉하는 형태여서, 비유하자면 임명된 대통령이 국회의원도 임명하는 식의 관치위원회 그 이상도 이하도 아니라고 지적한다.

이런 의견과 제안들이 국민적 공감을 얻고 있다. 하지만 이것에 대한 정부와 정치권의 논의는 관제주의와 관치주의에서 벗어나지 못한 채 관련 논의를 회피하고 있는 실정이다. 정치권은 주민자치회의 실질화에 미온적이다. 이번 기회에 정치권의 문제점을 비판적으로 살펴보면서, '단체자치'와 구분되는 '주민자치' 개념에 대해 선행연구자들의 문제 제기를 수용하고 공론의 장을 열기 위하여 '읍면동 민주화'의 주민자치적 의미와 주민자치회의 내실화 조건을 검토할 필요가 있다.

본 글의 목적은 읍면동 민주화의 주민자치적 의미와 주민자치회의 내실화 조건을 고찰하는 데 있다. 이를 위해 첫째, 풀뿌리 민주주의의 선진국인 미국의 사례를 통해 주민자치의 의미와 읍면동 민주화의 의미를 이론적으로 살펴본다. 둘째, 관제화된 읍면동의 문제점을 비판적으로 살펴본다. 셋째, 읍면동 주민자치의 내실화를 위한 대안에 대해 논의한다. 넷째, 결론에서 전체를 요약하고 주민자치회의 내실화 조건에 대해 제언한다.

II. 이론적 논의(1): 주민자치와 미국의 주민자치 모델

1. 연구쟁점: 지방자치, 지방행정, 단체자치, 주민자치

'풀뿌리 민주주의'란 무엇인가? 일반적으로 이것은 시민 다수가 선출한 소수의 대표자에게 위임하는 대의민주주의(representative democracy)의 한계를 보완하기 위한 대안적인 패러다임으로서, 소수 엘리트에 의한 관료주의 방식이 아닌 보통 사람들인 주민들이 자유와 공동체에 대한 관심과 참여역량을 자양분으로 삼아서 대안적 삶의 뿌리를 만들고 자라나도록 추구하는 패러다임이다.

'풀뿌리 민주주의'가 추구하는 핵심은 주민들 스스로가 자신의 생활공간인 동네, 마을, 여러 공동체에 직접 참여하고 의사결정을 하면서 '주권재민(主權在民)'의 원칙과 역량을 생활의 터전과 삶의 뿌리 기반에서 스스로 자라나도록 추구하는 것이다. 풀뿌리 민주주의의 대표적 사례는 미국 건국시기의 타운미팅과 타운자치정부이며, 세계 최초로 주민참여예산제도를 도입하여 성공적으로 정착하였다는 평가를 받고 있는 브라질 포르토 알레그레 시정부이다.

미국은 풀뿌리 민주주의의 오랜 전통인 '타운미팅'을 오늘날까지도 활발히 이어가고 있다. 그 대표적인 예가 인구 2만 5천여 명의 뉴햄프셔주 런던데리(Lodonderry)타운이다. 런던데리 타운미팅(주민총회)의 역사는 200년이 넘는다. 그 타운미팅은 1년에 한 번 매해 3월에 열리는 연례총회와 특별총회로 구분되는데 특별총회의 경우 타운 내 중요안건이 있을 때 소집된다.

타운미팅 연례총회에 모인 주민들은 그 해의 예산안을 심의·비준하는 것은 물론, 행정 책임자인 타운행정관을 임명하는 권한을 지닌 타운의회 의원을 선출함으로써 행정에 대한 직접 통제권도 얻게 된다. 또 타운 내 아주 중요한 사안들을 결정하거나 각종 위원회의 위원을 선출하고 그 활동을 보고받는 일 등도 타운미팅에서 하고 있다. 타운미팅을 통해 구성되는 타운의회는 이러한 타운미팅의 의제를 설정하고 일상적인 주민참여의 장으로써 한 달에 두 번 회의를 열어 지역사회의 다양한 의제들이 토론될 수 있는 장을 마련하고 있다(육성준 2010).

학계에서 '풀뿌리 민주주의'에 대한 논의는 단순한 '지방자치'와 '단체자치'를 넘어서 '마을자치'와 '주민자치'로까지 심화되고 있다. 본고에서 '주민자치'를 강조하는 이유는 기존의 연구가 대체적으로 '지방행정', '단체자치', '지방정치'라는 개념으로 접근하면서 '주민자치'에 소홀함이 있었기 때문이다.

일반화할 수는 없지만 행정학계에서는 '지방행정'과 '지방자치'란 개념어로 접근하고, 정치학계에서는 '지방정치'란 개념으로 접근하는 경향이 있다. 하지만 양쪽 모두는 '단체자치'와 '지방정치'란 말속에 '중앙정치에 동원되거나 관제화되는 지방정치'나 '지방자치'를 주로 다루었기에 '단체자치'나 중앙정치를 거꾸로 통제하는 원천권력으로서의 '주민자치'의 본래 의미에 대해서는 많이 다루지 않았다(김찬동 2019).

지방자치는 일반적으로 성격이 다른 '단체자치'와 '주민자치'의 두 가지를 포함하는 개념이다. '단체자치'란, 지방자치단체가 중앙정부로부터 분권적인 수준에서 권한을 위임받아 사무를 처리하는 것을 말한다. 주권재민의 원천권력으로서 '주민자치'란, 주민들이 자체적으로 조직한 결사체조직에서 지역사회의 각종 사무와 의사결정들을 공식적으로 처리하는 것을 말한다.

미국과 영국 같이 전통적으로 주민자치와 주민자치정부에 기초한 연방정부가 발달한 국가는 주민자치의 성격이 강하고(아래로부터의 주민자치), 프랑스같이 중앙권력이 강한 나라에서 지방자치가 발달하면 단체자치의 성격이 강하다(위로부터의 단체자치). 한국도 중앙집권적 권력이 강하고, 중앙당을 중심으로 하는 중앙정치와 국회의원들에 의한 지방선거 단위의 공천개입과 지지자 동원에 의해 '지방정치'가 도구화나 수단화되는 경향이 강하다는 점에서 중앙집권과 단체자치의 성격이 강하다고 볼 수 있다(곽현근 2018).

현행 한국의 지방자치법의 구조와 내용을 자세히 살펴보면, 지방자치단체라는 개념이 있다. 지방자치법 1조(목적)에 "국가와 지방자치단체의 기본적인 관계를 정함으로써 지방자치행정을 민주적이고 능률적으로 수행하고, 지방을 균형 있게 발전시키며, 대한민국을 민주적으로 발전시키려는 것을 목적으로 한다"라고 규정하고 있다.

그러나 현행 지방자치법 1조(목적)의 어디에도 주민자치의 개념은 있지 않다. 특히 주민의 권리란 것을 보면, 지방의회의원과 지방자치단체의 장의 선거에 참여할 권리를 가지는 것(13조)으로 되어 있지, 지방정부의 주권자로서의 권리는 규정하고 있지 않다. 즉 주민이 지방정부를 형성하고, 존재하게 하는 원천권력으로서의 권리는 주민에게 있지 않다. 한국에서 "지방자치"란 개념에는 지방의회를 두고, 주민이 지방의원을 선거로 선출하고 있지만, 여전히 지방자치단체는 중앙정부의 직할(直轄)

을 받는 법인에 불과한 정도로 취급되고 있다(김찬동 17/09/21).

'주민자치'는 지방자치단체의 '주인이 누구인가?'라는 원천권력에 대한 질문에 대한 해답으로서 해당 지역주민의 의사와 통제에 따라 지방자치단체가 운영되어야 한다는 '풀뿌리 민주주의에 의한 주민자치의 원리'를 포착하기 위한 개념이다. 결과적으로 주민자치의 원리는 지방자치를 주민으로부터 시작하는 상향적 관점에서 바라보며, 제도적 차원에서도 투표행위를 포함한 그 이상의 주민의 적극적 참여를 강조하는 원리이다.

따라서 '단체자치'로 대표되는 지방분권과 대조하여 '주민자치'로 대표되는 풀뿌리 민주주의를 분리해서 접근하는 것이 중요하다. 그 핵심적 이유는 자칫 '단체자치'를 풀뿌리 민주주의의 핵심인 '주민자치'와 혼동하거나 지방분권의 부수적 의미로 풀뿌리 민주주의를 다루게 됨으로써 원천권력으로서 주민자치의 원리를 외면하는 오류를 피하기 위해서이다. 같은 맥락에서 주민자치를 단순히 지방분권(단체자치)의 의미로 받아들이고 추진할 경우, 지방분권이 이루어지더라도 중앙엘리트와 지방엘리트의 권력 재분배에 그쳐 실질적인 주민자치 없이 관제주의나 관치주의가 작동할 가능성이 크기 때문이다(Vries 2000).

2. 미국 타운미팅과 기초공화국에 근거한 연방공화국 모델

보통 '민주주의'와 '민주공화국'의 개념은 1863년 11월 19일 미국의 16대 대통령 에이브러햄 링컨이 '게티즈버그 연설'에서 말한 "국민의, 국민에 의한, 국민을 위한 정부(government of the people, by the people, for the peo-ple)"라는 말로 상징된다. 민주주의와 민주공화국의 근간인 주권재민의 원칙은 단순히 '국민이 주인이다'라는 레토릭상의 말이 아닌 "원천권력의 주인으로서 자유시민의 생활태도와 습속"에 해당되는 말로 통한다.

즉, 자유시민의 생활습속으로서 주권재민의 원칙은 시민들이 억압적인 권력에 맞서 권력의 가로축을 입법, 사법, 행정으로 쪼개고, 세로축을 연방, 주, 카운티, 타운으로 쪼개서 각 단위의 시민들이 자유로운 말과 행위로 참여하면서 견제와 균형의 공론장을 펼쳐야 한다는 원칙이다. 이 원천권력을 형성하는 주권재민의 원칙은 미국 건국기의 타운미팅과 제퍼슨의 기초공화국 모델 헌법안에서 그 원형이 잘 드러나는 만큼, 여기에 주목하고 우리와 비교하여 시사점을 찾을 필요가 있다(Ar-endt 1996; Arendt 2004; Tocqueville 1997).

미국 혁명기의 타운미팅과 토마스 제퍼슨이 제안한 읍·면·동(town-ship) 및 구(wards) 단위를 기본으로 하는 기초공화국(elementary republic) 헌법안은 억압적인 국가권력과 중앙집권적인 관료주의 정부형태를 적극적으로 분쇄하고 시민의 말과 행위가 자유롭게 표현되고 공론화되면서 의사결정에 참여할 수 있는 실질적인 '주민참여의 공간(pubilc realm)'으로 대체하는 것이다.

제퍼슨은 카운티(county)를 수백 개의 구(wards)로 세분하여 분할하는 것, 즉, '소규모 공화국'들의 창설을 요구하는 것이 공화주의 정부의 원리라고 보고, 이런 소규모 공화국은 대규모 공화국의 원동력으로 역할을 한다고 설명했다. 제퍼슨은 구(wards)와 같은 작은 마을 단위의 기초공화국(elementary republic)이 큰 연방공화국의 존립 조건이라는 견해를 피력했다. 그는 마을을 형성하는 구 단위의 기초공화국은 중앙정부의 독재적 관료주의 경향과 공적 문제에 대한 개인 생활의 무기력과 무관심을 동시에 구원한다고 보았다.

즉, 제퍼슨에게 타운자치(township)는 "전체주민의 목소리가 모든 시민의 공동이성에 의해 공평하게, 충분히, 평화롭게 표현되고 논의되며 결정되는 기초공화국"이었다. 미국이 기초공화국 중심의 연방공화국이 되기 위해서는 county(군)를 수백 개의 wards(구)로 쪼개는 '구 체계(wards-system)'로 전환해야 한다고 역설했는데, 이런 제퍼슨의 구상은 오늘날 진정한 민주공화국이 되기 위해서 시군구의 권력과 예산을 읍면동의 주민자치회와 주민자치정부로 이양하여 연방공화국의 토대로 삼아야 한다는 것을 시사한다.

이 같은 구상을 전국적으로 3,500개의 읍·면·동이라는 마을이 있는 한국 상황에 적용해 보면 어떨 것인가? 전국의 읍·면·동 마을 하나하나가 '기초공화국'으로서 생명력을 가지고 자라나게 한다면 지금처럼 중앙에 집중된 권력과 부는 전국 3,500개 읍·면·동으로 널리 분산될 것이다. 그럴 경우 3,500개 읍·면·동 주민 모두가 권력과 부를 고루 향유하며 스스로 통치하고 남의 지배를 받지 않아 주권자로서 공화국의 시민적 자유를 실현할 수 있을 것이다. 소수의 특권층과 기득권층을 위한 대한민국이 우리 모두의 자유를 위한 대한민국으로 바뀌게 된다 (신용인 2019).

미국 타운미팅과 제퍼슨의 기초공화국 구상안은 원천권력으로서 읍면동 주민자치회와 파생권력인 연방정부의 관계 정립을 위해 '보충성의 원리'와 '연방주의 원리'가 작동되어야 함을 시사한다. '보충성의 원리'란 사업과 활동의 수행에 있어 작은 단위에게 우선권을 주고, 작은 단위의 능력만으로 수행할 수 없는 경우에 비로소 더 큰 단위가 보충적으로 개입하여 처리할 수 있도록 하는 것을 말한다. 보충성의 원리는 개인이나 작은 공동체의 독자성과 자율성을 확보하기 위해 인정되는 원리이며, 마을공화국의 건설에 강력한 원동력이 된다.

'연방주의'는 수직적 중앙집권형 통치구조를 거부하고 수평적 네트워크형 통치구조를 지향하는 조직 원리이다. 주민들의 자치권을 가진 기초공화국과 광역공화국이 공통의 자유이념 아래에서 연합하여 구성하는 연방국가의 모델이다. 우리도 미국 타운미팅과 제퍼슨의 기초공화국 모델 헌법안을 교훈으로 삼아 창조적으로 적용할 수 있을 것이다. 자치권을 가진 3,500개 읍·면·동 마을의 기초공화국이 '연방민주공화주의'라는 헌법의 이념 아래 연합하여 새로운 연방국가인 '마을연방민주공화국'을 창조할 수 있을 것이다(신용인 2019).

III. 이론적 논의(2): 주민자치의 관제화, 읍면동 민주화의 의미

1. 미국 주민자치 사례가 한국에 주는 교훈

앞에서 언급한 미국 사례는 '주민자치'의 내실화 모델을 보여줌으로써 한국의 관제화되고 관치화된 읍면동 행정에 대한 진단과 처방의

실마리를 보여주고 있다. 미국 사례와의 비교는 한국의 관제화되고 관치화된 주민자치의 문제점 즉, "읍면동 행정체계에 의한 주민 생활세계의 식민화" 테제를 비판적으로 드러내는데 효과적이다.

1830년대 미국의 주민자치 현장을 살펴보고『미국의 민주주의』를 쓴 토크빌(Tocqueville 1997)은 주민자치를 통해 시민들이 덕성과 지성을 체험하고 체득한다고 말했다. 주민들이 마을자치의 일을 스스로 결정하는 일, 예를 들면 주민들이 자치정부의 행정관을 선정하고, 세금을 결정하며, 조례와 같은 규칙을 스스로 결정하는 과정에서 주민들은 정치적 자유(political freedom)를 경험하고 체득하게 된다는 것이다. 시민결사와 주민자치를 통해 형성한 미국인의 자유정신은 영국인보다 더 보편성을 가지며, 혁명과 폭력 사이를 오가는 극단적인 열정에 사로잡힌 프랑스인보다 냉철한 것이라고 그는 평가했다. 그리하여 이러한 미국인들의 시민적 결사와 정치적 자유에 의해서 미국의 민주주의가 안전하게 작동할 수 있다고 보았다.

토크빌(Tocqueville 1997)은 미국 민주주의의 성공 요인 중 하나로 권력이 분립되도록 하는 정부형태로 연방제와 주정부, 카운티정부, 그리고 타운정부의 자치를 꼽았다. 그는 이러한 주민자치의 경험이 없었다면 미국의 자유정신은 존재하지 않았을 것이라 말했다. 그리고 그는 미국이 중앙집권적인 정부형태를 가진 프랑스와 같이 혁명으로 인한 폭력을 경험하지 않은 것에 주목하고, 미국의 민주주의가 폭력과 억압 없이 안정적으로 정착하게 된 배경 중에 하나로서 아래로부터의 주민자치를 꼽는다.

미국의 사례는 '보충성의 원리'를 강화시켜 읍면동의 기초정부를 주민자치권력의 핵심으로 세우는 데 시사점을 주고 있다. 즉 미국의 사례는 한국도 실질적인 '주민자치회'의 활성화를 통해 관료주의와 관치주의가 만연한 읍·면·동 행정체계의 민주화를 촉진하는 등 '제2의 민주화'를 선도해야 함을 역설한다.

2. 행정체계에 의한 주민생활세계의 식민화

우리의 지방자치단체인 시·도, 시·군·구는 아직도 법령이나 예산 등에 있어서 중앙정부의 직접적인 통제를 벗어날 수 없는 실정이다. 또한 실생활에서 주민들과 가장 밀접한 근거리에 있는 읍·면·동의 장을 주민들이 직접 선출하지 못하고 있으며 단체장이 임명하는 공무원이 맡고 있다. 읍·면·동·리·반에서 주민자치회 설립에 따른 '생활자치'가 작동한다면, "읍면동 행정체계에 의한 주민 생활세계의 식민화"가 멈추는 '제2의 민주화 효과'가 나타날 것으로 예상된다.

이런 효과를 얻기 위해서는 "행정체계에 의한 주민 생활세계의 식민화"문제를 바라보는 시각 차이가 존재함을 이론적으로 살펴볼 필요가 있다. "행정체계에 의한 주민 생활세계의 식민화"란 한마디로 국가와 시민관계 혹은 행정체계와 주민과의 관계를 중앙집권적인 관료주의나 관치주의(폴리테이아, Politeia)에 의해 주민들의 생활세계(폴리스, Polis)가 억압받는 상태로 보는 것을 명제화한 개념이다.

[그림 3-1]의 화살표 예시(⇨, ⇦)처럼, Politeia(정치체제)와 Polis(정치공동체)의 관계를 어떻게 볼 것인가에 대해 두 가지 견해가(top-down, bottom-up)

고대 때부터 현재까지 경쟁하고 있다. 첫째는 플라톤의 시각처럼, 폴리테이아(정치체제 및 행정체제)에서 폴리스라는 시민정치공동체를 하향적(top-down)으로 보는 시각이다. 이런 시각은 시민참여보다 국가나 국가의 행정체제를 우선으로 보는 시각으로 국가주의적 관료주의나 중앙집권적인 관치주의에 가까운 시각이다. 이런 시각은 분권이나 단체자치에 가깝다.

둘째는 아리스토텔레스의 시각처럼, 폴리스라는 시민정치공동체의 생활관점에서 폴리테이아를 상향적(bottom-up)으로 바라보는 시각이다. 이 시각은 오늘날 국가주의나 관료주의 및 중앙집권주의나 행정주의를 견제하려는 시민사회에 기초한 주민자치결사체이거나, 주민자치권력에 기초한 연방주의권력 또는 연방정부형태가 해당된다. 이런 시각은 주민자치에 가깝다.

[그림 3-1] Politeia(정치체제)와 Polis(정치공동체)의 관계

Polis: 정치공동체	⇐ politianist(Aristotle, Politics)	
	politeianist(Plato, Politeia) ⇒	Politeia: 정치체제

출처: 김홍우(2007, 47)

[그림 3-1]과 같이, '주민자치'는 Politeia(정치체제)를 주민들의 생활자치세계인 Polis(폴리스)의 '자연발생적 본성(physis)'에 맞춰서 스스로 자라나는(growing up) 결과물이자 목적물로 보는 시각을 말한다(김홍우 2007). [그림 3-1]을 조금 더 시민공동체와 국가의 법체계 및 행정체계의 법률적 관계로 응용해보면 [그림 3-2]가 된다. 마찬가지로 플라톤적인 접근(개념에 경험과 사례를 맞춤)에 따른 '대륙법체계'가 만들어지고, 아리스토텔

레스적인 접근(경험과 사례에 개념을 맞춤)에 따라 '보통법체계'가 만들어진다고 가정할 수 있다.

[그림 3-2] Politeia와 Polis의 법률관계(보통법, 대륙법)의 차이

경험(사례)	⇦	대륙법 (맞춤) 보통법	⇨	개념(법률규칙)

출처: 김홍우(2007, 47) 재구성

전자는 중앙집권적인 성문법과 법률 개념에 근거하면서 독일, 프랑스 등의 '탑다운(top-down)'의 '대륙법체계 및 행정체계'가 되고, 후자는 주민자치적 연방제도에 근거하면서 불문법과 판례해석이 강조되는 영국, 미국 등의 바텀업(bottom-up) 차원의 '보통법체계 및 행정체계'가 된다.

영국, 미국 등의 바텀업(bottom-up) 차원의 주민자치적 연방제도에 근거한 '보통법체계 및 행정체계'가 작동하기 위해서는 토크빌과 한나 아렌트가 언급했듯이, 중앙집권적인 권력구조와 관료주의 및 행정주의를 저항적으로 분쇄하겠다는 열정과 시민참여로 무장한 '자유시민의 민주적 습관'이 필요하다. 이것은 아리스토텔레스가 앞서 언급한 대로 '자연발생적 본성(physis)'에 맞춰서 스스로 자라나는(growing up) '경험적 자기부정과 초월의 힘'을 강조하는 접근이라고 볼 수 있다.

3. 읍면동 민주화의 의미

그렇다면 이런 시각을 종합할 때 읍면동 민주화의 의미도 정리할

수 있을 것이다. 김찬동(2020)은 다음과 같이 언급한다.

> 읍면동은 행정계층이다. 자치계층이 아니다. 이 점에서 읍면동을 민주화한다는 것은 두 가지의 차원에서 검토가 필요하다. 현재와 같이 행정계층으로 두면서 행정부문의 민주화를 도모하는 것과 읍면동의 자치계층화를 하는 것을 민주화로 보고 근린자치제도를 민주적으로 재설계하는 것.

> 읍면동을 자치계층화하면서 민주화하는 것이 온전한 민주화라고 할 수 있을 것이다. 읍면동을 자치계층화한다는 것은 주민들의 대표가 읍면동을 다스린다는 의미이고, 이것은 선거를 통해서 읍면동의회를 구성하거나 읍면동의 주민총회를 통하여 선거로 집행위원회를 구성하여 1년 동안 자치관리한다는 의미이다.

> 진정으로 읍면동의 민주화 이상은 정치영역의 민주화인 읍면동의회 혹은 통리의 주민총회에 기반한 연합의회로서 제도설계가 되어야 가능한 것이다.

김찬동(2020)은 위에서 언급한 대로, 읍면동 행정의 민주화는 종전의 읍면동이라는 행정체계를 인정하는 차원에서 주민참여를 일정 확대하는 방법과 그리고 읍면동 행정체제를 근본적으로 주권자인 주민의 입장에서 읍면동의 자치계층화(실질적인 주민자치체제)로 바꾸는 두 차원이 있을 수 있다고 언급한다. 그리고 전자보다는 후자가 진정한 의미에서

'읍면동 행정의 민주화' 즉, '읍면동 자치계층화'라고 피력한다.

그는 이렇게 전자와 후자를 구분하고 후자를 '온전한 민주화'라고 규정한다. 그는 읍면동의 자치계층화의 의미는 실질적인 주민자치권력인 주민총회에서 선거로 선출되거나 보통선거로 선출된 주민의 대표자로 구성되는 주민의회나 주민집행위원회가 구성되어 주권재민과 민주적 통제의 원리에 따라 자율과 자치가 작동하는 의미로 개념화하고 있다는 점에서, 이런 접근은 타당하다.

이상의 논의를 요약해보면, 읍면동 민주화는 단순한 대표자의 선출과 투표 이상으로 국가권력의 억압과 지배에서 벗어나 '비지배적 자유(freedom as non-domination)'를 추구하는 '주민자치의 구현(self-rule, autonomy)'이라는 의미를 가진다. '주민자치의 구현'이란 해당 지역 주민들의 결사체인 주민자치회의 핵심인 주민총회를 민주적으로 구성하여 주민들이 마을에 필요한 사업을 최종 결정하는 공론장이자 풀뿌리 민주주의의 장을 실질화하는 것을 말한다.

주민자치회는 읍·면·동 및 통·리 해당 구역의 주민대표기구로, 매년 민주적 의사결정 과정을 통해 주민참여예산 및 주민세 환급사업을 선정하고 주민총회에서 인준받아 차기년도 자치계획을 수립하는 절차를 밟게 됨으로써 실질화된다. 특히, 이런 주민자치회는 읍면동장 및 읍면동 의회와 연관 속에서 견제와 균형의 역할을 통해 시민적 자유를 확보할 수 있을 것이다.

Ⅳ. 현행 읍면동 주민자치제도의 문제점 비판과 대안

1. 정치권의 입법논의의 문제

2020년 10월 9일 지방자치법 전부개정안이 21대 첫 정기국회를 통과했다. 약 32년 만에 개정된 지방자치법은 우리 지방자치의 한 축인 '단체자치'가 한 단계 진전될 수 있는 중요한 의미라고 할 수 있다. 하지만 '주민자치' 관점에서 볼 때, 권력기관을 민주적으로 통제하는 '주권재민'의 핵심 원리인 '주민자치회' 설립 규정이 빠졌다는 점에서 큰 오점과 논쟁거리를 남겼다.

21대 국회는 그동안 구두선처럼 지방자치를 주장했음에도 불구하고, 정작 행안부가 제출한 개정안에 있었던 '주민자치회' 설립 근거와 지원 의무를 법적으로 보장하는 규정(제13조의3 주민자치회)을 삭제하는 모순을 보였다. 국회 상임위원회 논의과정에서 '주민자치회' 설립 규정을 삭제했다는 것은 아래로부터 충분한 민의가 반영되지 못했음을 보여준다.

주민자치회는 2013년 시범 실시 이래 2020년 현재까지 전국적으로 118개 시군구, 626개 읍면동으로 확산되어 운영되고 있다. 서울의 경우 전체 25개 자치구 중 22개 자치구 136개 동에서 주민자치회를 운영하고 있다. 금천구는 전체 10개 동 모두 주민자치회를 가동 중에 있다. 그간 조례에 근거해 시범 운영해 온 주민자치회를 본격 실시하기 위해 지방자치법에 근거를 마련하고자 했으나 21대 국회가 이를 반대해 무산되었다.

이런 21대 국회의 주민자치회 삭제 조치를 어떻게 해석해야 할까? 그들은 무슨 이유로 이것을 삭제했을까? 여러 해석이 있지만, 중앙집권화의 정치를 추구하는 엘리트 정치가들이 주민자치권력을 통한 민주적 통제의 싹을 무력화하여 풀뿌리 주민자치권력과의 경쟁에서 자신의 기득권적 권력을 선제적으로 방어한 것으로 해석된다.

여당은 지방분권과 지방자치도 아직 제대로 안되었는데, 주민자치는 시기상조가 아닌가라고 지적하며 '관제적 주민자치회'나 '관치적 주민자치회'의 한계를 어쩔 수 없는 것으로 정당화한다. 야당은 주민자치의 범위가 추상적인 것은 아닌가? 주민자치의 역량이 있는가? 하는 근본적인 문제 제기를 하면서 주체역량이 없는 조건하에서는 주민자치회의 관제화나 관치화가 우려된다며 주민자치회의 설치를 반대한다.

특히, 야당은 주민자치에 대한 시민들의 자발적인 참여역량이 객관적으로 부족한 상태에서 상명하달식의 법률과 행정에만 의존할 경우에는 '주민자치회법' 제5조와 제6조 및 11조에서 규정하고 있는 '주민자치회의 설립'과 '규약' 및 '주민총회'의 운영이 과거 '한국자유총연맹'이나 '새마을운동중앙회'처럼 관변단체(황상윤 2020)로 전락하거나 '관제주민자치회'로 형해화(形骸化)될 위험성이 있다고 문제를 제기한다.

또한 2020년 10월 7일 국회 행정안전위원회 소속 박완수 국민의힘 의원은 행정안전부를 대상으로 열린 제21대 국회 국정감사에서 "주민자치회의 정치·선거조직화, 관치화의 문제"를 집중적으로 제기하면서 '주민자치회의 전면재검토'를 주장했다. 그는 "주민자치회 첫 번째 문제점이 조직 구성원들이 특정 시민운동가들로, 반대진영 인사를 다 배제시키고 정치적으로 구성되고 있다는 것"이라며 "시군구에서 지역사회를 장악하기 위한 거점으로 이용되고 있다"고 비판했다.

그리고 그는 "지방자치단체가 시군구에서 5,949만 원씩 주민자치회 한 곳에 지원하고 있는데, 지자체가 재정지원 근거가 없는데도 이렇게 지원해 관치가 되고 있고 관의 입김이 작용한다는 게 큰 문제"라며 "이들이 주민대표성도 미흡하고 관치화, 정치화, 선거조직화 되고 있기 때문에 전면재검토가 필요하다"고 비판했다(김윤미 2020).

향후 주민자치회 설치와 운영에 관련한 새로운 법률안이 국회에서 발의되더라도 앞서 제기된 부정적 의견들은 계속적으로 나올 수밖에 없는 실정이다. 따라서 주민자치의 형해화와 위험성에 대한 견제심리에서 나오는 '시기상조론'이나 '관변단체화론'에 대한 합리적 대안마련과 대응이 필요하다.

2. 정부 주민자치회 제도 설계상의 문제

김대중 대통령은 1999년 2월 읍·면·동을 구조조정하여 폐지하고 주민자치회를 설치하라고 주문했으나 행정자치부는 [그림 3-3]처럼, 읍·면·동은 축소하여 존치하고, 여유 공간에 주민자치센터를 설치하는 방향으로 선회했다. 이때 읍·면·동의 구조를 1/2로 축소하면 주민자치회의 기능을 줄여서라도 주민자치회로 설치해야 했으나, 행정자치부는 주민자치회 설치를 포기하고 그 대신 주민자치센터를 설치하였다.

[그림 3-3] 1999년 주민자치센터 설치 규정과 평가

출처: 전상직(2020)

이후 행정자치부는 [그림 3-4]처럼, 주민자치센터를 설치하면서 주민자치센터의 운영을 주민자치위원회로 하도록 명칭을 바꾸었으며, 그 위상도 읍·면·동장이 책임을 맡고 있는 주민자치센터의 프로그램을 심의하는 기구인 심의위원회로 만들었다(조석주·박기관 2002).

[그림 3-4] 2013년 주민자치위원회 규정과 평가

출처: 전상직(2020)

당시 이 같은 행정자치부의 주민자치센터안과 주민자치위원회안은 주민자치위원과 주민자치위원장을 해당 구역의 주민이 직접 선출하지 않고 동장에 의해 추천된 사람을 시군구의 장이 임명한다는 점에서, 주민도 없고 자치도 없는 주민자치위원회로 주민자치의 첫 단추를 매우 잘못 끼웠다는 평가를 받았다. 주민자치위원회는 처음부터 관치적인 주민자치위원회로 잘못 설계되었다는 비판이 제기되었다(김운태 2000; 윤재선·전용태 2018; 조석주·박기관 2002).

박근혜 정부시기 행정안전부는 1999년부터 읍·면·동 기능전환이 이루어졌으나 그 효과가 미미하다는 지적에 따라 『지방분권 및 지방행정체제개편에 관한 특별법』(2013년 5월 제정) 제27조, 제29조에 근거한 2013년 7월부터 주민자치회 설치 및 시범실시안을 시행하였다. 주요 특징을 살펴보면 [그림 3-5]와 같다. 주민자치위원회를 주민자치회로 명칭을 변경했다. 주민자치위원회와 주민자치회는 근본적으로 다른 위상임에도 해당 구역의 주민들이 주민자치회에 참여할 수 있는 회원 규정과 관련한 내용과 조항을 배제함으로써 이것 역시 관제적 주민자치회라는 비판을 받았다.

[그림 3-5] 2013년 주민자치위원회 규정과 평가

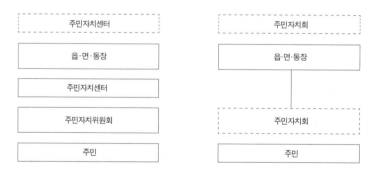

출처: 전상직(2020)

2016년 12월 행안부는 [그림 3-6] 처럼, 주민자치회 시범사업을 위한 표준조례안을 마련하였고, 서울시는 〈표 3-1〉처럼 2017년 서울형 주민자치회 1단계 시범사업 추진(4개 구 26개 동)과 2018년 서울형 주민자치회 2단계 시범사업(13개 구 65개 동)을 추진하였다.

[그림 3-6] 2017년 서울형 주민자치회 규정과 평가

출처: 전상직(2020)

〈표 3-1〉 2017년 서울형 주민자치회 모델의 특징

내용	2017년 서울시 시범사업	2015년 주민자치위원회	2014-6년 행자부 시범사업
명칭	주민자치회	주민자치위원회	주민자치회
위원 정원	50명 이내	25명	20~30명 이내
선정 방식	공개모집, 단체추천 후 추첨	공개모집	공개모집
위원선정위원회	미운영	운영	운영
위촉권자	구청장	동장	구청장
권한	·행정사무 위수탁 ·행정사무 협의 ·자치계획 수립 ·동 참여예산 편성	·자치회관 운영 ·동 행정 협의	·행정사무 위수탁 ·행정사무 협의
주민총회	도입(연 1회)	없음	없음
분과구성	도입 (일반 주민도 참여가능)	도입	도입
지원체계	·구 주민자치사업단 ·동 주민자치지원관 ·마을간사	없음	없음

출처: 성북구 기획경제국 마을민주주의과(2017)

서울형 주민자치회 모델은 〈표 3-1〉처럼 주민자치회 회원에 대한 규정 없이 위원을 50명 이내로 공개 추첨 모집, 동 주민자치지원관, 마을간사, 마을자치위원장을 지원체계로 하여 연 1회 주민총회를 할 수 있도록 규정하였다. 그러나 [그림 3-6]처럼, 주민자치회의 회원 규정이 근본적으로 미비하여 입법권, 인사권, 재정권을 가진 실질적인 주민총회의 권위와 함께 주민총회에서 위임된 주민자치회장과 위원들의 대표성이 민주적으로 구성되고 자율적으로 운영되기에는 근본적인 한계가 있다. 이에 입법권, 인사권, 재정권을 갖지 못한 주민총회는 관제화된 주민자치회나 관치화된 주민자치회로 전락할 가능성이 크다.

3. 한병도 의원 법안의 문제점

2021년 2월 5일 국회 행정안전위원회는 전체회의를 열고 한병도 더불어민주당 의원이 대표 발의한 지방자치법 개정안을 검토했다. 〈표 3-2〉와 같이, 이 법안은 2013년부터 시범으로 운영되고 있는 주민자치회의 법적 근거를 마련해 행정적·재정적 지원을 가능하게 하는 내용을 특징으로 하고 있다.

〈표 3-2〉 한병도 의원 법안의 문제점

한병도 지방자치법 일부개정안 조문	법안의 문제점
제27조의2(주민자치회의 설치) 풀뿌리자치의 활성화와 민주적 참여의식 고양을 위하여 읍·면·동별로 해당 행정구역의 주민으로 구성되는 주민자치회를 둘 수 있다.	▶주민자치회를 읍면동에 두라는 것을 강제로 규정하고 있는 것은 주민자치회의 자체 규약으로 결정할 사안으로 문제가 된다. 먼저, 주민자치회를 읍면동에만 정할 경우 읍면동은 인구와 면적이 크다. 읍면동보다 규모가 작은 통리반에 주민자치회가 설치될 수 있도록 해야 한다.

제27조의3(주민자치회의 기능) ① 제27조의2에 따라 주민자치회가 설치되는 경우 관계 법령, 조례 또는 규칙으로 정하는 바에 따라 지방자치단체 사무의 일부를 주민자치회에 위탁할 수 있다. ② 주민자치회는 다음 각 호의 업무를 수행한다. 1. 주민자치회 구역 내의 주민화합 및 발전을 위한 사항 2. 지방단체가 위탁하는 사무의 처리에 관한 사항 3. 그 밖에 관계 법령, 조례 또는 규칙으로 위탁한 사항	▶ 주민자치회에 주민자치를 할 수 있는 지위/능력은 부여하지 않고, 기능/임무만 부여하는 조항은 주민자치회와 충돌할 가능성이 있다. 주민자치회의 업무는 주민들이 주민총회에서 결정하는 사항으로 열려있어야 하고, 지방자치단체가 위탁하는 사무와 법령 조례로 위탁하는 사항도 반드시 주민들의 동의에 따라 수탁과정을 거치도록 하여야 한다.
제27조의4(주민자치회의 구성 등) ① 주민자치회 위원은 조례로 정하는 바에 따라서 지방자치단체장이 위촉한다.	▶ 주민자치회가 주민들로 구성되는 회원이 아닌 위원이라고 규정하는 것이 문제이다. 읍면동장과 공개추첨에 의해 추천된 사람들을 시군구장이 위촉하는 위원들로 구성되는 주민자치회는 관제화될 가능성이 크다.
제27조의4(주민자치회의 구성 등) ④ 지방자치단체의 장은 주민자치회의 설치 및 운영을 위한 행정적·재정적 지원을 할 수 있다.	▶ 이 조항에 따라 주민자치회가 관제화될 가능성이 크다. 이를 막기 위해서 관의 행정적 재정적 지원은 필요하지만 개입이나 지배를 하지 않는다는 단서조항이 필요하다.

출처: 채진원(2022) 재구성

이 법안의 심의과정에서 여야 의원들은 주민자치회 필요성과 그 법적 근거를 마련하는 데에는 큰 이견을 보이지 않았지만, 야당 의원들은 지나치게 서두르고 있다며 그 배경에 대한 의구심을 제기했다. 야당 행안위 간사인 박완수 국민의힘 의원은 "주민자치회가 본래 목적대로 이용되지 않고 단체장이나 정치인들이 악용하는 경향 많이 있었다"며 "선거조직으로 활용한다든지 예산지원을 빌미로 해서 사조직화 시킨다든지 하는 일이 비일비재했기 때문에 문제가 되는 것"이라고 지적했다(김태은 2021).

하지만 여야 의원들은 한병도 의원의 법안이 가지는 근본적인 문제점을 지적하지 않았다. 이 법률안의 문제점은 〈표 3-2〉에서 지적된 것처럼, 주민자치회 구성원을 '주민' 대신 '위원'으로 대체해 주민참여를 배제하여 관제화의 가능성을 만들고 있는 점이다. 주민자치회가 지역현장에 거주하는 주민들의 '결사의 자유'에 기초하는 자발적 결사체가 되기 위해서는 회원 규정을 어떻게 설정하느냐가 매우 중요하다. 회원 규정은 주권재민의 원칙에 따라 민주적 의사결정기구인 주민총회에 따른 절차적 정당성과 민주적 책임성과도 연결되어 있다는 점에서 매우 중요하다. 왜냐하면 읍·면·동 및 통·리·반 해당 구역에 사는 주민 모두가 진성회원으로 실질적으로 참여하여 1인 1표에 따라 자유롭고 평등하게 민주적인 의사를 형성하도록 보장하는 것이 주민자치회의 성공조건이기 때문이다(채진원 2022).

4. 김두관, 이명수 의원 법률안 검토

그렇다면 이런 주민자치회의 관제주민자치회나 관치주민자치회로 형해화될 가능성을 차단하기 위해서는 어떻게 하면 좋을까? 앞서 언급한 대로, '관제화된 주민자치회'나 '관치화된 주민자치회'를 주권재민의 입장에서 비판하고 자유 실현을 위한 원천권력으로서의 주민자치회를 추구하는 주민행위의 공간을 창출하는 것이 근본적 대안으로 검토될 필요가 있다. 원천권력으로서 주민자치회를 설치하려는 힘이 헌법개정안으로 연결될 필요가 있다. 아울러 차별화된 주민자치회 법률안도 필요하다.

우선 민주당 김두관 의원과 국민의힘 이명수 의원이 대표발의한 '주민자치회 설치 및 운영에 관한 법률안(이하 법률안)'을 살펴볼 필요가 있다. 그 '법률안의 기본정신'과 주요 내용 및 효과를 두 가지 점에서 살펴보면 다음과 같다. 법률안의 주요 골자는 ▲법의 목적에서 생활세계에서 주민의 자치 실현과 주민의 자치역량 함양 명시 ▲주민자치회에 법인격 부여 ▲읍·면·동·통·리·반 단위의 주민자치회 설립으로 해당 지역과 주민을 대표 ▲국가와 지방자치단체가 주민자치회의 자율성 보장과 파트너십 인정 ▲매년 1회 이상 주민총회 개최 ▲주민총회에서 주민자치회 규약 자율적으로 제정 ▲설립 목적 범위 내 수익사업과 회비·기부금·보조금 등을 통해 독립재정 확보 등이다.

김두관 의원과 이명수 의원이 대표발의한 법률안은 주민자치회의 설립과 자율적인 운영의 힘이 주민자치의 성패 요인이라는 것을 '법률의 정신'으로 분명하게 밝히면서 그것을 주민자치회 설치의 목적에서부터 법의 마지막 조항까지 일관된 내용과 체계로 보여주고 있다는 데 선진적인 의미가 있다.

법률안은 첫째, 주민자치회의 목적과 성격을 '주민회'이자 '자치회'로서 정부기관이 아닌 민간 자율의 공적인 '법인'으로 규정하고 있는 게 특징이다. 그래서 주민자치회는 대내적으로는 '주민들이 구성'을 하는 자치회이며 대외적으로는 '주민을 대표'하는 "주민회"가 된다. 이런 법률의 기본정신은 주민자치회가 주민을 대표하는 주민회가 되지 못하면 주민들에게 외면받고 관변단체가 되고 만다는 선진국의 사례를 충분하게 수용하고 있기 때문에 나온 결론이다.

또한 법률안은 주민자치회의 성격으로 외부의 간섭이 없이 스스로 계획하고 실행하고 평가까지 할 수 있는 '자치회'라야 한다고 강조하고 있다. 그래서 주민자치회는 마을 일을 찾아내고 계획하는 과정으로 이

웃이 되고 자원을 결집하는 행위자가 된다. 주민자치회는 마을 일을 실행하면서 협동으로 연대를 하고, 마을 일을 평가하면서 경험을 축적하고 지혜를 확보하는 데 만전을 기하는 주체이다.

그리고 법률안은 주민자치회가 스스로 자치를 할 수 있는 '권리능력'과 자치를 할 수 있는 '행위능력'을 갖추어야 됨을 일관되게 강조하고 있다. 주민들이 주민회를 결성하고 규약을 만들고 대표자를 선출할 수 있는 능력이 있어야 한다고 강조한다. 즉, 주민들이 자치를 할 수 있는 계획–실행–평가를 스스로 할 수 있는 체계와 자원을 갖추어야 한다는 것이다. 그래서 법률안은 만약 민간이 자율적인 성격의 법인격을 갖추지 못하면 권리나 행위 주체가 되기 어렵다는 것을 강조한다.

둘째, 법률안은 통·리·읍·면·동에서의 주민자치회 설립과 운영의 힘이 새롭게 펼쳐질 마을공화국의 토대임을 강조한다. 주민자치회가 운영되는 구역을 '통·리회'와 '읍·면·동회'로 구분하고 있으며, 통·리회는 통·리에 두며 '반회'를 둘 수 있게 했다. 그리고 읍·면·동회는 읍·면·동에 두며 반드시 해당 읍·면·동의 통·리회를 포함하여야 함을 명시하고 있다.

이렇게 법률안이 주민자치회의 종류와 구역을 구분한 것은 우리나라가 전에 실시했다가 폐지된 읍면동 주민자치운동(읍면동장 직선제와 읍면동 지방의회)의 경험사례를 복원하여 주민자치회 설립의 추동력을 삼자는 취지이다. 이것은 앞서 언급한 기존 관행과 관습에서 법의 탄생을 보면 보통법(common law)의 정신과도 통한다.

V. 결론: 읍면동 주민자치회의 실질화를 위한 조건

이 글의 목적은 '읍면동 민주화'의 주민자치적 의미와 조건에 대해 살펴보는 것이다. 본고는 지방자치, 지방정치, 지방행정, 지방분권, 단체자치와 다른 주민자치의 의미에 대해 접근하였다. 주민자치라는 관점에서 기존의 논의를 비판하면서 종합하려는 실험적 접근을 시도했다. 하지만 이 글은 주민자치라는 영역은 여전히 모호하고 논쟁적인 영역이라는 점에서 시론적인 수준에서 논쟁적으로 접근했다는 데 한계가 있다.

본 글이 제시하고 있는 주민자치에 대한 개념들과 따라오는 부수적인 의견들은 추상성이 크고 최종적인 것이 아니기에 더 많은 논쟁과 공론화가 필요하다. 특히, 한병도, 김두관, 이명수 의원이 추진하고 있는 '주민자치회 설치 및 운영에 관한 법률안'은 많은 의의와 한계에도 불구하고, 절대적인 것은 아니다. 이것 역시 하나의 의견으로서 토론과 보완이 필요하다. 추후 이에 대한 비판적 논의를 통해 개선되기를 바란다.

본 글은 많은 한계에도 불구하고, 주민자치는 시기상조가 아닌가? 혹은 주민자치의 역량이 부족하지 않은가? 그래서 역설적으로 '관료주의'나 '관제(관치)주의'가 어쩔 수 없는 것이 아닌가? 반대로 관제(관치)주의가 작동할 수 있기에 주민자치회가 시기상조가 아닌가라는 논지에 대해 우리가 어떻게 답해야 하는지에 대한 시론 수준의 의견을 비판적으로 제시했다는 점에서 실험적 의의가 있다. 마지막으로 중앙집권주의나 관료주의의 비민주성 및 관제화된 주민자치회의 문제를 단번에 극복할 수 없다는 현실을 인정할 수밖에 없다. 그래서 읍면동 민주화를 위한 조건 창출에 대한 다음과 같은 점진적인 방안을 제언하고자 한다.

1. 읍면동장 및 읍면동 의회 의원 직선제 부활

미국적 풍토에서 자라난 법과 제도 및 정치문화를 우리의 실정을 무시하고 외부에서 이식하려는 '제도이식론'을 경계하는 것은 당연하다. 기존의 경험과 관행을 존중하는 보통법의 정신대로, 우리의 경험에서 시작하여 한발 한발 점진적으로 나아가면서 변화를 도모하는 '제도개선론'의 자세가 필요하다.

우리나라는 6.25 전쟁 속에서 읍면의회와 읍면동장 직선제를 꽃피운 자치 경험을 가지고 있다. 1950년대 전쟁 속 '동회(洞會)'는 동 재산을 관리할 권한을 갖고 있었고 식량 배급과 인구관리를 담당했기에 적지 않은 권력을 행사했다. 우리의 근대적 주민자치는 읍면의회부터 시작했다. 전쟁의 참화 속에서도 1952년 4월 25일 읍면의회 의원 선거가 실시돼 전국적으로 91%의 높은 투표율로 1만 6,051명의 초대 의원을 선출했다. 읍면의회의원 선거는 세 번 치러졌다. 이어서 1955년 동장 선거, 1956년 읍면장 선거를 했다.

1958년 이승만 대통령이 독재체제를 강화하면서 읍면동장 직선제는 불과 2년 만에 중단되고 임명제로 바뀌었다. 그러나 1960년 4·19 혁명 후 민주화의 열망에 따라 상황이 반전되었다. 1960년 6월 15일 공포된 개정헌법은 임명제였던 시장, 읍장, 면장의 선출을 주민이 직접 선출할 수 있도록 해야 한다는 조항을 지방자치법이 아니라 헌법 제96조(지방자치단체의 장의 선임 방법은 법률로써 정하되 적어도 시, 읍, 면의 장은 그 주민이 직접 이를 선거한다)에 삽입하였다. 헌법개정에 따라 읍면동장 직선제는 부활하였으나 제대로 시행하기도 전에 5·16 군사쿠데타가 일어났고, 쿠데타로 집권한 박정희 대통령은 다시 임명제로 전환되었다.

이처럼 현재의 읍면동장 임명제는 1950-1960년대 주민자치의 꽃을 꺾은 권위주의 정권의 유습이다. 1987년 6·10 민주항쟁, 2017년 촛불시민혁명이라는 민주화의 큰 물결이 있었음에도 읍면동장 임명제는 오늘날까지 유지되면서 개선되지 못하고 있다. 최근 '읍·면·동장 주민추천제'는 임명제보다는 진전된 형태이기는 하나 1950-1960년대 주민들이 경험했던 읍면동 직선제에는 턱없이 미달하는 안이다.

2. '전국정당'과 구분되는 '로컬정당' 허용

한국의 정당법은 "정당은 수도에 소재하는 중앙당과 특별시·광역시·도에 각각 소재하는 시·도당으로 구성한다"라고 규정하고 있다(정당법 제3조). 또, 정당으로 중앙선거관리위원회에 등록하기 위해서는 5 이상의 시·도당을 가져야 하며(정당법 제17조), 각각의 시·도당은 당해 시·도당의 관할구역 안에 주소를 두고 있는 1천인 이상의 당원을 가져야 한다(정당법 제18조). 정당법에 따라서 한국에서는 전국적인 정당만을 인정하고 있고, 로컬정당을 허용하고 있지 않다.

2006년 3월 30일 헌법재판소는 2004헌마246 전원배판부 결정을 통해 정당법 제25조 정당설립에서 5개 이상의 시·도당을 가져야 한다는 조항은 지역정당을 배제하려는 취지로서 합헌이라고 선고했다. 그 이유로 "지역적 연고에 지나치게 의존하는 정당정치풍토에서" 지역정당은 "특정지역의 정치적 의사만을 반영할 것이므로" 불허한다는 것이다. 현재의 지역연고주의 정당은 거대정당들이 만든 역사적 유산이지 지방정당이 만든 결과가 아니다. 전국정당이 만든 문제를 가지고, 지방정당을 불허한 것이다.

한국의 정당법이 '전국정당'만을 고집하는 배경에는 '지역주의 정당'의 출현에 대한 경계 때문이다. 보편성을 배제하며 지역의 편향된 이익만을 대변하는 지역주의(localism)와 고유한 지역성을 고려하면서도 보편성을 잃지 않는 지역성(locality)의 개념은 구별돼야 할 것이다.

풀뿌리 민주주의 정신을 반영하는 영미식의 보통법(common law)의 법정신처럼, 풀뿌리 지역현장에서 발원하는 지역성(locality)을 통해 보편성의 실현을 강조하는 '로컬정당(local party·마을(동네)정당/주민자치정당)'을 허용한다면, 전국정당은 전국선거와 지방선거 모두에 후보를 공천할 수 있고, 지방정당은 지방선거에만 공천할 수 있도록 하면 큰 문제는 없다. 영호남에서 지역주의(localism)가 문제가 된다면, 거대정당들의 지역정당조직의 선거참여에 일정 제한을 가하면 될 것이다. 미국이나 유럽의 네덜란드, 독일, 그리고 일본과 같은 나라에서 전국정당과 지방정당이 모두 존재한다는 점을 선례로 수용해야 할 것이다.

3. 기초선거단위 중앙당 공천제 폐지와 '지역주민 공천제' 제도화

시군구 기초선거에 대한 중앙당 공천제를 폐지함으로써 마을주민 정치의 자율성을 회복하는 방안을 찾아야 할 것이다. 아래 설문조사를 참조할 필요가 있다. 2017년 ㈜코리아리서치센터에 의뢰해 실시한 '기초지방의회 정책과제 설문조사' 결과에 따르면 설문에 응답한 기초의회 의원 1천559명 중 68.8%는 정당공천제를 폐지해야 한다고 답했다. 반면 유지해야 한다는 입장은 29.0%에 불과했다. 폐지 이유로는 '지방자치의 중앙정치 예속 방지'가 56.6%로 가장 많았다. 이어 '공천이 당선으로 이어지는 정치풍토 개선' 20.9%, '각종 비리와 공천 관행의 근절'이 20.5% 순으로 나타났다. 유지를 희망한 이유로는 '책임정치의 실현'이 43.7%로 많았고, '기초지방의원선거 후보자 난립 방지' 41.5%, '중앙당과 유기적 협력지원' 11.5%로 뒤를 이었다. 정당공천제 폐지 대안으로는 '지역 주민추천제 도입'이라는 의견이 39.6%로 가장 많았다. 이어 '정당표방제 허용'이 25.7%, '지방정당의 제도화'가 22.2%였다.

4. '마을(주민자치)만들기'에서 '마을(주민자치)가꾸기'로 인식전환

최근 행정기관과 시민단체 활동가들이 중간지원조직을 통해 추진하고 있는 '마을만들기' 사업은 중앙에 의한 하향식 메이킹 다운(making down) 방식에 가깝다. 주민자치역량 강화를 위해서는 '마을만들기'에서 '마을가꾸기' 콘셉트로 노선 정립하도록 설득할 필요가 있다. 마찬가지

로 '주민자치회 만들기'가 아니라 '주민자치회 가꾸기'로 바꿀 필요가
있다. 주민자치회와 마을생태계는 위계적 중심이 있는 돈과 행정, 활동
가들의 목적의식과 같은 외부이식론과 '제도이식론'으로 자라나지 않기
에 마을을 만들도록(making down) 해서는 안 되고 자라나도록(growing up)
가꿀 필요가 있다.

특히 주민자치지원관 등의 이름으로 활동하고 있는 시민활동가들
이 '메이커(maker)'의 역할이 아닌 '정원사(gardener)'의 역할에 충실할 필요
가 있다. 주민자치는 관제(官製)주민자치나 관치(官治)주민자치처럼 행
정권력 혹은 활동가의 목적의식적, 도구적 행위로 이뤄지는 것이 아니
라 주민의 참여가 자생적으로 자라나고 열리고 공론장이 형성됨으로써
실현이 가능하다. 따라서 지역사회에 거주하는 시민들이 자유로운 말
과 행동을 통하여 자연스럽게 공적영역에 참여하고 공공성에 대한 생
태계를 만들며 자신의 개성과 목소리를 드러낼 수 있는 '드러냄의 역량
(appearing capacity)'이야말로 진정한 주민자치역량이라는 점을 인식해야 할
것이다.

참고문헌

곽현근. 2018. "풀뿌리민주주의 관점의 주민자치의 의의와 제도화 방향." 『서울 마을』 6월호.

김운태. 2000. "한국행정 근대화 100년의 회고: 일제식민지배하의 행정왜곡기를 중심으로." 『한국행정학보』 34권 3호, 1-25.

김윤미. 2020. "박완수 의원 "주민자치회, 관치화·정치화·선거 조직화 돼…전면 재검토 하1라"." 『더퍼블릭뉴스』 (10월 8일), https://www.thepublic-news.co.kr/news/articleView.html?idxno=16486.

김윤미. 2021. "한병도 의원 발의 개정안, 주민자치 원천적으로 불가능하게 만드는 독소법안." 『월간 주민자치』 (1월 22일), http://www.citizenautonomy.co.kr/news/articleView.html?idxno=4535(검색일: 2021년 2월 1일).

김찬동. 2017. "자치와 분권의 관계." 『주민자치TV』 (9월 21일).

김찬동. 2019. 『자치분권개헌과 주민주권에 입각한 지방자치의 본질회복을 위한 주민자치정책론』. 대전: 충남대학교 출판문화원.

김찬동. 2020. "읍면동 행정 민주화에 대한 소고." 2020년 한국정책학회 동계학술대회. 서울. 12월.

김태은. 2021. "'주민자치회법' 서두르는 與…野 "선거조직 악용" 우려." 『머니투데이』 (2월 5일), https://news.mt.co.kr/mtview.php?no=2021020513567636035.

김홍우. 2007. 『한국 정치의 현상학적 이해』. 고양: 인간사랑.

성북구 기획경제국 마을민주주의과. 2017. "마을자치회 시범사업 추진 계획." 제250회 성북구의회 제1차 정례회 행정기획위원회. 서울. 6월.

신용인. 2019. 『마을공화국, 상상에서 실천으로』. 서울: 한티재.

육성준. 2010. "미국 런던데리의 주민참여 현장을 가다." 『충북IN NEWS』 (9월

27일), https://www.cbinews.co.kr/news/articleViewAmp.html?idx-no=68625.

윤재선·전용태. 2018. "읍면동 주민자치조직 운영 실태와 활성화 방안: 주민자치위원의 의식조사를 중심으로."『한국부패학회보』23권 4호, 125-144.

전상직. 2020. "주민자치 형성 원리에 대한 소고: 한국에서 성공할 수 있는 주민자치를 기획하기 위한 원리적 접근." 2020년 한국행정학회 하계공동학술대회. 강릉. 6월.

제20대 대통령직인수위원회. 2022. "지역균형발전 비전 대국민 발표." (4월 27일), https://nsp.nanet.go.kr/plan/subject/detail.do?nationalPlanControl-No=PLAN0000033739.

조석주·박기관. 2002. "주민자치센터 운영실태 분석 및 평가에 관한 연구: 경기도 군포시 사례를 중심으로."『지방정부연구』6권 1호, 201-220.

채진원. 2020. "주민자치의 정치학적 고찰과 함의: 1871년 파리꼬뮌, 미국의 타운미팅과 제퍼슨의 기초공화국안 사례." 2020 한국지방자치학회 하계학술대회. 서울. 8월.

채진원. 2022. "한국 지방자치 30년, 어디에서 와서 어디로 가는가."『중앙선데이』(5월 27일), https://www.joongang.co.kr/article/25074798#home.

한국주민자치중앙회. 2021. "주민자치회 설치 및 운영에 관한 법률(안)."『주민자치』110권, 4-13.

황상윤. 2020. "주민자치회 말고, 주민자치 활성화를: 입법 발의된 주민자치회 설립 및 운영에 관한 법률안 비판."『오마이뉴스』(4월 3일), https://m.ohmynews.com/NWS_Web/Mobile/at_pg.aspx?CNTN_CD=A0002629380#cb.

Arendt, Hannah 저·이진우·태정호 역. 1996.『인간의 조건』. 서울: 한길사.

Arendt, Hannah 저·홍원표 역. 2004.『혁명론』. 파주: 한길사.

Tocqueville, Alexis de 저·임효선·박지동 역. 1997.『미국의 민주주의 Ⅰ』. 서울:

한길사.

Vries, Michiel S. de. 2000. "The Rise and Fall of Decentralization: A Comparative Analysis of Arguments and Practices in European Countries." *European Journal of Political Research* 38(2): 193-224.

4장 정당 개혁의 방향: 제도화와 자율성[*]

조석주

정당은 정치적 직위를 장악하고 이용하려고 하는 엘리트들의 연합 (coalition)이라고 볼 수 있다. 그런데 정당은 단순한 연합을 넘어선 다. 정당은 규칙과 규범과 절차들을 갖고 있는 제도화된 연합이다 (Aldrich 1995, 19).

---

[*] 이 글의 초고는 2023 한국정치평론학회·한국주민자치학회 공동학술회의와 서울 대 국가미래전략원 민주주의 클러스터 '정당혁신의 방향' 학술회의에서 발표되었 다. 학술회의에서의 유익한 논평과 제안으로 글의 개선에 도움을 주신 연구자 송 경재·전진영께 감사드린다.

I. 서론

정당을 이해하는 데에는 두 가지 관념이 존재한다. 한편에서 정당은 정치체제의 구성원 중 일부가 자발적으로 설립한 조직, 즉 시민의 자발적인 연합으로 인식된다. 다른 한편에서 정당은 대의민주주의에서 핵심적 역할을 하는 공적인 제도로 이해된다. 이 두 가지 관념은 현실에서 존재하는 정당의 기능·운영·활동을 반영하는 기술적(descriptive) 인식이기도 하지만 또한 규범적(normative) 처방이기도 하다. 첫 번째 관념은 정당 활동의 자유가 정치적 자유의 중요한 항목으로서 보장되어야 한다는 주장과 연결되고, 두 번째 관념은 정당이 대의민주주의의 정치과정이 작동하기 위한 필수적 기능을 하여야 한다는 주장과 연결된다. 대한민국 헌법의 정당 관련 조항 역시 이 두 가지 관념을 반영한다. 헌법은 제8조 제1항에서 "정당의 설립은 자유이며, 복수정당제는 보장된다", 제2항에서 "정당은 그 목적·조직과 활동이 민주적이어야 하며, 국민의 정치적 의사 형성에 참여하는 데 필요한 조직을 가져야 한다"고 규정하고 있다. 전자는 정당 활동에 대한 시민의 자유에 관한 규정인 반면, 후자는 정당의 공적 제도적 기능에 관한 규정이라 하겠다.

이러한 두 가지 인식이 양립 불가능하다고 할 수는 없다. 그러나 정당에 대한 이해, 정당 정치의 실천, 그리고 정당에 대한 제도와 규범의 고안과 개혁의 과정에서 두 관념은 종종 부딪치게 된다. 정당이 시민들의 자율적인 조직이라면 그 활동의 내용과 형식은 정당 구성원들의 의사에 따라야 할 것이다. 그러나 그렇게 각 조직 구성원들의 의사대로 운영되는 정당들이 만들어 내는 종합적인 결과가 대의민주주의에서 정당이 해야 할 공적 기능에 부합할 것이라는 보장은 없다. 바람직한 정당 혹은 정당체제에 대한 소망은 현실의 정당정치가 이상을 벗어날 때 직접적 개별 정당의 활동이나 혹은 정당체제에 영향을 줄 수 있는 환경적 변수에 대한 법적·제도적 규제를 만들어낸다. 한국의 정당법·공직선거법·정치자금법 등에 존재하는 많은 규정이 그런 예들이다. 그런데 이러한 규정은 한 편에서 시민들이 정당을 통해서 하는 정치활동의 자유를 제약한다. 정당 개혁을 입안할 때, 정당이 작동하는 제도이어야 한다는 가치와 시민의 자발적인 조직이어야 한다는 가치 사이에서 최선의 타협점을 발견하는 것은 간단치 않은 문제이다.

한편 정치학계에서는 한국 민주주의의 핵심적 문제 중 하나로 정당정치의 취약성을 들어왔다. 대표적으로 최장집(2010)은 해방 이후 50년 한국 정치의 대표적 특징으로 정당체제의 저발전을 꼽았다. 그 외 여러 연구자들에 의해 민주화 이후 제6공화국의 초창기부터 한국의 정당체제가 사회의 실질적 갈등을 대표·반영하지 못한다는 비판, 정당이 인물에 의존하는 사당이라는 비판, 정책 중심의 경쟁을 하지 않고 권력을 얻기 위한 정쟁만 불러일으킨다는 비판 등이 지속적으로 가해졌다. 정당조직이 시민사회에 뿌리내리지 못하고, 선거 머신의 역할 이상을 못한다는 지적 또한 받았다. 과장하여 말하자면 한국 정치의 위기는 곧 한국 정당정치의 위기라고 말해졌다.

이런 한국 정당정치의 평가와 개혁에 대한 담론에서 빈번하게 언급되는 중요한 가치가 정당 자율성과 제도화이다. 한국의 정당과 정당체제는 냉정과 권위주의의 시대에 형성되었다. 그러한 역사적 영향에 따라 자유로운 정치활동과 정치경쟁에 대한 억압이 한국의 정치제도와 관행에 존재한다. 이로 인해 미약한 정당의 대외적 자율성은 해결되어야 할 문제로 거론된다. 한편 한국의 정당정치가 제도화되지 못하여 한국 민주주의의 발전이 정체되어 있다는 인식도 상당수의 연구자·정치평론가·언론이 공유하고 있는 것으로 보인다. 이러한 두 가지 평가는 각기 독자적으로 적실성을 갖는다 할 수 있으나, 두 가지 가치가 서로 상충하는 상황이 왔을 때 어떠한 판단을 내려야 하는지에 대한 원칙이나 인식의 틀을 제공해 주지는 못하고 있다.

이 글의 목적은 한국 정치에서 정당의 제도화와 자율성 사이에 존재하는 현실적·논리적 긴장을 이론적으로 더 명확하게 드러내는 것이다, 그를 통해 정당개혁의 논의를 이상적 정당 혹은 정당체제와 한국의 현실 정당정치를 비교하여 그 차이를 기계적으로 처방하는 것 너머로 진전시키는 데 기여하고자 한다. 나는 이 글에서 정당을 국가와 시민을 연결하는 중개자로서 자발적 조직임과 동시에 공적 제도의 역할을 한다고 파악한다. 정당이 활동을 내부 성원들의 자율에 일임하는 정도, 혹은 공적 기능을 위해 정당의 내적 결정을 외적으로 제도화하는 정도는 한 사회의 정치를 둘러싼 환경에 따라 달라질 수 있다. 나는 한국 정치의 현재 환경이 다차원적이고 동적인 갈등·경쟁의 구조라고 판단한다. 이에 따라 첫째, 정당체제가 시민사회의 새롭게 등장하는 균열들을 받아들일 수 있는 개방성을 가져야 하고, 둘째, 다차원적 균열이 완전한 무질서가 아닌 일정한 패턴을 갖는 경쟁이 될 수 있는 정당체제가 되어야 한다고 주장한다. 전자를 위해서 신생정당의 설립이 활성화되고 체제의 진입이 용이하도록 정당의 자율성이 확대되고 정당 활동의 자유가 보장되어야 한다. 반면 후자를 위해서는 기성 정당의 공천 제도를 비롯한 정당 내적 결정이 법률을 비롯한 국가의 공식적 제도에 의해 규제될 필요가 있다고 판단한다.

이후 이 글의 구성은 다음과 같다. 제 Ⅱ절에서 정당의 자발적 조직으로서의 성격과 공적 제도로서의 성격에 대해 논한다. 제 Ⅲ절과 제 Ⅳ절에서는 각각 한국 정당의 제도화와 자율성의 문제에 대한 기존 연구들을 살피며 이 글에서 제도화와 자율성을 이해하는 방식을 설명한다. 이어 제 Ⅴ절에서 한국 정당정치의 개혁을 위한 제도화와 자율성의 타협점을 제시하고 마지막 절에서 글을 맺는다.

Ⅱ. 자발적 조직과 공적 제도로서의 정당

정당은 어떠한 조직이고 대의민주주의에서 어떠한 기능을 하는지에 대해 판단하기 위해서는 정당이 만들어지고 운영되는 정치적 환경에 대한 일반적 사고의 틀이 필요하다. 통상적으로 우리는 정치적 구조와 독립되어 존재하는 (하나의) 사회를 상정하고, 그 사회가 지속되는 데 필요한 공적인 결정들이 있음을 가정하고, 그러한 결정을 권위적으로 내리는 국가의 존재를 가정한다. 사회의 시민들은 서로 다른 이익과 세계관을 가지며, 그에 따라 이익과 세계관의 인구 내 분포가 존재하고 그러한 분포의 양태를 사회적 균열이라고 부를 수 있다. 공적 이슈에 대한 국가의 권위적 결정의 내용은 사회의 특정 부분에게는 이익이 되고 다른 부분에게는 손해가 될 수 있다. 또는 공적 결정이 사회 내 특정 시민들의 세계관과 견해를 반영하는 한편, 다른 시민들의 견해와는 충돌할 수 있다. 이에 따라 국가의 권위적 결정의 내용을 자신이 원하는 것으로 채우려는 경쟁이 존재하고, 그것은 동시에 국가 권력을 장악하고자 하는 세력들의 경쟁이기도 하다. 정당은 무엇보다 이 경쟁의 과정에서 활동하는 조직이다.

정당이 '시민의 자발적인 결사'라는 것에 초점을 맞추는 이해는 정당을 유사한 이익이나 이념을 가진 시민들의 정치적 연합(coalition)으로 보는 것이다. 현재 비교정치학계에서 이러한 경향을 대표하는 것은 소위 UCLA 학파이다.[1] 이들에 의하면 사회적으로 유사한 이익을 공유하는 각 시민 집단 안에는 가장 정치적인 관심이 강하고 참여의 역량이 높은 엘리트 집단이 존재한다. 상대적으로 좁은 이익을 대표하는 엘리트들이 정부를 장악하고 정책에서 자신의 이익을 관철시키기 위해 유사한 이익을 가진 다른 엘리트 집단과 연합을 형성한 것이 바로 정당이다(Bawn et al. 2012; Cohen et al. 2008).

이들의 정당에 대한 관점은 다운스(Downs 1957) 이후 순전히 선거 과정에서 정책 공약을 공급하고 후보를 공천하며 표를 모으는 활동에만 집중하여 정당을 분석했던 경향을 비판하고, 근본적으로 정당은 사회적 이익의 표현의 하나임을 상기시켜 준다는 장점을 갖는다. 또한 궁극적으로 정당이 설립·운영·해체되고 정당체제가 만들어지는 과정에 이

---

[1] UCLA 학파의 정당에 대한 이해와 설명에 대한 비판적 설명으로는 맥카티와 쉬클러(McCarty and Schickler 2018)를 참조할 것.

익집단과 사회적 활동가들이 미치는 영향을 상기시키는 것이기도 하다. 정당에 대한 UCLA 학파의 해석은 정책의 수요자로서의 시민에 초점을 맞추고, 각 정당을 비슷한 사회적 이익 때문에 비슷한 정책에 대한 수요를 가진 시민 집단을 대표하는 연합으로 이해한다. 정당체제는 이들이 어떠한 크기로 얼마만큼 유사한 집단을 하나의 정당으로 대표하느냐에 따라 시민을 분할(partition)하는 역할을 하게 된다.

이러한 관점에서 보면 입법부, 행정부, 사법부, 지방정부 등의 국가기관은 공적 제도의 영역에 속하고, 그러한 국가기관의 결정 내용과 인적 충원에 대해 서로 다른 목표와 내용을 가지고 경쟁하는 정당은 민간의 영역에 속한다. 사회에서 이익을 공유하는 집단이 어떤 정책적 내용과 이념으로 자신을 대표할 것인가는 그들의 문제이고, 어떠한 다른 집단과 연합을 결성할지도 그들의 문제이다. 그렇게 본다면 정당이 국가권력을 놓고 경쟁하는 규칙과 절차의 문제는 공적 제도의 영역에 속하지만, 정당이 공직 후보의 공천 등 내적 의사결정을 내리는 것은 사적 영역에 속한다고 할 수 있다. 따라서 후자의 경우 정당 구성원들의 자율적 결정에 맡기는 것이 바람직하다고 볼 수도 있다. 한상희(2016)가 말하듯이 자발적 결사로서의 정당은 시민의 기본적 권리를 행사하는 수단이면서 그 권리의 행사로 만들어진 결과인 측면이 있다.

그러나 정당은 단순히 사회의 영역에서 만들어지는 이익의 연합으로서의 역할만을 하는 것이 아니다. 공적 결정과 관련된 시민의 선호와 이익이 국가기관의 최종적 결정으로 만들어지는 과정은 복잡한 전략적 조정(strategic coordination)의 단계들을 거친다. 때로는 국가의 특정한 결정이 새로운 갈등을 생성하여, 정치적 균열의 선을 재편성하는 효과를 갖는다. 이런 과정에서 선거로 당선된 정당 출신의 정치인은 공직자이자 동시에 정당인으로 행동하며 공적인 결정의 내용적 요소를 정당으로 제공받기도 하고 결정의 결과에 대한 정당의 평가를 받기도 한다. 이런 점에서 볼 때, 정당을 정책 수요자 측면에서 만들어지는 시민의 자발적 정치적 연합으로 보는 것은 정당이 가지고 있는 한 가지 면을 지나치게 강조하는 것이다.

보다 균형된 관점으로 본다면, 정당은 사회에 권위적 결정을 내리는 국가의 공적 기관들과 그런 결정들의 내용에 대해 서로 다른 이해관계 혹은 선호를 가진 시민들을 연결하는 중개자(intermediary) 혹은 매개체(mediator)라고 할 수 있다. 개별 정당은 사회의 특정한 부분에 해당하는 시민의 집합과 공적 기관을 연결한다. 그 연결은 여러 영역에서 쌍방향으로 진행된다. 우선 정당은 자신이 대표하는 시민 집합의 공통된 이익이나 선호를 증진하는 정책을 생산하며, 한편에서 그 정책으로 시민을 설득하고 다른 한편에서 정책이 국가에 의해 채택되도록 노력한다. 또한 정당은 선거에서 투표하는 것보다 높은 수준의 정치참여를 하는 시민들의 조직으로 그러한 시민을 육성하는 역할을 한다. 시민 내에서 활동하며 시민의 의사 형성 과정에서 정책·이념의 공급자 역할을 할 활동가를 발굴하고, 또한 국가의 공직으로 충원될 후보들을 육성한다.

개별 정당이 사회의 한 부분과 국가를 연결한다면, 정당과 정당이 경쟁하는 정당체제(party system)는 사회의 정치적 분할을 재편하며 전체적인 시민과 국가를 연결한다. 여기서 정당체제는 공적 결정에 관한 시민의 의사 형성과 전략적 조정의 과정에서 선택할 수 있는 대안을 제공하고, 대안의 숫자를 축소하는 조정을 행함으로써 시민의 결정과 선택의 결과를 연결하는 패턴을 만들고 그에 따라 시민들에게 정치적 기회를 제공한다고 할 수 있다.

이러한 정당의 역할은 공식적 국가기구의 역할에 뒤지지 않을 만큼 공적인 성격을 갖고 있다. 예컨대 한 지역을 대표하는 의회의 구성원을 누구로 할 것인지 그 의원이 대표하는 정책의 내용을 무엇으로 할 것인지는 국가기구의 성격과 내용을 결정하는 것으로 당연히 공적이다. 그런데 이를 결정하는 과정은 여러 단계의 전략적 조정을 거치게 된다. 겉으로 드러나는 단계만을 보더라도 정당 내 후보자의 선출, 정당 간 연합 여부의 결정, 그리고 의회 선거에서 최종 의원의 선출 등이 있다. 이모든 단계가 모두 공적 기능을 하는데 이 중 마지막 단계인 의회 선거는 전적으로 공적 절차에 해당하고 그 앞의 단계들은 모두 전적으로 정당 내부 혹은 정당 간의 의사결정에 해당한다고 보는 것은 실질을 형식으로 가리는 것에 지나지 않는다. 예컨대 대구의 지역구에서 국민의힘 후보 간의 경선, 광주의 지역구에서 민주당 후보 간의 경선은 국회의원 본선거보다 훨씬 의회의 구성원과 내용을 결정하는 데 중요한 경쟁이 벌어지는 장이라고 할 수 있다. 이를 순전히 정당의 내적 의사결정에 속한다고 보는 것은 적절해 보이지 않는다.

정당을 국가와 시민 간의 매개체로 볼 때, 정당은 자발적 조직이지만 공적 제도이기도 하다는 것이 부각된다. 따라서 통상적인 형식 구분에서 민간의 영역으로 이해될 수 있는 개별 정당의 활동이나 정당 간의 협상과 경쟁의 총체적 결과를 개선할 수 있는 제도적 개혁의 고민이 정당의 자율성에 절대적으로 제약된다고 볼 수는 없다. 공적 제도로서의 정당과 자발적 결사체로서의 정당이라는 두 위치 사이에서 최선의 제도적 규제를 찾는 것은 그 사회와 시대의 정치사회적 환경에 따라 결정되어야 할 필요가 있을 것이다.

관련하여 정당 제도화와 자율성의 문제를 한국 정당의 맥락 속에서 논한다.

III. 한국 정당정치의 제도화

제도화(institutionalization)는 헌팅턴(Huntington 1968)의 말처럼 조직과 절차가 안정을 얻는 과정이다. 즉 제도화된 조직과 절차는 안정된 행위의 패턴과 다름없다. 정치적 행위자의 상호작용이 특정한 패턴을 반복하고 그러한 패턴에 따라 이루어질 것이라고 예상 가능할 때가 제도화가 이루어진 것이다. 이는 게임이론에서 말하는 균형(equilibrium) 현상의 한 형태가 제도화라고 할 수 있다.

한국 정당정치의 중요한 문제가 미약한 수준의 정당 제도화에 있다는 주장은 여러 연구자들에 의해 제기되었다. 한국 정당정치의 제도화 수준을 분석하는 데 주요하게 사용되었던 틀은 메인워링과 스컬리(Mainwaring and Scully 1995), 메인워링과 토르칼(Mainwaring and Torcal 2006) 등에 의해 제시되었다. 그들은 정당체제의 제도화를 다음과 같은 네 가지 기준에서 파악할 수 있다고 보았다. 첫째, 정당 간의 경쟁 패턴이 안정적이어야 한다. 둘째, 주요 정당이 탄탄한 사회적 기반을 가지고 있어야 한다. 이는 여러 선거에 걸쳐 특정한 정당에 투표하는 유권자들이 수가 상당하고 정당들과 주요 이익집단들이 연결되어 있음을 의미한다. 셋째, 정치행위자들이 정당에 높은 정치적 정통성을 부여해야 한다. 즉 정당에 대한 정치적 신뢰의 수준이 높다. 넷째, 정당이 특정한 정치 지도자나 파벌에 종속되지 않고 정당 조직이 독자성을 갖고 있어야 한다.

김용호(2016)는 이러한 네 가지 기준을 측정하는 지표를 사용하여 한국 정당의 제도화 수준을 검토하였다. 그에 의하면 한국의 정당은 지역경쟁 구도를 중심으로 정당 간의 경쟁 패턴이 안정화되어 있다. 그러나 당원 수나 진성 당원 수 등의 지표로 볼 때 한국 정당들의 사회적 기반은 취약하고, 정당에 대한 유권자의 불신이 매우 높다. 또한 정당 조직이 자율성을 갖지 못하고 지도자에 대한 의존도가 높은 편이었다. 즉, 위의 네 가지 기준 중 첫 번째 기준에 의해서만 한국 정당의 제도화 수준은 높고 나머지 모든 측면에서 한국 정당의 제도화는 미흡하다. 더 나아가 김용호는 첫 번째 기준에서의 제도화 역시 한국의 민주주의 발전에 긍정적이라고 볼 수 있는지 의문을 제기한다. 그에 의하면 경쟁 구도의 안정성 그 자체보다 안정된 경쟁 패턴의 내용이 중요한데, 지역 정당 구조의 안정화는 정치적 양극화를 야기해 오히려 대의민주주의의 공고화에 악영향이 될 수도 있다.

정진민(2008) 또한 비슷한 진단을 내린다. 정진민에 의하면 한국의 정당들은 지도자 중심의 사당화된 구조를 갖고 있어서 지도자의 정치적 목표를 위한 정치적 머신의 역할을 하였고, 자발적인 당원을 기반으로 하는 토대를 갖지 못했다. 뿐만 아니라 정진민은 한국 정당의 경쟁은 정책을 중심으로 이루어지지 못하고 있다고 주장한다. 그에 의하면 각 정당이 서로 다른 유권자들의 요구를 집약하며 서로 차별성을 갖는 정책을 내놓으며 경쟁하지 않고, 정당 간의 생산적이지 않은 권력 투쟁만 반복되고 있다. 정진민은 이런 요인들이 정당 제도화를 가로막고 있다고 보고 대안으로 유권자 수준의 정당(party in the electorate)을 중심으로 한 개혁을 제안한다. 지지자와 당원의 경계를 넘는 개방적인 정당구조와 정책 중심의 원내정당화가 정당 제도화의 방향이라고 그는 주장한다.

조원빈(2019)은 정당체제의 제도화에 초점을 맞추어 한국의 공식적인 정치제도 즉 정치관계법이 한국 정당의 제도화에 어떤 영향을 미치는지를 분석하였다. 그에 의하면 한국의 현행 정당법·공직선거법·정치자금법의 여러 규정들은 정당체제의 제도화에 긍정적 영향을 미치기보다는 오히려 제도화를 가로막고 있다. 정당법은 정당 설립에 대한 강한 규제로 정치참여를 제약하고 있고, 공직선거법은 당내 경선 등 정당 공천의 투명성 강화에 기여하지 못하고 있으며 정치자금법은 거대 정당에 유리한 경쟁구조를 재생산하고 있다. 조원빈은 이러한 법 제도의 개혁을 통해 정당 관계 경쟁성과 정당의 당내 민주주의의 정착을 유도하는 것이 정당의 제도화에 기여할 것이라고 주장한다.

이처럼 한국 정당 제도화에 대한 연구를 수행해 온 비교정치학자들은 적어도 민주화 이후 한국 정당정치의 문제점에 대해서는 비슷한 입장을 공유하고 있다. 그런데, 이러한 진단과 그로부터의 대안 도출의 과정을 볼 때, 정당 제도화에 대한 서로 다른 두 가지 개념이 명확히 구분되지 않고 혼재되어 논의되고 있다는 생각이 든다. 랜달과 스보산 (Randall and Svåsand 2002)이 지적하듯이 정당정치의 제도화는 개별 정당 수준에서의 제도화와 정당 내의 정치행위자들의 제 수준에서의 제도화로 나누어 볼 수 있다. 이 두 수준의 제도화는 서로 밀접한 관련을 갖지만, 또한 일정하게 상호 독립적인 것이기도 하다.

개별 정당의 제도화란 정당 내 정치행위자들 간의 상호작용이 제도화되는 것을 말한다. 여기서 정당 내부란 단지 정당의 지도부와 당원만을 의미하는 것이 아니라, 정당의 핵심 지지자들과 그 정당을 통하여 자신의 이익을 표출하는 이익집단을 포함한다. 따라서 개별 정당이 제도화되었다는 것은 첫째, 정당이 일정한 시간 동안 그 내용의 본질적 부분이 유지되는 강령을 가지고 지지자·이익집단과 상호작용하고, 둘째, 정당 내의 계파와 엘리트들이 정책이나 정당의 공직 후보, 당직 등을 놓고 경쟁하는 상호작용이 일정한 규칙하에서 반복됨을 의미한다. 스웨덴의 사회민주당을 보면 제도화된 정당의 모습을 쉽게 이해할 수 있다. 사민당은 세세한 내용이 바뀌더라도 큰 틀에서 사민주의와 복지국가를 중심으로 하는 정책 대안을 가지고 노동조합이라는 이익집단과 노동계급 출신 지지자를 대표하며, 당 엘리트와 공직 후보의 충원이 정기적이고 규칙적으로 이루어지고 있다.

개별 정당들의 제도화는 시민들이 정책 선호가 대의민주정의 공공정책으로 더 잘 연결되도록 도움을 준다. 한정된 정치생명을 가진 지도자가 아니라 지속적인 정당이 선거의 핵심 행위자가 됨으로써 대안 집합의 연속성을 보장할 뿐 아니라, 정치적 책임성이 연속적으로 유지될 수 있다. 또한 정당이 행정부, 입법부, 지방정부 등 여러 단위의 국가조직에서 활동하며 시민과 상호작용하므로, 대의민주정치에서 대표 기능을 효율적으로 만들고 협상에 의한 정책 결정을 돕는다.

한편, 정당체제의 제도화란 정당 간의 상호작용의 제도화를 의미한다. 정당체제 내에 존재하는 정당의 수와 그들이 대표하는 사회적 이익의 패턴이 안정적으로 반복되는 균형을 이룬 것이 정당체제의 제도화이다. 즉, 제도화된 정당체제는 정치 경쟁의 중심이 되는 균열의 집합들이 존재하고 그러한 균열에서 서로 다른 이익을 가진 시민의 집단들이 서로 다른 정당과 연결된 특정한 패턴을 갖고 있다. 예컨대 미국의 양당체제는 상당 기간 시장 경제와 작은 정부를 지지하는 경제적 우파와 임신 중지와 동성혼을 금지하고자 하는 사회적 보수를 대변하는 공화당을 한 축으로, 상대적으로 정부에 의한 경제적 재분배를 지지하는 경제적 좌파와 사회적 이슈에 대한 개인의 결정권을 존중하는 사회적 좌파를 대표하는 민주당을 다른 한 축으로 하여 50대 50에 가까운 경쟁을 하는 상호작용의 패턴이 만들어져 있었다. 반면 60-70년대의 독일은 사회적 보수파와 독일식 시장경제를 내세우는 기민당이 한 축에서, 사민주의, 복지국가 강령으로 노동자 계급을 대표하는 사민당을 또 다른 한 축에서 중요한 지위를 차지하고 있었지만, 어느 당도 의회선거에서 과반수를 얻지 못하는 패턴을 갖고 있었다. 개인주의와 시장주의를 대표하는 자유당이 5% 이상의 득표를 하며 연합정부를 만드는 정당체제가 제도화되어 있었던 것이 당시 독일의 모습이었다.

이런 제도화된 정당체제는 시민이 정치에 참여하고 선거에서 투표를 할 때 자신이 가진 정치적 기회의 집합을 명확히 인식하게 할 수 있다는 점에서 바람직하다. 즉 잘 정의된 정당체제가 있을 때, 투표자는 자신의 투표가 어떤 정치적 결과와 연결될지에 대해서 보다 나은 정보를 가진다. 예컨대 민주·공화 양당제의 미국에서 집권 민주당 정부를 심판하고 싶다면 유권자는 공화당에 투표하면 된다는 것을 안다. 스웨덴의 시민이 투표할 때, 정부의 구성이 결국 사민당 정부이거나 우파 연합 정부 중 하나일 가능성이 높다고 예측하고 투표할 수 있는 것도 안정적으로 제도화된 정당체제가 있기 때문이다.

이제 두 가지 수준의 정당정치 제도화를 명확히 구분하고 나서 앞서 연구자들이 주장한 한국 정당정치의 문제점을 다시 살펴보자. 김용호가 평가한 네 항목을 보면, 첫 번째 항목은 정당체제의 제도화의 문제이고 나머지 세 항목은 개별 정당의 제도화의 문제를 일반화시켜 말한 것임을 알 수 있다. 따라서 김용호의 분석을 다시 서술하자면 한국의 지역구도 양당제는 정당체제 수준에서 일정하게 제도화되었다고 할 수 있으나, 개별 정당 수준의 제도화가 크게 부족하다는 것을 알 수 있다. 또 김용호는 양당제의 투표 패턴의 안정화가 정책이 아닌 지역균열의 경쟁이라는 점에서 그 부정적인 측면을 부각하였지만, 민주화 이후 최초의 정권 교체를 비롯하여 정부 책임성과 정치체제의 경쟁성이 확보될 수 있었던 데에 양당 경쟁의 제도화가 기여했다는 점 또한 놓쳐서는 안 될 것이다.

현재의 한국 정치를 이해할 때, 양당제의 진영화와 양극화가 심각한 문제로 종종 고려된다. 이렇게 제도화된 양당체제가 추후 이야기할 현재의 균열 구조를 반영하지 못하고, 소수의 이익이나 견해를 대표하지 못하는 문제가 있다. 따라서 새로운 정당체제로의 변화를 개혁의 중요한 화두로 삼을 수 있을 것이다. 그러나 이는 정당체제의 제도화 문제라기보다는 제도화된 하나의 형태에서 다른 형태로 이행(transition)하는 문제라고 인식할 필요가 있다. 따라서 현재 양당제의 패턴이 시민에게 정치적 기회를 주고 있음이 명확히 인지되어야 하고 개혁으로 이행할 새로운 정당체제가 무질서한 비제도화의 영역으로 가지 않고, 새롭고 더 나은 기회를 주어야 한다는 점이 충분히 고려되어야 한다.

IV. 한국 정당의 자율성

한국에서 정당은 헌법과 정당법에 의해 규정된 조직이지만, 정당의 설립과 유지는 궁극적으로 시민의 선택이라는 점에서 결국 정당은 시민의 자발적인 정치적 결사라고 할 수 있다. 민주주의의 규범적 정낭성은 단순히 특정한 시점에서 다수파의 견해가 관철되는 것에서만 나오는 것이 아니라, 무엇이 다수의 의견인지를 찾아가는 과정에서 자유로운 의견의 형성 과정이 있어야 한다. 그런 점에서 정책을 내세우고 선거에 후보를 내고, 정부 조직 내에서 연합을 형성하여 행동하는 정당 활동의 자유야말로 정치적 자유권의 핵심에 속한다고 할 수 있다. 따라서 시민의 자발적인 정치조직으로서의 정당은 외적 개입으로부터 자율성을 가져야 한다는 것은 일단 중요한 원칙이다.

한국 정당법에 대한 가장 큰 비판은 정당법이 정당의 자율성을 지나치게 해친다는 것이다. 예컨대 박명호(2015)는 전국에 걸쳐 5천 명 이상의 당원을 확보해야 하는 등 지나치게 강한 정당의 설립 요건이 자발적 결사로서의 정당을 조직할 자유를 헤치고 결국 정당의 기능을 약화시킨다고 비판한다. 강원택(2022) 역시 지구당 폐지와 관련하여 정당 조직의 형태를 정당원들이 스스로 결정하는 것이 아니라 법으로 강제한다는 것의 문제점을 지적한다. 그에 의하면 정당 조직의 형태를 법으로 제한하는 것은 정당정치의 자율성을 해치고 정치적 상상력을 억제하는 부정적 효과를 가진다. 이런 주장들에서 정당의 자율성은 정당 활동에 대한 정당 외부에서 오는 간섭으로부터의 자유, 특히 법적 규제를 통한 국가의 간섭으로부터의 자율성을 의미한다.

윤왕희(2023)의 최근 연구는 위와 같은 자율성의 개념을 정당의 '대외적 자율성'이라 칭하고 이와 독립적인 '대내적 자율성' 역시 중요함을 주장한다. 그가 연구한 공직선거법 제47조 제2항의 폐지 과정은 이 두 가지 자율성 간에 트레이드오프가 존재할 수 있음을 잘 보여준다. 2020년 선거를 앞두고 준연동형 비례대표제를 도입한 선거법 개정이 이루어지면서, 비례대표제의 확대가 소위 '밀실 공천'의 문제와 연결되지 않기 위해 비례대표의 정당공천에 대한 법적 규정을 강화하게 된다. 이때 개정된 공직선거법 제47조 제2항은 정당이 민주적 심사 절차를 거쳐 선거인단의 투표 절차에 따라 추천할 후보자를 결정해야 한다고 규정하였다. 또한 그러한 선출의 절차를 정당 내부 규칙으로 명문화해야 하고, 그 내용을 중앙선관위에 제출하여야 하며, 민주적 선출 과정을 증명하는 자료들을 첨부하여야 하도록 명시하였다.

잘 알려져 있듯이 이 당시 준연동제로의 선거법 개혁은 거대 양당이 위성정당을 창당함에 따라 원래 의도된 효과를 거두지 못했으며, 실질적 의미에서 실패했다고 할 수 있다. 윤왕희가 논문에서 상술하듯이 이때 졸속으로 창당된 위성정당들은 제47조 제2항의 규정을 지킬 역량이 없었고, 사실상 불법으로 공천이 이루어졌으며 그러한 과정이 두 주요 정당의 암묵적 담합에 의해 이루어짐에 따라 선관위 또한 불법을 방치하였다. 그 후 21대 국회에서 선거법의 개정은 22대 선거가 불과 석 달이 남지 않은 이 글을 쓰는 시점까지 표류하고 있지만 유독 제47조 제2항의 민주적 절차에 따른 비례대표 추천 절차에 대한 상세한 규정만은 신속한 합의에 의해 폐지되고 개정 이전의 내용으로 되돌려졌다. 윤왕희(2023, 271)가 인용한 당시 법안심사소위원회 회의록에 따르면 각 당의 의원과 전문위원, 그리고 선관위까지 이 조항의 삭제에 동의한 명분은 정당의 후보 추천 과정에서 당내 의사결정의 자율성을 존중해야 한다는 것이었다.

윤왕희는 이러한 주장들이 정당의 대외적 자율성만을 중시하고 대내적 자율성에 대한 훼손을 간과한다고 비판한다. 독일의 비례대표 공천 과정이 매우 세세하게 법적 절차로 규정되어 있음을 예로 들며, 이러한 공천의 절차가 실제로 선거구별 정당조직이 내부적 자율성을 갖고 활동할 수 있도록 돕는다는 것이다.[2]

그렇다면 정당의 대내적 자율성은 어떻게 정의될 수 있을까? 윤왕희의 논문은 대내적 자율성에 대한 엄밀한 정의를 제공하지는 않는데 대체로 그 논문에서 자율성은 정당의 부문 조직들이 정당의 중앙에 대해 가지는 자유를 의미하는 것으로 보인다. 즉 정당 민주주의 또는 정당 내적 결정의 분권화와 거의 유사한 용어로 정당의 대내적 자율성이란 용어가 사용되고 있다. 반면 나는 정당의 '내적 자율성'을 정당 조직

2　대부분의 민주주의 역사가 긴 나라에서 정당에 대한 법적 규제는 최소한에 머무르고 있는데 독일은 이 점에서 예외적이다. 이에 대해서는 장선화(2015)의 비교 연구를 참조할 것.

이 정당 내의 특정 행위자나 계파로부터 독립되는 것을 지칭하는 용어로 사용하고자 한다. 제도 또는 기관으로서의 정당이 내부의 특정한 지도자나 현재의 당권을 장악하고 있는 계파의 그때그때 의사로부터 독립적일 수 없다면 그러한 정당은 내적 자율성을 결여하고 있다고 말할 수 있다. 예컨대 3김 시대 정당의 기구나 절차는 사실상 정당 지도자의 의지를 반영하는 역할 이상을 하지 못했고, 필요하다면 정당의 지도자가 언제나 절차 자체를 바꿀 수도 있었다. 따라서 당시의 한국 정당들은 내적 자율성의 수준이 아주 낮았다고 하겠다. 이렇게 내적 자율성의 개념을 정의한다면, 정당 조직의 분권화는 정당 자율성이 실현되는 한 형태라고 생각할 수 있다.

정리하자면 정당의 외적 자율성은 자발적 조직으로서의 정당이 국가로부터 갖는 자율성을 의미하고 내적 자율성은 정당 조직이 내부의 정치행위자로부터 갖는 독립성을 의미한다. 이 두 자율성이 반드시 같은 방향으로 움직인다고 볼 근거는 없다.

이렇게 외적 자율성과 내적 자율성을 구분한 관점에서 본다면 현재의 한국 정당들은 어떻게 평가될 수 있을까? 앞서 여러 연구자들이 지적했듯이 정당법 등의 규제가 정당의 설립과 지구당과 같은 조직의 형태 등을 세밀하게 규제하는 이상 한국 정당은 외적 자율성이 취약하다고 보아야 할 것이다. 또한, 정당의 많은 결정들이 당권을 장악하거나 대선 후보가 된 지도자들의 그때그때 결정이나, 계파의 힘에 의해 좌우되는 정도로 내적 자율성도 취약하다고 할 수 있다. 내적 자율성은 앞 절에서 다룬 개별 정당의 제도화와 깊은 관련이 있다. 지도자, 계파 등의 정당 내 정치 행위자들이 특정한 제도적 규칙하에서 경쟁하고 그 규칙들이 특정 행위자로부터 독립되어 있을 때, 내적 자율성이 갖추어진다고 할 것이다. 한국 정당의 내적 자율성의 취약성은 결국 정당 제도화의 미약함과 같은 이야기이다.

이제 다음 절에서 한국의 정당이 자율성과 제도화 모두에서 더 나은 진전을 가져올 수 있는지 이론적 조망을 해 보고자 한다.

V. 제도화와 자율성의 딜레마: 한국 정당의 정치환경과 개혁에 대한 이론적 조망

바람직한 정당과 정당체제가 시간과 공간을 초월하여 존재한다고 보기는 어려울 것이다. 현재의 시점에서 한국 정치에 바람직한 정당 개혁의 방향은 현재 한국 정치의 상황에 따라 다를 수 있다. 정당개혁 또는 정당체제 개혁과 관련해 한국 정치경쟁 환경의 중요한 특징으로 두 가지가 있다.

첫째, 한국 정치의 균열은 다차원적이다. 즉 궁극적으로 시민의 정치적 지향이 경쟁하는 이슈가 진보-보수와 같은 일차원적으로 설명되지 않는다. 예컨대, 복지 이슈, 젠더 이슈, 남북 관계 및 외교·안보 이슈, 지역 갈등의 이슈 등이 상호 독립적이면서 또한 중첩되며 시민들의 정치적 선호·견해·지향점의 차이를 만들어 낸다. 과거 한국 정치에서는 경제 문제에 대한 정치적 입장과 남북한 관계에 대한 정치적 입장 간의 상관관계가 아주 강하였고, 따라서 일차원 모형의 설명력도 높았다. 지역주의가 경쟁을 다차원적으로 만들었지만, 지역 투표 성향이 대통령 선거의 승패나 의회의 과반수 당을 결정하지는 못하였기 때문에 일차원 모형이 중요한 정치적 변화를 상당히 설명할 수 있었다. 그러나 이슈 간 시민들의 입장의 상관관계는 낮아졌고 정치적 행위에 실질적 영향을 미치는 이슈의 수는 많아진 현재의 시점에서 일차원 모형은 더이상 설명력을 갖지 못한다.

둘째, 한국 정치의 균열 구조는 동적이다. 즉, 정치적 균열이 시간의 변화에 대해 항상성을 갖기보다는 비교적 빠른 속도로 변하고 있다. 물론 여기서의 속도는 상대적인 개념이라고 할 수 있지만 어쨌든 서구 정당정치의 전성기에 수십 년 이상 노동-자본과 같은 대표적인 균열이 반복적인 정치경쟁을 일으켰던 것과 다른 상황임은 분명해 보인다. 상이한 정치적 경험을 가진 유권자의 세대교체가 일어나고 있으며 빠른 기술 수준과 지구화로 인한 일자리 구조의 변화, 정보화로 인한 문화적 변화 속도 등이 이러한 경향을 만드는 것으로 보인다. 사실 이 두 가지 특징은 한국에만 국한된 것도 아니라 할 수 있다.

균열의 차원이 다차원적이라는 것은 민주적 정치경쟁에서 중요한 의미를 갖는다. 민주적 정치과정은 공공정책의 최종적 결정에 있어 다수결적 속성을 띠게 되고 그에 따라 최소 과반(minimum majority)에 해당하는 51%의 연합 형성은 민주 정치의 중심적 지위를 차지하고 있다. 이는 반드시 과반수 득표로 공직자를 당선시키는 선거제도를 가진 체제에만 국한된 이야기가 아니다. 한국처럼 최다득표제(plurality rule) 중심의 선거제도를 갖더라도 승리를 위한 후보 단일화 등의 압력 등을 보면 결국 51%를 목표로 한 이합집산이 만들어짐을 볼 수 있다. 또한 다수제적 선거제도가 아니라 비례대표제를 통해 의회의 대표들을 선출한다고 하더라도, 결국 정부를 구성하고 입법을 하기 위해서는 의회 내의 과반수가 필요하게 되어서 역시 51%의 연합을 만들어내는 것이 정치 세력들의 핵심적 목표가 될 수밖에 없다.

이렇게 정치경쟁에서 승리연합의 기준이 궁극적으로 과반수일 때, 일차원적 균열과 다차원적(즉 이차원 이상의) 균열은 근본적인 차이를 가진다. 일차원적 경쟁에서는 중위투표자(median voter)의 최적점(ideal point)이 지배적인 위치를 차지한다. 블랙(Black 1958)은 유권자들의 선호가 일차원일 때, 중위수 투표자의 최적점이 다른 모든 대안을 과반수로 이기는 콩도르세 승자임을 보였다. 이러한 특징은 구체적인 정치과정에 대한 이론에도 그대로 적용되어서 호텔링(Hotelling 1929)과 다운스(Downs 1957)는 양당 경쟁 선거의 균형에서 중위수 투표자의 최적점이 선택됨을 보였고, 조와 더건(Cho and Duggan 2009)은 의회 협상 게임의 균형에서 중위수 의원의 최적점이 선택됨을 보였다. 이런 모형에 기반한 이론들의 예측에 의하면 일차원 경쟁 모형은 결국 시민의 정책 이념, 선호, 이익으로부터 최종적 정책 결과가 정해진다고 할 수 있다.

그러나 다차원적 경쟁에 대해 모형들이 주는 예측은 전혀 다르다. 플롯(Plott 1967)은 다차원의 정책공간에서는 어떤 정책에도 자신을 과반수 투표에서 이기는 다른 정책이 있음을 보였다. 더 나아가 맥켈비(McKelvey 1976)와 스코필드(Schofield 1978)의 연구는 그러한 과반수 투표 사슬의 결과가 최종적으로 정책 집합 어느 곳에 도달할지가 완전히 임의적임을 증명했다. 즉, 일차원과 전혀 다르게 다차원적인 경쟁에서 균열 구조 그 자체는 최종 정책에 대해 충분한 예측력을 갖지 않는다.

그렇다면 이러한 불안정한 다차원의 정치 경쟁 환경에서 안정성을 부여하는 것은 무엇인가? 많은 학자들은 그 답을 구체적인 제도적 절차로부터 찾았는데, 그와 별도로 정당이 그러한 기능을 한다는 것 역시 유력한 설명이다. 예컨대 폭스(Fox 2006)는 의회 정당을 내생적으로 설명하는 모형에서 다차원의 정치경쟁에서 의회의 의원들이 안정적인 연합을 형성할 인센티브를 가짐을 보였다. 그런데 이러한 설명들은 기본적으로 가능성에 의지하는 설명이다. 즉 과반수 선호에 의해 안정적 위치를 차지하는 포지션이 없는 상황 속에서도 각 집단이 지속적인 연합을 형성할 인센티브가 있다는 것을 보여줄 뿐, 그러한 연합이 반드시 안정적이어야 할 이유를 주지는 않는다. 즉 어떤 안정적 연합으로서의 정당도 그 정당의 정강을 과반수로 이길 수 있는 다른 정책이 존재하는 상황에서 계속 안정을 유지한다고 보기는 쉽지 않다.

뿐만 아니라, 정치적 균열이 동적으로 변한다면 설사 일정한 정치적 집단들이 특정한 포지션을 정강으로 채택하고 정당이라는 형태로 연합을 구축했다 하더라도 균열의 구조가 변동하는 순간 더 이상 약속된 포지션은 승리를 보장하지 못할 수 있다. 그럴 때, 계파의 이익이 갈라진다면 정당이 지속하기는 쉽지 않을 것이다. 따라서, 공간모형 이론들의 예측에 의존하여 판단한다면, 정치적 지향의 균열이 다차원적이고 동적으로 변한다면 과거의 서구에서 보였던 그런 형태의 제도화된 정당체제를 목격하기는 쉽지 않을 것이다. 즉 균열구조의 특정한 이익과 정치사회의 특정한 정당이 연결된 여러 정당의 체제가 수십 년간 안정된 패턴을 보일 것을 기대할 수는 없다.

그렇다면 제도화된 정당체제는 어떠한 것이어야 하는가? 특정한 시점마다 사회 이익을 분화하여 대표하며, 시간적 변화에 따라 새롭게 등장하거나 갈라지는 사회적 이익을 포용하며 진화하는 동적인 균형이 곧 정당체제의 제도화가 될 것이다. 이러한 균형에서는 결국 개별 정당의 지속성은 고정된 동일한 이익을 대표하는 존재로서의 지속성이 아니라, 정책적 연합의 변화를 통해 바뀌는 갈등 구조에 대응하는 정치적 행위자로서의 지속성을 가질 수밖에 없다. 따라서 UCLA 학파가 말하는 사회 집단의 연합으로서의 정당보다는 국가와 사회를 매개하는 연결체인 정치조직으로서의 정당을 파악하는 것이 더욱 중요하다고 할 수 있다.

이러한 동적 균형에서 제도화된 정당의 역할은 여전히 결정적이다. 사회에 존재하는 이익은 원자화된 형태로는 대표될 수 없다. 유사한 이익들 간의 조정이 정책적 대안에 의해 만들어질 때 공적 결정에 사회적 이익이 반영될 수 있고, 그 과정이 정치사회의 조직화와 조직 간의 경쟁과 타협을 통해 일어나야 한다. 정당을 통해 새로운 균열이 시민의 의사 형성 과정에서 가능한 대안들의 선택 문제로 전환되며 또한 정당들이 만드는 경쟁의 패턴에 의해 시민들에게 정치적 기회가 주어진다.

다차원의 균열에 의해 정책적 방향이 안정적 균형을 유지하지 못하고 정치경쟁의 승리연합이 불확실하게 변동하는 상황에서 우선 피해야 하는 상황은 특정한 사회적 갈등이 정당체제 내에서 반영되지 못하는 경우이다. 특정한 소수의 이해가 정당체제에 대표되지 않으면 정치체제 전반의 규범적 정당성이 하락하며 그에 따라 정치체제 자체의 안정성 또한 떨어진다. 기존 정당에 자신의 이익이 반영되지 못한다고 생각하는 시민들이 정당 외적 정치 행위로 자신의 선호를 표현할 가능성이 높고, 이는 다시 정당의 바깥에서 정치 지도자가 성장하고 외부자의 시선으로 매개 없는 정치를 추구할 수 있다.

따라서 정당개혁의 첫 번째 방향은 다양한 소수의 이익이 배제되지 않고 대표되는 정당체제를 만드는 것이다. 즉, 정당체제가 개방성과 포용성을 가지도록 해야 한다. 이를 위해서는 신생정당을 수립할 비용을 낮춰서 배제될 수 있는 소수가 독자적 조직화를 할 수 있는 가능성을 높여야 한다. 물론 여기서 독자적 조직화란 단순히 형식적 정당 설립만을 의미하는 것이 아니라 실질적 정치세력화를 의미한다. 경쟁력 있는 소수 정당이 만들어지는 비용이 낮다면 기존 정당이 특정한 이익을 배제할 수 있는 능력이 약해지고 결과적으로 기존 정당체제가 새로운 균열로 탄생하는 소수의 이익을 반영하고자 노력을 기울일 수 있다.

이러한 취지에서 몇 가지 구체적인 개혁의 방향을 고려해 볼 수 있다. 첫째, 현재 정당법에 규정되어 있는 정당 설립의 요건은 지나치게 엄격하다. 정당법상 정당은 중앙당을 수도에 두어야 하고(제3조), 5개 이상의 시·도당을 가져야 하며(제17조), 시·도당은 천 명 이상의 당원을 확보해야 한다(제18조). 이는 애초에 정당의 등록부터 전국적 단위로 조직되기 어렵거나 특정한 규모 이상으로 출발할 수 어려운 소수의 이익이나 정치적 방향을 배제하는 것으로, 결사의 자유 침범이라고까지 비판할 수 있는 규정이다. 한 지역에서만 당선자를 내어도 정당이 의회에 대표자를 보낼 수 있는데, 전국 조직을 강제할 이유가 없다. 또한 앞 문단에서 말했듯이 소수가 정당을 조직할 수 있는 비용을 줄이기 위해서는 지금처럼 등록을 위한 조직의 최소 규모가 지나치게 커서 정당 설립을 위한 문턱을 높여서는 안 된다. 이러한 정당 설립 요건을 대폭 완화하여 결사의 자유를 확대하고 지역당, 군소정당의 설립 가능성을 높이며 거대정당이 소수 이익을 포괄할 인센티브를 강화해야 한다.

둘째, 동일한 취지에서 정당의 강제적 등록 취소 규정 또한 재고해야 한다. 현재 정당법 제44조 3항은 국회의원 선거에서 의석을 얻지 못하고 유효투표수의 2%를 득표하지 못한 경우 정당의 등록이 취소되도록 하고 있다. 이는 소규모의 정당이 초창기에 실패하더라도 동일한 이름과 조직을 지속하면서 갈등과 이익을 동원할 가능성을 차단함으로써 정당체제의 개방성과 포용성을 낮추는 규제라고 할 수 있다. 이 조항을 폐지하여 소수 정당의 발전 가능성을 열어 두어야 한다.

셋째, 소수 정당이 조직하고 활동할 뿐만 아니라, 의회로 진출할 가능성을 높일 필요가 있고 이를 위해서는 선거제도의 개방성을 높여야 한다. 국회를 기준으로 볼 때, 의원 수 300을 기준으로 유효투표와의 단순 비례를 고려하면 1%의 득표율로도 의석을 얻을 수 있어야 하지만 현행 선거제도에서는 그게 불가능하다. 소수파에게 절대적으로 불리한 최다득표제 위주의 선거제도이기 때문이다. 의원 정수를 늘리고, 비례성이 높은 제도를 채택하거나, 소수 정당이 직접 대표되지 않더라도 그 정책적 내용이 연합의 형태로 포괄될 수 있는 순위투표제 등으로의 선거제도 개혁을 통해 정당체제의 포용성을 높일 필요가 있다.

넷째, 당원의 자격에 대한 규제를 줄이고, 정부의 정책에 영향받는 대다수의 사람들이 정당활동을 할 수 있도록 해야 한다. 공무원과 교원도 정치활동의 자유라는 기본권을 가져야 하며, 또한 지방선거에 투표권을 갖는 외국인에게도 정당활동의 자유가 주어져서 정치사회가 시민사회를 포괄하는 범위가 넓혀져야 한다.

이어서 두 번째 개혁의 방향으로 정당의 자율성이 강화될 필요가 있다. 다양한 이슈와 균열로 갈등의 양상이 복잡하고 또한 그러한 양상의 시간적 변동성이 강하다면, 새로운 이슈나 갈등, 선호가 정당에게 쉽게 포착되고 정당이 이를 동원할 수 있는 기제를 마련할 수 있어야 한다. 이를 위해서는 정당이 시민 속에서 활동가를 충원하며 매개체의 역할을 하는 것에 많은 제약이 있어서는 안 된다. 사회에서 상호작용하며 정치적 내용을 생산하고, 시민을 설득하고, 정당 활동가나 잠재적 공직 후보를 육성하는 활동에 많은 규제를 가하게 되면 정치적 상상력과 다양성을 제한한다. 이는 결국 포괄할 수 있는 균열의 집합을 제약하고 체제의 대표성을 떨어뜨린다. 따라서, 시민과의 접촉 활동에 있어서 정당의 외적 자율성을 한층 향상시키는 개혁이 필요하다.

이를 위해서 첫째, 정당의 지역 활동을 비용이나 부패의 가능성 측면에서만 바라보는 관점을 버리고 지구당을 되살려야 한다. 2004년 정치개혁으로 명명되었던 지구당의 폐지는 지역구를 중심으로 선출되는 대표체계에서 정치사회와 시민사회가 상호작용할 수 있는 기제에 대한 대안없이 단순히 비용의 측면에서 정치개혁을 바라본 본말이 전도된 입법이었다. 정치적 대표의 정치적 판단이나 정책적 내용이 대표하는 시민의 이익이나 선호에 뿌리내리고, 특히 변동하는 지역 내의 균열을 반영하기 위해서는 지역 활동에 광범위한 자유가 부여되어야 한다.

둘째, 현행 공직선거법은 선거운동의 자유를 지나치게 제한하고 있는데 이에 대한 개혁이 필요하다. 정당활동의 핵심은 선거운동에 있고 선거운동의 방식으로 정당이 시민을 동원하고자 하고 시민이 참여하는 것을 통해 정치적 갈등이 대의민주체제에 포괄된다. 선거운동의 기간을 통제하고, 선거운동에 대한 다양한 형태의 정치적 표현의 자유를 규제하고 있는 법규들은 대부분 폐지해야 한다.

한편 세 번째 개혁의 방향으로 정당의 내적 자율성에 대해서는 조금 다른 접근이 필요하다. 다차원 균열이 잦은 변화를 일으킬 때 개별 정당은 내적 지속성을 유지하는 데 어려움을 겪을 수밖에 없다. 정당의 우기는 흔히 당원 수의 감소, 선거별 투표 변동성의 증가 등으로 측정되는데(강원택 2022), 이러한 현상의 한 원인에는 균열 구조의 변화가 있다. 변동하는 정치환경 속에서 정당이 살아남기 위해서는 정책적 지향의 부분적 개편과 충원되는 당원 지지자의 지속적 변화를 통한 적응이 필요하다. 그런데 이렇게 새로운 수요에 대응하면서 여전히 제도화된 정당으로 남으려면, 정당이 내적 절차의 안정화를 통해 단기적으로 정당 내부 구성이 변화하더라도 정당 조직이 특정한 내부 행위자에 종속되지 않을 수 있어야 한다. 다시 말해서 그동안 한국 정당정치의 난점이었던 개별 정당 수준의 제도화를 이루기 위해서는 내적 자율성이 필요하고 그를 위한 핵심적 과제는 정당 내부 의사결정과정의 상설화·안정화이다. 당 지도부 선출, 주요 공직 후보 선출 등과 같은 핵심적 내부 의사결정의 절차가 당헌에 명문화되고 한 때 당권을 장악한 계파 연합에 의해 그러한 절차가 변경되지 않을 수준으로 안정화될 때, 정당은 내적 자율성을 얻을 수 있다.

여기서 외적 자율성과 개별 정당 제도화 간의 딜레마가 등장한다. 나는 앞서 말한 내적 자율성을 통한 정당의 제도화가 특정한 영역에서의 외적 자율성과 양립하기 어려울 것이라고 예측한다. 그 이유는 정당이 근본적으로 가입과 탈퇴가 자유로운 자발적 조직이고 정치적 균열이 다차원적이며 변동성을 갖는 데에 있다. 예컨대 특정한 정당이 대통령 후보 선출을 위한 제도를 당헌에 명문 규정으로 만들고, 그 규정은 당내 과반수에 의해서도 바꿀 수 없게 만들었다고 가정해 보자. 그런데 정치적 상황이 변화하여 그 정당의 특정한 계파는 자신들이 지지하는 대통령 후보를 현재의 규칙으로는 당의 후보로 만들기가 어려운 상황이라고 하자. 동시에 정치적 균열이 다차원이기 때문에 이 계파가 이 정당의 바깥에 있는 세력과 새로운 연합을 형성하여 현재의 후보 선출 과정을 준수해서 패배하는 것보다는 더 나은 정치적 이익을 보는 것은 가능할 것이다. 이럴 때 이 계파가 대선후보 선출의 규칙을 바꿀 것을 요구한다면 반대 세력에서 이를 받아주지 않기는 힘들다. 이 계파가 탈당하는 것을 막을 강제 규칙은 어디에도 존재하지 않기 때문이다. 결국 절차를 지속적으로 지키겠다는 것은 신뢰할 수 있는 약속(credible commitment)이 되지 못한다. 따라서 개별 정당의 제도화는 정당의 자율적 결정만으로 이루어지기 어렵고, 중요 정당의 주요 공직 후보 선출의 방식을 법률로 정하는 형식 등이 필요할 수 있다.

의석수, 득표율, 혹은 국고보조금이 일정 이상이 되는 정당에 대해 공직 후보 선출의 방식을 법률로 규정하는 것을 통해, 각 정당이 사전적으로(ex ante) 특정한 영역에서 자신의 손을 묶음으로서 스스로 그때그때 상황에 따라 규칙을 변경하지 못하게 하는 것을 고려해 볼 만하다. 이것이 장기적으로 개별 정당의 제도화를 높이고 정당체제가 내용적으로 변화에 적응하면서도 항상성과 안정성을 가질 수 있는 한 방안이 될 것이다. 그런데, 이는 물론 정당의 외적 자율성을 침해하는 것으로 시민의 자발적인 조직에 대해 특정 영역에서 강한 규제를 하는 것이다. 그러나 이런 규제는 공적 제도로서의 정당 기능을 고려할 때 정당화된다고 본다.

구체적으로 어떠한 형태의 규제가 되어야 할지는 선거제도의 변화에 따라 다를 것이다. 기본적인 형식은 당내 민주주의를 확대하고 정당의 폐쇄성을 줄이는 방향성을 유지하는 것이 정당체제의 개방성을 유지하면서 안정성을 부여하는 방식이 될 것이다. 선거제도가 소선거구-최대득표제를 중심으로 유지된다면, 과거 선관위에서 제안한 바 있고, 미국의 몇몇 주들에서 시행하고 있는 법제화된 예비선거의 형태가 고려될 수 있다. 반면 비례대표제를 중심으로 한 선거제도 개혁이 이루어진다면 정당의 명부를 정하는 과정에 대한 요건과 절차를 독일과 비슷하게 법제화하는 방식을 고려할 수 있다.

외적 제도화에 의해 정당의 내적 자율성을 높일 때, 정당의 이합집산 대신 정당 내의 경쟁이 제도화될 수 있다. 이는 동일한 정당이 특정한 기간 동안 지속적으로 경쟁하는 패턴을 만들어주고 그에 따라 시민은 자신의 정치적 기회를 알고 선거 등에 참여할 수 있다. 정당체제가 양당제가 아니라 다른 체제로 변한다 하더라도 이 원리는 마찬가지다. 빠른 사회적 균열들이 인물들의 명멸이나 하루살이 정당들의 이합집산의 체제를 낳는다면 시민이 합리적 판단을 통해 대표와 정부를 선택하는 역량이 하락한다. 현재의 환경에서 이러한 결과를 막기 위해서는 정당의 내부 경쟁이 제도화될 필요가 있고, 이는 정당의 자발적 결정으로 이루어지기 어려운 것으로 보인다.

VI. 결론

나는 이 글에서 현재의 한국 정당정치를 분석하고 대안을 처방하는 데 필요한 정당 제도화와 자율성의 개념을 살펴보고 그를 통해 한국 정당 개혁이 가야 할 방향을 이론적으로 논하였다. 정당은 시민의 자발적 결사이면서 동시에 대의민주주의 정치체제에 필수적인 공적 제도이다. 이러한 이중적 성격 때문에 한편에서는 기본권인 정치활동의 자유 차원에서 정당의 자율성이 보장되어야 하지만, 또 한편에서는 정당이 실질적으로 대의민주주의의 과정에서 기능할 수 있는 제도적 여건이 마련되어야 한다.

이 글에서는 한국 정당을 둘러싼 환경이 복잡하며 변동하는 정치적 균열로 특징지어진다고 보았다. 이러한 상황에서 정당은 어떤 영역에서는 지금보다 훨씬 강한 자율성을 보장받아야 하며, 다른 영역에서는 정당에 대한 법제화된 개입이 필요하다고 주장하였다. 구체적으로, 새롭게 등장하는 다양한 소수의 이익들을 대표할 수 있을 만큼 신생정당의 창당이나 의회진출에 대한 진입장벽이 약화되어야 하고, 기존 정당이 새로운 이익을 받아들이기 쉬울 만큼 조직 운영에 자율성을 주어야 한다. 즉 정당의 설립과 정치활동이라는 측면에서는 국가에 의한 정당의 규제가 줄어야 하고 정당은 강한 대외적 자율성을 가져야 한다.

그러나 그러한 외적 자율성만으로는 개방적이면서도 안정적인 정당 제도화를 이룰 수 없다. 개별 정당 수준에서 제도화를 이루기 위해서는 정당의 주요 의사결정과정이 한시적 당권을 가진 계파로부터 독립되어야 한다. 그러나 현재의 정치환경으로 볼 때 이러한 대내적 자율성은 오직 정당의 몇몇 의사결정이 국가에 의해 강제될 때만 즉 대외적 자율성이 일정하게 희생될 때만 얻어질 것으로 판단된다.

민주주의 과정은 다양한 개인의 선호가 반영되어 공적 결정으로 만들어지는 과정인데, 이러한 과정은 단순히 원자화된 개인 선호의 직접적 취합으로 이루어질 수는 없다. 유사한 이익이 특정한 균열의 횡단면, 종단면을 만들며 대표되고 다른 이익들과 타협하는 전략적 조정의 과정이 필요하다. 이를 위해서는 정당이 필요할 뿐만 아니라, 최소한의 시기 동안 항상성을 유지할 수 있는 정당체제 또한 필수적이다. 현재 한국의 정당과 정당체제는 두 가지 측면에서 위기를 맞고 있다. 한 편에서는 거대 양당 중심의 진영 정치가 생산적 정책 대립을 가로막는다는 비판이 가해지고 있지만, 또 다른 한 편에서는 거대 양당조차도 정당 외적 정치에 취약하고 시민사회에 대한 영향력을 잃어가고 있다. 이를 위해서는 정당정치에서 동원되지 못하는 갈등과 포괄되지 못하는 이익을 수용할 수 있도록 정당체제의 개방성을 늘려야 한다. 그러나 또한 시민이 자신의 선호를 표출할 뿐만 아니라 자신의 문제를 해결할 수 있는 정치적 기회를 갖기 위해서는 일정하게 반복되는 정치경쟁의 패턴이 필요하며, 이를 위해 정당체제의 안정성도 필수적이다. 한국의 민주주의는 정당체제의 개방성과 안정성을 보장하기 위한 정당개혁을 요청하고 있고, 이를 위해 자율성과 제도화에 대한 더 심화된 고민이 필요하다.

참고문헌

강원택. 2018. "한국 정당 정치 70년: 한국 민주주의 발전과 정당 정치의 전개." 『한국정당학회보』 17권 2호, 5-31.

강원택. 2022. 『정당론』. 서울: 박영사.

김용호. 2016. "민주화 이후 한국 정당정치의 제도화 연구를 위한 예비적 고찰." 『미래정치연구』 6권 1호, 5-25.

박경미. 2013. "한국의 정당개혁 담론 변화와 정당의 적응성." 『한국정치연구』 22집 2호, 27-48.

박명호. 2015. "정당법 10년 성과와 과제." 『의정연구』 21권 1호, 6-29.

윤왕희. 2022. "'비호감 대선'과 정당의 후보 경선에 관한 연구: 경선 방식과 당원구조 변화를 중심으로." 『한국정당학회보』 21권 2호, 83-120.

윤왕희. 2023. "제21대 총선의 비례대표 후보자 공천에 관한 연구: 공직선거법 제47조 제2항의 개정 과정을 중심으로." 『OUGHTOPIA』 38권 1호, 247-283.

장선화. 2015. "한국 정당민주주의의 제도적 특징과 개혁 과제: 독일, 영국, 스웨덴과 비교적 관점에서." 『평화연구』 23권 1호, 47-96.

정진민. 2008 "정당정치의 제도화와 한국 정당의 과제." 『한국정치연구』 17집 2호, 33-53.

정진민. 2011. "정당의 후보선출과 공정성: 유권자정당 모델을 중심으로." 『의정연구』 17권 3호, 145-170.

조원빈. 2019. "정치관계법과 정당체제의 제도화." 『한국동북아논총』 24집 4호, 27-46.

최장집. 2010. 『민주화 이후의 민주주의: 한국 민주주의의 보수적 기원과 위기』. 서울: 후마니타스.

한상희. 2016. "정당정치와 헌법."『일감법학』35호, 395-428.

Aldrich, John H. 1995. *Why Parties?: The Origin and Transformation of Political Parties in America.* Chicago: University of Chicago Press.

Bawn, Kathleen, Martin Cohen, David Karol, Seth Masket, Hans Noel, and John Zaller. 2012. "A Theory of Political Parties: Groups, Policy Demands, and Nominations in American Politics." *Perspective of Politics* 10(3): 571-597.

Black, Duncan. 1958. *The Theory of Committees and Elections.* Cambridge: Cambridge University Press.

Cho, Seok-ju and John Duggan. 2009. "Bargaining Foundations of the Median Voter Theorem." *Journal of Economic Theory* 144(2): 851-868.

Cohen, Marty, David Karol, Hans Noel, and John Zaller. 2008. *The Party Decides: Presidential Nominations Before and After Reform.* Chicago: University of Chicago Press.

Downs, Anthony. 1957. *An Economic Theory of Democracy.* New York: Harper & Row.

Fox, Justin. 2006. "Legislative Cooperation among Impatient Legislators" *Journal of Theoretical Politics* 18(1): 68-97.

Hotelling, Harold. 1929. "Stability in Competition" *The Economic Journal* 39(153): 41-57.

Huntington, Samuel P. 1968. *Political Order in Changing Societies.* New Haven and London: Yale University Press.

Mainwaring, Scott and Timothy R. Scully. 1995. *Building Democratic Institutions: Party Systems in Latin America.* Stanford: Stanford University Press.

Mainwaring, Scott. and Mariano Torcal. 2006. "Party System Institutionalization and Party System Theory after the Third Wave of Democratization." In *Handbook of Party Politics*, edited by Richard S. Katz and William J. Crotty, 204–227. Thousand Oaks, CA: Sage.

McCarty, Nolan and Eric Schickler. 2018 "On the Theory of Parties." *Annual Review of Political Science* 21: 175–193.

McKelvey, Richard D. 1976. "Intransitivities in Multidimensional Voting Models and Some Implications for Agenda Control." *Journal of Economic Theory* 12(3): 472–482.

Plott, Charles R. 1967. "A Notion of Equilibrium and Its Possibility Under Majority Rule." *The American Economic Review* 57(4): 787–806.

Randall, Vicky and Lars Svåsand. 2002. "Party Institutionalization in New Democracies." *Party Politics* 8(1): 5–29.

Schofield, Norman. 1978. "Instability of Simple Dynamic Games." *The Review of Economic Studies* 45(3): 575–594.

5장 대선후보 국민참여경선의 문제점: 프랑스, 한국 비교*

I. 들어가며

정당 없는 민주주의는 존재하지 않는다는 샤츠슈나이더(Schettschnei-der 1960)의 표현대로 현대 대의 민주주의에서 정당의 역할은 매우 중요하다. 무엇보다 대의 민주주의가 정치매개집단을 통한 유권자인 국민의 이익을 집성하여 정치 행위를 위임하는 제도란 점에서 정당은 다른

---

* 이 장의 주요 내용은 필자의 "대선후보 국민참여경선의 문제점과 대안: 프랑스 사례의 한국적 함의를 중심으로." 『한국과 세계』 4권 2호(2022)에 실린 내용을 수정·보완한 것이다.

언론이나, 시민단체보다 강력한 정치집단이라고 할 수 있다. 정치학에서 정당(political party)은 정치적 이상과 견해가 비슷한 사람들의 자발적인 결사체로 정의된다(Heywood 2014). 역사적으로 정당은 정치적 갈등을 민주적으로 해결하는 과정에서 탄생했다(서현진·이수정 2020, 141). 근대 정당의 체계를 정립한 영국과 프랑스에서도 정당은 정치적 갈등에서 집단의 이해관계를 관철하고 집권을 위한 투쟁의 과정에서 발전했다.

일반론적으로 정당을 이야기할 때 몇 가지 중요한 기능을 논한다. 그만큼 정당은 정치적으로 많은 기능을 포함하고 있다. 학자들에 따라서 다양한 정당의 기능을 논의하고 있지만, 일반적 기능은 첫째, 대표(representation), 둘째, 정치 엘리트 충원(political elite recruitment), 셋째, 목표의 공식화(goal formulation), 넷째, 이해관계 결합과 집약(interest articulation and aggregation), 다섯째, 사회화와 동원화, 여섯째, 정부 조직으로 구분된다(Heywood 2014, 470-476).

한편 역사적으로 정당은 대중정당으로 시작해 20세기 포괄정당으로 발전했다. 그러나 모든 민주주의 국가에서 정당정치가 원활하게 작동하는 것은 아니었다. 민주주의 국가 중에서도 일부는 중앙당 내 정치 엘리트들의 단기적 정치 목표에 따라 정당이 이합집산하는 현상이 반복되고 유권자인 국민의 뜻을 대리하지 못한다는 비판에 직면해 있기도 하다. 여기에 20세기 중엽 이른바 정당의 쇠퇴로 이야기되는 정당의 불안정한 구조는 활동 당원의 감소와 유권자들의 정당정치에 대한 불신감을 가중하게 되었다. 이러한 정당 당원의 감소와 참여의 하락이라는 이중고는 현대 정당의 새로운 도전과제가 되었다(송경재 2007; 최장집 2010).

이 과정에서 최근 논란이 되는 것은 정당의 여러 기능 중에서 예비정치인 즉 정치 엘리트를 충원하여 국민의 대표를 양성하는 과정이다. 정당에서 정치 엘리트 형성과 충원의 중요성은 정당이 가지는 국가에 정치 지도자를 제공하는 책임과 연관되어 있다. 무엇보다 정당은 정권을 획득하여 정부를 조직하기 위한 활동을 주로 하지만 이를 위한 기초 토대인 정치인을 육성하는 임무를 수행하기 때문이다. 정당은 정치인에게 교육적인 토대와 숙련된 지식, 경험을 제공하며, 비록 정당의 운명에 의존하는 구조라 할지라도 정치가에게 경력을 제공한다. 이에 정당에서 집권과 정부의 구성이 존재 근거라면 정치 엘리트를 형성하여 이들을 공직에 당선시키는 것이 매우 중요하게 작용한다.

한국에서도 민주주의 이행 이후에 정치 엘리트 충원 방식의 변화가 진행 중이다. 과거 밀실공천이란 이야기가 있을 정도로 소수의 정치 엘리트가 주도하던 정당 공천에서보다 많은 시민과 유권자가 참여할 수 있는 방식으로 변화가 시작된 것이다. 정치이론 차원에서 정당 민주화에서 중요한 외형적인 변화가 민주적 상향식 공천과정의 정립이라면, 내용적인 변화는 한국에서 정당에서 공직 후보자를 선출하는 과정에서 당원과 국민참여가 일반화되고 있다는 것이다. 이는 미국의 정당에서 대통령 후보를 결정하는 다양한 방식에서 수백 년 동안 실현되었고, 현재 많은 민주주의 국가들이 시행하고 있다.

한국에서 실질적인 국민참여경선이 본격적으로 진행된 것은 2002년이다. 당시 16대 대선 경선 때 새천년민주당은 대의원 20%, 당원 30%, 일반 국민 50%를 반영하는 '국민참여경선제'를 실시하였다. 이후 대통령과 광역자치단체, 기초자치단체장과 국회의원 선거에서 일반 국민의 참여 규모와 영향력에 주목하고 주요 정당을 중심으로 공직 후보자 선

출과정에서 당원과 국민참여가 확대되는 추세이다(강원택 2004; 김예원·송
경재 2014). 그러나 한국의 주요 정당에서 일상화되고 있는 국민참여경선
제도는 일부 파열음도 발생하고 있다. 첫째, 논란이 되는 것은 바로 대
통령과 광역자치단체장, 국회의원 선출 때마다 국민경선, 국민참여경선
을 주장하지만, 실제 정당의 구성원인 정당원과 국민참여 간의 비율을
정하는 데 당내에서부터 파열음이 발생하고 있다. 둘째, 더 심각한 문제
점은 국민참여경선 과정에서 지지집단과 반대집단 간의 전략적 지지가
등장할 소지가 있다는 것이다. 이에 이른바 당심과 민심이라는 이중의
지지 경향이 나타나는 문제가 등장했다. 한국에서 2021년 11월 진행된
국민의힘 대통령 후보 경선 과정에서 확인되듯이, 여론조사와 경선 후
결과가 당원들과 국민의 지지율이 현격한 차이가 발생하였음을 보여주
고 있다.

| [그림 5-1] 여론조사 | [그림 5-2] 경선 후 결과 |

출처: 조의준(2021)   출처: YTN

　　이 장에서는 정치 엘리트 충원 과정에서 나타난 문제점을 직시하고
국민참여경선이 가지는 정치적 의미에 대해 논의하고자 한다. 분석을
위해 연구에서는 한국과 유사한 대통령제를 도입하고, 대선후보 국민

참여경선을 시행한 경험이 있는 프랑스의 사례를 살펴보고 바람직한 정당의 공직 후보자 선출제도에 대한 대안을 살펴보고자 한다.

구체적인 연구 내용은 첫째, 정당 내에서 주요 공직자선출의 역사와 이론적 논의 과정을 파악한다. 둘째, 공직 후보자 선출과 관련한 선행 연구를 통해 정당이 공직 선출과정에서 지켜야 할 중요한 원칙을 ① 정당 민주주의, ② 당원 책임성과 국민 대표성 조화, ③ 공천 제도화라는 분석지표를 중심으로 분석할 것이다. 셋째, 연구를 종합하여 정당의 공직자 선출과정이 가지는 의미와 한계를 적시하고 한국에 적용 가능한 바람직한 방향성을 제시하고자 한다. 연구방법론(research methodology)은 사례 분석(case study)을 적용했다.

연구에서 프랑스를 사례로 선정한 이유는 첫째, 프랑스는 한국과 함께 민주주의가 안정적으로 발전하고 있는 나라 중에서 대통령제도를 채택하고 있다는 유사성이 있다. 둘째, 비슷한 대통령제를 선택한 미국과 달리 프랑스는 단기간에 전국적으로 경선을 시행한다는 점에서 한국과 유사성을 가지고 있다. 셋째, 국민참여경선 제도 도입 시기 역시 프랑스와 한국은 비슷한 시기인 1990년대 이후 국민참여경선 제도가 도입되어 발전하고 있다는 점에서 유사성이 있다.

II. 이론적 논의

정당과 민주주의는 떼려야 뗄 수 없는 관계이다. 단순히 정당이 민주주의 제도의 행위자이자 주체로서의 관계가 아니라 정당조직을 통한 시민들의 이해관계를 대변하고 정치적인 목표를 실현하기 위한 과정이 민주적일 때 그 의미가 더해지기 때문이다. 이에 많은 국가의 정당은 역사적 근원을 달리하지만, 민주주의의 중요한 결사체 집단으로 평가하고 있다. 기본적으로 정당은 국민의 뜻을 정부의 정책 결정에 반영하여 민주 질서와 정치권력 구조를 실현하는 결사체이다. 이에 정당은 국민과 정부를 연결하는 정치 매개 조직으로 정부와 정책을 통제하는 통치 역할은 정당이 지니는 핵심적 기능이라 할 수 있다(김범수·문상석 2015; 성병욱 2015, 217-238). 이렇듯 민주주의에서 정당의 역할과 기능은 매우 강조되고 있지만, 정당 내의 민주적 운영과 관련해서는 아직 부족한 부분이 많이 발견된다. 민주화 이후의 많은 국가 정당에서 정치 지도자를 중심으로 당이 운영되거나, 일부 파벌이 정당을 장악한 사례는 널리 알려져 있다(최장집 2010; Spirova 2007). 정당은 국가와 사회의 민주화를 요구하면서 정작 자신들이 속한 정당의 민주화는 이뤄지지 않고 있다고 비판받고 있다(Schattschneider 1960). 이러한 정당 민주화의 부재는 정당의 위기와 연결된다. 실제 선진민주주의 국가에서조차 정당이 민주적인 기능을 효율적으로 수행하지 못하여 정당의 불신이 높아 국민에게 외면당하고 있다. 이에 정당 신뢰의 위기로 당원의 감소와 정당 활동 위축이 민주주의의 중요한 행위자인 정당의 위기로까지 간주되고 있다(Heywood 2014). 정당이 정치과정의 핵심적인 존재로 가치가 하락하였다는 사실은 영국, 이탈리아, 독일, 프랑스, 벨기에, 스웨덴, 덴마크, 미국, 캐나다, 등에 관한 경험적 연구 결과에서도 확인된다. 웹 등(Webb et al. 2002)의 연구에 따르면, 주요 선진 민주주의 국가에서도 부동층 유권자의 증가, 효율적 정당 수의 증가, 투표율 감소, 정당의 정체성 감소, 절대 당원 수 감소, 상대적 당원 수 감소, 정당 불신이 증가하는 등의 문제점이 확인된다. 즉 민주주의가 공고화된 국가에서도 다양한 원인으로 일관된 추세로 정당 쇠퇴가 지속된다는 평가가 나오고 있다(성병욱 2015, 217-238).

이러한 정당의 위기를 극복하려는 방법의 하나로 모색되고 있는 것이 공직 후보자 선출과정의 개방이다. 즉 정당이 정치과정에서의 영향력 감소를 해결하는 방법으로 정당 정체성을 정립하고 지지 당원을 인입하기 위해, 정당은 공직 후보자의 선출방식을 좀 더 민주적으로 개선하려는 노력이 시작된다. 정당의 비민주성 중에서 가장 많이 비판받는 것 중의 하나가 공천이기 때문이다. 정당이 비민주적일 경우 계파정치, 당파정치로 인해 피곤함이 가중되는 것은 당연하다. 정당의 역사가 오래된 영국에서도 간부정당을 거쳐 대중정당으로 발전하면서 공직 후보자 선출과정이 제한되는 문제점이 발견되었다. 한국에서도 1987년 민주화 이후에도 정당 민주화는 속도가 느려 3김 시대에는 일인 지배체제가 유지되면서 공직 후보자 선출이 당권파들이 나눠 먹기나 할당, 선택으로 결정되는 비민주성이 노정되기도 했다(김범수·문상석 2015, 157-191; 최장집 2010).

그렇지만 이처럼 정당의 위기를 극복하기 위한 대안으로 모색되는 공직 후보자 선출과정의 개방에 관한 연구는 많지 않은 한계가 있다. 많은 정당과 선거 연구가 본 선거를 중심으로 분석되고 있으며 당내 경선 제도와 관련된 연구는 비교적 최근 들어 진행되고 있다. 연구의 흐름을 구분한다면, 첫 번째 시기는 주로 정당 발전과정에서 공직 후보자 선출의 방식과 관련된 연구가 그리고, 두 번째 시기는 공직 후보자 선출의 제도화와 효과성에 관한 연구가 주를 이루고 있다.

첫 번째 시기는 정당의 발전과정에서 공직 후보자 선출방식과 관련된 논의가 주를 이룬다. 역사적으로 살펴보면, 공천 변화의 역사는 오래되었다. 초기 간부정당(cadre party)은 알려져 있다시피 정당의 총재와 당직자 등 엘리트들로 구성된 수뇌부가 정당의 간부를 형성하고 일반 국민들이 공천과정에 참여할 기회를 제공하지 않았다(서현진·이수정 2020). 이후 대중정당(mass party)이 등장하면서 공천 권력을 다수의 당원이 행사하기 시작했다. 이어 20세기 후반 당원의 당비에 운영비를 의존했던 정당들은 새로운 공급원으로 국가보조금을 활용하면서 정당은 선거법을 개정하여 부족한 당비 문제를 해결하게 되고 과정에서 정당들은 국민 지지를 극대화하는 것을 최우선 목표로 하게 되는 포괄정당(catch-all-party)이 등장하는데(Kirchheimer 1966), 이 포괄정당들은 제도로서 국민참여경선의 형태를 적극적으로 도입하고 있다.

국민이 참여하는 방식의 공직 후보자 선출은 미국에서 가장 오래된 역사적 전통이 있다. 미국은 건국 초기부터 코커스(Caucus)와 프라이머리(Primary)를 운영하여 당원의 결정과 유권자의 민심을 반영할 수 있는 제도적 틀을 고안했다. 건국 초기 승자독식 방식의 문제점이 개선되면서 코커스와 프라이머리에서도 일정 비율의 선거인단 선출방식으로 진화한 것이다. 이는 당심과 민심의 동시 반영이라는 점에서 미국적 특색을 가진 제도로 정착되었다. 특히 미국과 같이 정당의 지역분권이 잘 되어 있고, 지역에서의 정당의 역할이 큰 연방제 국가에서는 각 주의 실정에 따라 탄력적으로 운영할 수 있다는 점에서 의미 있는 제도로 평가된다(강원택 2004; Hershey 2012; Heywood 2014).[1]

정당의 공직 후보자 선출과 관련된 초기 대표적 연구자인 웨어(Ware 1996)는 정당 발전과정에서 도입된 공직 후보자 선출방식에 관하여 연구했다(김예원·송경재 2014에서 재인용). 웨어는 정당 내에서 공직 후보자 선출방식을 크게 다섯 가지 기준으로 구분하여 평가하고 있다. 첫째, 누가 선출규칙과 절차를 제정하는지, 둘째, 분권화, 셋째, 민주화, 넷째, 선출단위 내 후보의 수, 다섯째, 현직 공직자의 재선에 대한 정당의 수용성 여부이다.

국내에서도 정당 참여와 활동을 민주적으로 개혁하고자 하는 움직임이 진행되고 있으며 그중 가장 큰 변화는 바로 공직 후보자 선출방법이다. 한국은 민주화로의 이행 이후 민주주의 역사에서 정당의 민주성을 강화하는 방법으로 공직 후보자를 선정하는 공천과정의 변화가 가장 두드러졌다. 2000년대 이전까지 한국 정당은 민주화로 이행되었

---

1 미국에서도 일종의 당원대회로서 정식 당원(party member)만 참석하여 각 당의 대선후보를 선출할 대의원을 뽑는 절차인 코커스와 달리 일반 국민이 포괄정당의 공천과정 참여하는 대표적인 방식은 예비선거이다. 일반적으로 예비선거는 정당이 국민에게 개방하는 정도에 따라 세 종류로 구분할 수 있다(Hershey 2012, 176-177).

〈표 5-1〉 예비선거의 종류

	구분	내용
1	폐쇄형 예비선거 (closed primary)	- 국민이 선호하는 정당을 표명한 후, 그 정당의 예비선거에만 참여하는 방식
2	개방형 예비선거 (open primary)	- 국민이 선호하는 정당을 밝히지는 않지만 하나의 정당의 예비선거에만 참여하는 방식
3	완전개방형 예비선거 (blanket primary)	- 국민에게 선호하는 정당을 묻지 않으며, 여러 정당의 예비선거에 참여하는 것을 허용하는 방식

출처: 김범수·문상석(2015, 157-191)을 중심으로 연구자가 재구성

음에도 여전히 3김 정치의 잔재가 남아있었다. 2000년대 들어 한국 정당의 공천과정은 과거 소수가 모든 것을 결정하여 낙점하는 하향식에서 상향식으로 변화하며 당내 민주주의를 발전시켰다(김범수·문상석 2015, 157-191). 특히 3김이 퇴장한 이후에는 본격적인 정당 민주화가 진행되었고 가장 큰 변화가 바로 다수 시민이 참여하는 상향식 공천과정의 정립이다. 여기에 정보통신기술의 발전은 낮은 거래비용으로, 많은 시민과 당원 참여가 가능한 상향식 공천을 가능하게 하는 기제가 되기도 했다(장우영·송경재 2010; Ward et al. 2003).

이러한 초기 연구를 바탕으로 두 번째 시기는 2000년대 이후 본격화되고 있는 정당의 공직 후보자 선출과정의 민주적 영향력과 제도적인 차원의 분석 연구들이 있다. 해외에서의 연구도 다양하게 진행되었는데, 정당 공천에서 공천권자(selectorate)의 수가 확대하면서 공직 후보자 선출이 단순한 과정이 아니라 정당 민주화에도 영향을 주고 있다는 지적이다(강원택 2004; Rahat and Hazan 2001). 공천권자는 대통령이나 국회의원 선거를 앞두고 정당이 후보를 공천하는 과정에서, 후보를 선정하는 주체이며 이러한 공천권자가 확대되는 것은 정당의 공천방식이 민주화되는 것이라 해석할 수 있다는 것이다. 그런 차원에서 정당이 민주적으로 운영되고 있는지 아닌지를 확인하는 가장 쉽고 명확한 방법은 정당의 공천을 분석하는 것이다. 이에 샤츠슈나이더(Schattschneider 1960, 46)는 후보 공천 전당대회의 성격이 그 정당의 성격을 결정하고 후보 공천을 결정한 사람이 바로 그 정당의 주인이라고 강조하기도 했다.

한국의 연구들 역시 정당의 공직 후보자 선출과정의 민주성에 주안점을 두는 연구가 많다. 특히 국내연구는 당직 또는 공직 후보자 선출

방식이 개방적인지 폐쇄적인지에 초점을 맞추어 논의가 이루어지고 있다. 한국에서는 정당 당직 또는 공직 후보자를 누가 선출하느냐에 따라 웨어의 5가지 기준이 모두 적용되기 때문이다. 대표적으로 강원택 (2004, 228)은 정당의 당직자 또는 공직 후보자 선출방식을 유권자에서 당수의 독단적 결정에 이르기까지 7단계를 두고 설명하고 있다. 그는 당수 또는 비선출직 당 기구를 중심으로 당직자 또는 공직 후보자를 선출할 경우 폐쇄적으로 평가할 수 있지만, 일반 유권자 및 당원 중심의 선출이 이루어지면 상대적으로 개방적인 선출방식으로 평가할 수 있다고 보았다(강원택 2004, 228에서 재인용; 이준한 2003; Rahat and Hazan 2001, 300). 한국에서는 정당 민주화의 요체가 주로 공직 후보자 선출방식의 개방성과 폐쇄성이 핵심적인 것으로 설명되고 있다.

이와 함께 최근 연구에서는 공직 후보자 선출과정의 제도화 부분도 많은 연구가 진행 중이다. 앞서 서론에서도 지적하고 있지만 각 정당이 공직 후보자 선출의 정당성을 인정하여 다수의 국민과 당원의 참여가 늘어나고 있지만(김형준 2010), 구체적인 방식에 대해서는 정교하게 제도화가 이루어지지 못한 한계가 있기 때문이다. 이에 김범수·문상석(2015, 157-191)은 정보통신기술이 발전하여 정당에서의 국민참여경선이 확장되고 있지만, 아직 제도화가 부족하다고 지적하기도 했다. 주요 정당 내에서는 공직 후보자 특히 대통령이나 서울시장 등 중요 공직 후보자 선출과정에서 공천 룰(rule)을 둘러싼 갈등이 반복되고 있기 때문이다. 이런 문제점은 2021년 더불어민주당 대통령 후보 경선 과정에서의 사퇴한 후보 표 처리 문제로 논란을 겪기도 했고, 국민의힘도 대통령 후보 선출 당원에 비중을 많이 둔 경선 룰로 인해 경선 후에도 진통이 있었다(허동준 2021). 실제 연구자들도 최근 정당에서 공직 후보 선출과정에서 많이 적용하고 있는 예비선거 또는 국민참여경선이 장점만 있는 것은 아니라 지적한다. 정당 본연의 활동을 하는 당원의 역할이 축소됨에 따라 정당이 약화(강원택 2004; 김범수·문상석 2015; 성병욱 2015; Heywood 2014) 되거나, 여성 등의 정치신인에게 불리(이정진·민태은 2015), 상대 당의 조직적 동원 선거를 통해 자당에 유리한 후보 역선택 가능성(유민환 2017) 등 비판점도 제시되기 때문이다.

이처럼 정당의 공직 후보자 선출에 관한 논의는 초기 방식과 형태에 주안점을 둔 연구를 거쳐 제도화 영역까지 발전하고 있다. 연구자들은 정당 민주화에 긍정적이지만 아직 제도화가 부족한 정당의 공직 후보자 선출과정은 몇 가지 보완할 문제점이 있지만, 정당 민주화 그리고 상향식 공직 후보자 선출이라는 점에서 긍정적인 평가가 다수를 이룬다. 첫째, 국민참여경선과 같이 당원으로 한정되지 않고 일반 유권자들의 자발적인 참여로 민심이 반영된 공직 후보자 선출로 유권자 전체를 대상으로 투표가 진행되므로 대중적인 지지도를 파악하여 후보를 선출하는 데 유리하다는 장점이 있다. 이는 현대 포괄정당에서 대중적인 인기가 선거 승리에 중요한 요인이므로 정당에서 이를 반영하고자 하는 노력이 반영된 것이라 할 수 있다. 둘째, 선거 정책공약 수립 등에서 유권자의 반응을 사전에 파악할 수 있다는 점에서 장점이 있다. 요컨대, 국민참여경선은 정당의 개방적 운영을 위한 과정으로 정당의 공직 후보자 선출은 의미가 있다.

III. 프랑스 사례 분석

1. 분석의 지표 설정

선행연구에서 확인된 바와 같이, 오늘날 정당정치에서 정당이 민주적 권력 구조인지를 파악하는 중요한 시금석이 정당의 공천과정이다. 본격적인 분석에 앞서 본 연구에서는 분석지표를 제시하고자 한다. 연구 논문이 단순한 사례 분석을 넘어 공직 후보자 선출이 정당에 어떤 영향을 주고 있으며 그것이 민주주의에 얼마나 긍정적인지, 아니면 부정적인지를 파악하기 위한 분석지표가 필요하다. 이는 방법론 차원에서 엄밀성을 추구한다는 점에서도 중요하다(King et al. 1994). 대선후보의 국민참여경선 방식의 정당 공직 후보자 선출과정의 의미를 분석하고자 하는 본 연구는 선행연구를 종합하여 분석지표를 설정하였다. 세부 분석 항목은 선행 정당정치와 정치과정 이론에서 제기된 정당 민주화, 당원 책임성과 국민 대표성의 조화, 제도화 등 3가지로 제시할 수 있다.

첫 번째 측정지표는 역시 정당 민주화이다. 정당 민주화는 정당 위기의 원인으로 지목되기도 할 정도로 많은 논란이 되고 있다. 이에 공직 후보자 선출과정에서 정당 민주화와 공천권의 확대는 중요하다. 실제 정당 민주화에서 공천권의 중요성은 많은 학자가 지적하고 있다. 샤츠슈나이더(Schattschneider 1960)는 정당의 공직 후보자 선출방식의 중요성을 여러 차례 강조하고, 정당 성격과 정체성과도 연관이 있다고 해석했다. 그리고 공직 후보자 선출방식이 정당 민주화에 도움이 될 것이란 웨어

(Ware 1996)의 논의 역시 시사하는 바가 크다. 노리스(Norris 2000)는 정보사회에서 다양한 방식으로 정당에 참가할 수 있는 당원과 시민의 증가로 인한 공천방식의 민주화가 정당 민주화에 이바지할 것이라 지적한 바가 있다. 강원택(2004) 역시 정당 공천제도의 당내민주화 간의 상관성에 관한 연구를 진행하여 공직 후보자 선출과정의 정립이 정당 민주화에 긍정적이란 연구 결과를 제시하기도 했다. 이에 본 연구에서 국민참여경선 방식의 공직 후보자 선출과정이 정당 민주화에 어떤 영향이 있는지를 측정할 것이다.

두 번째 측정지표는 정당에서 공직 후보자를 선출하는 과정에서의 책임성과 대표성의 조화이다. 정당의 위기를 극복하기 위하여 공직 선출방식의 개방은 정당의 중요한 기능 중의 하나인 대표성을 확대하는 차원에서 중요할 것이다. 실제 달(Dahl 1961)은 소수 개인이나 파벌의 공천권이 아닌 국민 다수가 참여하는 공천권의 확대를 통한 민주적 대표성의 강화는 중요하다고 지적했다. 특히 정당의 공직 후보자 선출과정의 개방은 공천과정에서 정당원이라는 정당 일체감을 향상할 수 있다는 점에서 책임성이 향상될 것이다. 정당조직의 원동력인 당원의 역할을 강화할 수 있는 책임성 확대는 중요하다(오창룡 2017; 한정훈 2012, 93-128). 정당 내의 민주적 대표성과 책임성의 문제가 공직 후보자 선출의 개방을 통해서 해결될 수 있는 것이다. 이를 연구에서는 책임성과 대표성 차원에서 정당의 공직 후보자 선출과정을 파악하고자 한다.

세 번째 측정지표는 국민참여경선에서 공천 제도화 정도이다. 민주적인 정당 공천과정에서 공직 후보자 선출의 제도화는 중요하다(김범수·문상석 2015). 이러한 국민참여경선이 정당 내의 제도화를 통해 안정적으로 운영하고 있는지를 파악하는 것은 국민참여경선의 정치적 함의를 고찰하는 데 있어서 중요한 지표이다. 선행 연구자인 웨어(Ware 1996)는 정당 내에서 공직 후보자 선출방식에서 선출규칙과 절차 제도화의 중요성을 강조하였다. 무엇보다 정당 내의 제도화는 안정적인 당내 규칙에 따라서 민주적인 절차를 담보할 수 있다는 점에서 매우 중요하다. 국내 연구 역시 국민참여경선이 실시되고 있으나 제도화 부분에서의 부족한 점을 가장 큰 문제로 지적하고 있다(김범수·문상석 2015; 김예원·송경재 2014). 그리고 국민참여경선에서의 정당 내 제도화는 앞서 분석지표라고 할 수 있는 당원 책임성과 시민 대표성의 안정적인 참여를 제도적으로 구조화할 수 있다는 장점이 있다.

본 연구의 3가지 분석지표를 종합한다면 다음 〈표 5-2〉와 같이 요약할 수 있다. 이상의 지표를 바탕으로 프랑스의 국민참여경선 방식의 공직 후보자 경선(주요하게는 대통령 후보) 과정을 사례 분석하여 한국적 함의를 도출할 것이다.

〈표 5-2〉 분석지표

	지표	분석 내용
1	정당 민주화	- 국민참여경선 방식의 공직 후보자 선출과정이 정당 민주화에 어떤 영향이 있는지를 파악
2	책임성과 대표성	- 당원 책임성과 국민 대표성으로 상징되는 민심과 당심의 조화가 어떻게 구현되는지를 구조적으로 파악
3	공천 제도화	- 국민참여경선이 정당 내의 제도화를 통한 안정적으로 운영하고 있는지를 파악

출처: 선행연구를 중심으로 연구자가 재구성

2. 프랑스의 국민참여경선 사례

프랑스는 민주주의 발전과정에서 중요한 프랑스 대혁명 이후 제정과 공화정을 반복하면서 정치적 혼란기를 겪었다. 하지만 2차 세계대전 이후 공화정이 안정적으로 유지되면서 선진 민주주의 국가 반열에 안착했으며 다양한 민주주의 실험을 통한 공고화를 진행 중인 국가이다.

프랑스는 대혁명 이후 정착되었던 정당정치가 굳건하여 국민에게 공직 후보자 선출을 맡기는 방식에 대해서는 부정적인 인식이 강했다. 학자들 역시 정당정치의 안정화를 위해서 오픈 프라이머리나 국민참여경선에 부정적이었다. 오히려 일부에서는 프랑스 방식의 정치구조가 혼란스러워질 것을 경고하기도 했다. 대표적으로 1994년 법학자 베델(Georges Vedel)은 국민참여경선이 프랑스 정치 현실에 맞지 않으리라 예견하고 국민참여경선은 정당정치의 혼란만 가중할 것으로 경고했다. 그리고 미국식 오픈 프라이머리가 도입되었을 때의 혼란을 경고하기도 한다. 이들은 국민참여경선이 프랑스에 어울리지 않고, 정당을 예측할 수 없는 분쟁과 소송에 빠뜨릴 것이라고까지 경고했다(오창룡 2017에서 재인용; Lefebvre and Treille 2016, 11). 이에 프랑스에서는 1990년대까지 미국식 개방형 국민참여경선은 프랑스 제5공화국 정치제도와 정당정치에 어울리지 않는 제도로 간주되었다.

그렇지만 프랑스에서도 국민참여경선이 각 정당에서 본격적으로 도입되기 시작되었다. 무엇보다 시대의 변화에 따라 프랑스에서도 새로운 방식의 공직 후보자 선출방식이 고민되기 시작한 것이다. 그 원인은 크게 두 가지로 지적할 수 있다. 첫째, 20세기 중반 이래 정당원의 감소,

참여의 하락이라는 정당의 위기이다. 서유럽을 중심으로 한 정당의 위기는 프랑스라고 예외는 아니었다. 안정적인 정당정치가 구조화되어 있다고 하지만 프랑스에서 투표율이 하락하고 정치에 대한 젊은 세대의 관심이 하락함에 따른 정당의 위기는 정당이 기존의 방식으로 운영하기에는 부담이 커지게 되었고 이에 다양한 실험을 진행하게 되었다. 둘째, 이 시기에 시작된 참여 민주주의 방식에 관한 관심은 프랑스에서도 정당 공직 후보자 선출과정에 시민참여를 높이라는 요구에 직면하게 되었다. 이에 프랑스에서도 정당 공직 후보자 선출에서 더욱 많은 시민의 참여가 필요하게 되었다(Webb et al. 2002). 이에 정당 민주화와 대표성의 확대라는 차원에서 프랑스의 국민참여경선 제도가 도입된 것이다.

그러나 내막을 살펴본다면, 정당 민주주의와 대표성 문제도 있지만 본질적으로 집권 가능성을 높이기 위한 전략으로 국민참여경선을 활용했다는 지적도 있다. 프랑스에서 처음으로 국민참여경선을 시도한 정당은 사회당이었다(오창룡 2017; 이정진 2017). 사회당은 1995년부터 경선제도를 도입하여 과거 당원들만의 참여가 아닌 시민들의 일정한 참여를 확대하고자 했다. 그러나 여전히 정당 지지자들을 대상으로 하는 예비선거에만 참여하는 방식인 폐쇄형 경선을 도입하였다. 이에 사회당에서는 1995년 대선에서 정당을 지지하는 당원만이 후보 선출에 참여하는 폐쇄형 경선을 도입하여 조스팽을 선출했다. 이후 2002년, 2007년에는 경선을 거치지 않고 다수의 좌파 후보가 난립하여 경쟁하게 되자 사회당 계열 후보들이 연이어 낙선하게 되었다. 5공화국 성립 이후 중요한 정당이었던 사회당이 1990년대 침체기를 맞이하면서 사회당 내에서 비판의 목소리가 대두되었다. 사회당이 국민참여를 확대하는 방식으로 전환을 결정한 것은 2011년이었다.

2011년 당시 사회당은 당시 사르코지(Sarkozy)를 이길 수 있는 단일 후보 선출 필요성을 재차 확인하고 사회당-중도좌파 대선 후보자 선출 방식으로 완전 개방형 국민참여경선을 처음으로 도입했다. 사회당-중도좌파 대선 후보자 선출은 프랑스에서 실시되었던 최초의 오픈 프라이머리 방식의 국민참여경선이었다. 즉 집권 가능성을 염두에 두고 국민적 관심사를 높이기 위한 목적도 반영이 된 것이다. 당시 사회당은 한편으로는 시민들의 참여를 확대하여 관심도를 높이고, 다른 한편으로는 무분별한 참여를 막으려는 방편으로 희망하는 국민이라면 누구라도 투표소에 방문하여 1유로를 내고 좌파 가치를 지지하는 서명을 하면 경선에 참여할 수 있도록 하였다(Duhamel 2016, 57). 그 결과 프랑스 유권자 286만 명이 경선에 참여하는 큰 성공을 거두었다. 결과적으로 올랑드(Hollande)는 56.38%의 지지를 받아 후보로 선출되어 17년 만에 정권교체에 성공하게 되었다.

사회당과 중도좌파 국민참여경선에 자극받아 우파정당 역시 2014년부터 국민참여경선 방식으로 전환을 시도하게 된다. 우파정당의 도입 과정에서 시작은 사회당의 국민참여경선의 영향 때문이지만 당시 국민의 변화된 직접 참여 열기를 반영한 것이라 할 수 있다. 즉 과거와 같이 당원이나 정치인 등 정치 엘리트들만의 공직 후보자 선출이 아닌 국민이 참여할 수 있는 공간을 확대하여 국민적 지지도를 높이고자 한 것이다. 이에 프랑스 우파 정치세력은 2012년 대선 패배 이후 좌파의 국민참여경선 수용을 긍정적으로 검토하기 시작했다(이정진 2017). 중도우파 정당은 2014년 지방선거에서 국민참여경선을 도입하였고 그 이후 2016년

11월에 대선 후보자 선출에 사회당과 마찬가지로 완전 개방형 국민참여경선을 도입했다. 이러한 과정은 과거 사회당과 중도좌파의 경선 과정과 같이 국민적인 관심을 받았고 언론으로부터 주목을 받기도 했다.

그 결과 2017년 대선에서는 주요 정당인 사회당과 공화당 모두 오픈 프라이머리(open primary) 방식으로 후보를 선출하게 된 것이다(이정진 2017). 먼저 사회당은 2012년 대선에 이어 두 번째로 오픈 프라이머리 방식을 채택하였으며, 사회당뿐 아니라 다른 좌파 정당 일부를 포함한 통합경선 방식으로 실시하였다. 사회당 경선에는 2011년과 같이 좌파의 가치에 동의하는 유권자는 누구나 참여할 수 있으며, 1유로 이상의 자발적인 경선 비용을 부담했다. 그러나 사회당이 국민참여경선을 전격적으로 확대 적용한 것은 정권 유지에 어려움이 있었기 때문이다. 비록 올랑드 대통령이 당선되었으나 집권 후반기 인기가 하락하고 있었으며, 2010년대 이후 프랑스 내의 보수주의적 경향과 극우주의 정당의 지지 확장은 사회당과 좌파정당에 위협이 되었다. 자칫 프랑스에서 실시하고 있는 결선투표에 오르지 못할 수도 있다는 경계심이 작용하면서 자연스럽게 오픈 프라이머리 방식의 국민참여경선이 전격 도입된 것이다. 요컨대 사회당-공화당-국민전선의 3파전이 예상되는 상황에서, 우파-중도 단일 후보가 나오지 않는 경우 대선 1차 투표에서 탈락할 수 있다는 위기감이 반영된 것이다(오창룡 2017에서 재인용; Duhamel 2016, 65). 결선투표 방식으로 실시된 경선에는 총 7명의 후보가 출마했으며, 사회당의 아몽(Benoît Hamon) 후보가 대선후보로 선출되었다. 그러나 아몽 후보는 경쟁력 차원에서는 과거 올랑드에는 미치지 못하고 대중적 지지도는 매우 낮은 것으로 평가되었다.

다음으로 2017년 대선 경선에서 오픈 프라이머리 방식을 처음 채택한 공화당은 당시 사회당 출신의 올랑드 대통령의 인기 하락으로 언론과 국민에게 큰 주목을 받았다. 공화당 역시 사회당과 같이 유권자가 공화당 후보 경선에 참여하기 위해서는 2유로의 경선 비용을 부담하고 선거인단으로 등록하는 방식으로 책임성을 강화했다. 이러한 공화당 경선은 사회당과 마찬가지로 결선투표 방식으로 실시되었으며, 경선 결과 피용(Fançois Fillon) 후보가 결선투표에서 66.5%를 득표하여 공화당 대선후보로 선출되었다. 피용 후보가 선출되자 집권당인 사회당에 대한 지지율이 낮아 공화당 후보 경선은 큰 관심을 모았으며, 당시 국민적인 관심사가 집중되어 프랑스의 각종 여론조사기관과 언론들이 중도우파 후보의 대통령 당선을 예측하기도 했다. 경선 이전 여론조사에서는 사르코지 전 대통령이 유력한 대선후보로 거론되었지만, 사르코지 후보는 1차 투표에서 3위를 하여 결선투표에 진출하지 못하는 이변이 연출되기도 했다(이정진 2017).

　　이렇게 주요 정당이 사상 처음으로 동시에 오픈 프라이머리 방식의 국민참여경선을 도입했지만, 프랑스 대선 결과는 예상 밖으로 나타났다. 결과적으로 2016년 공화당을 위시한 우파정당의 국민참여경선은 피용이라는 스타 정치인을 만들었으나, 가족의 부정과 비리로 피용 후보가 3위로 낙마한 것이다. 당시 여론조사에서도 유력 후보로 경선으로 추대된 공화당의 피용 후보가 상원의원 시절 부인을 비롯한 가족을 보좌관으로 허위 채용과 공금 횡령 의혹으로 지지율이 급락하며 1차 투표 결과 3위에 머무른 것이다. 오픈 프라이머리 방식의 국민참여경선으로 국민적 관심을 높이고 유력 정치인으로 부상했지만, 그는 대선 결선

투표 진출에는 실패했다(오태현 2017; 이정진 2017).

　　보수정당의 후보들이 경쟁력을 잃게 되자 1차 투표에서 1위를 차지한 극우성향의 국민전선 마린 르 펜(Marine Le Pen)이 강력한 후보로 등장했다. 결국, 보수정당과 사회당 등 제 정당은 국민전선에 대항하기 위해 마크롱(Macron)으로 지지세가 결집하였다. 그 결과 2016년 4월 중도 성향의 정당인 앙 마르슈(En Marche!; 전진!)를 창당한 마크롱이 공화당, 사회당 양당 체제를 뚫고 2017년 국민전선 르 펜을 꺾고 대통령에 당선되었다. 그러나 공화당과 사회당의 국민참여경선이 동시에 시행되었다는 점에서 프랑스 정치사에서 찾기 힘든 의미 있는 변화가 시도되었다고 할 수 있다.

3. 분석

　　앞서 살펴본 바와 같이, 20세기 이후 정당의 위기에 대응한 프랑스 정당에서의 오픈 프라이머리 방식의 국민참여경선은 미국의 프라이머리 방식과는 큰 차별성이 있었다. 무엇보다 프랑스의 국민참여경선 제도 수용의 특수성이 존재함을 확인할 수 있다.

　　프랑스는 초기 정당정치에 대한 중시로 국민참여경선에 부정적인 시각이 많았지만, 2011년 사회당의 성공적인 승리로 2017년 대선 과정에서 국민참여경선이 정당 역할을 쇠퇴하게 할 것이라는 반발은 크지 않았다. 오히려 기존 보수정당인 공화당도 적극적으로 국민들이 경선에 참여할 수 있는 방식을 선택하였다. 이에 후보 개인의 비리 문제로 인해 비록 낙선하기는 했지만, 한때 공화당 선출후보는 유력한 대통령 후보로 거론될 정도로 국민참여경선의 컨벤션 효과(convention effect)는 상당했다고 평가할 수 있다.

그리고 정치신인들이 기존 정당을 외면하는 것이 아니라 기존 정당 질서 속으로 인입되어 국민참여경선에 참여할 수 있다는 점에서 오히려 정당정치를 강화하는 측면도 존재한다. 실제 프랑스 2016~17년 대선 과정에 관한 오창룡(2017)의 분석에 따르면 오히려 프랑스 정치 시스템에서 국민참여경선이 기존 정당체제를 강화해주는 측면도 발견된다고 지적한다.

이상의 프랑스 국민참여경선을 연구의 분석 틀로 살펴보면 다음과 같은 의미가 있다. 첫째, 정당 민주화 관점에서 국민참여경선은 중요한 역할을 한다. 과거 정당원들만의 대표로 선출되었던 공직 후보자가 국민들이 참여하는 방식의 상향식으로 전환되고 국민들이 자유롭게 참여할 수 있게 되므로 민주적인 정당 운영의 토대가 될 수 있다는 점에서 의미가 있다. 기존 정치 엘리트만이 아니라 지지하는 정당의 당원과 시민들이 정치인을 선택하고 후보를 결정한다는 점에서 국민참여경선은 정당 민주화에 전환점이 될 수도 있을 것이다.[2]

---

2   물론 프랑스의 국민참여경선 제도 수용의 특수성은 존재한다. 1990년대까지만 해도 국민참여경선이 오히려 정당정치를 약화할 것이란 우려감도 있었지만, 사회당에서의 성공적인 국민참여경선으로 이러한 논란은 불식되었다. 그리고 2017년 대선 과정에서 국민참여경선이 정당 역할을 쇠퇴하게 할 것이라는 반발은 크지 않았다. 오히려 프랑스 정치 시스템에서 국민참여경선 도입이 일반화되는 경우, 정당 외부 출신 후보자가 대선에서 주목받는 것이 보다 어려워지므로 정당이 여

둘째, 국민참여경선의 책임성과 대표성 조화 차원에서 프랑스는 완전 개방형 국민참여경선에 가까운 형태라고 할 수 있다. 앞서 서론에서 제기한 바와 같이 한국에서는 당심과 민심의 이반현상으로 인한 정치적 갈등으로 국민참여경선의 효과성에 대한 의문이 제기되기도 했다. 하지만 프랑스에서는 이를 해결하기 위해 좌우 진영을 대표하는 공화당과 사회당의 국민참여경선 과정은 책임성과 대표성을 결합하기 위한 많은 제도적 기제를 도입했다. 대표성 차원에서는 많은 유권자가 참여하여 기존의 당원만의 참여방식에서 벗어나고자 했다. 책임성 차원에서는 입후보 자격은 약간 차이는 있지만, 공화당의 경우 250인 이상의 선출직 추천을 받아 2,500명 이상의 지지자 서명을 받는 등 정당의 일체감을 높이려는 방법을 적용했다. 그리고 또 다른 책임성을 높이려는 방법으로 선거인단 참가비로 투표당 1~2유로를 지불하고, 각 정당의 가치를 지지한다는 문구에 서명하여 자격을 취득하는 방식으로 안전판을 마련했다. 비록 소액이고 정당의 가치를 지지한다는 서명이지만, 과정에서 투표하는 정당의 가치를 지지한다는 책임성을 부여한 것이다. 즉 조건 없이 대표성을 확대하기 위해 인원을 늘리기만 한 것이 아니라 지지 정당의 가치를 인정하는 과정에서 참여 선거인단의 책임성도 강화하기 위한 제도적인 고안을 시행한 것이다.

전히 강력한 영향력을 가지게 된다고 지적한다(오창룡 2017에서 재인용; Duhamel 2016, 79-80). 즉 정치인들이 기존 정당의 지지와 후원을 받고 성장하기 때문에 정치적 충원과 선출과정에서 정당의 강화가 가능하고 국민의 참여를 통한 민주성도 향상될 것이란 분석이다.

셋째, 공천 제도화 부분은 프랑스에서 정착되지 못한 것으로 평가할 수 있다. 세부적으로 첫째, 필요에 따라 집권을 위한 국민참여경선이 반복되면서 국민의 참여는 확대되었지만, 정당 내에서의 제도화가 수반되지 못한 한계점도 확인된다. 실제 국민참여경선을 정당 내에서 제도화하기 위해서는 기본적인 설계와 함께 세부적인 절차, 방식에 대한 고민과 이를 정당 내에서 제도화하는 추인 과정이 필요한데, 프랑스는 대통령선거 때마다 비슷한 이념적 지향을 가진 정치집단 간의 국민참여경선이 시행되었다. 프랑스 대선 과정의 국민참여경선을 분석한 선행연구 역시 이 점을 비판하고 있다. 대표적으로 이정진(2017)과 오창룡(2017)의 평가에 따르면, 국민참여경선의 사전 예측 어려움과 불확실성은 프랑스에서의 제도 정착에 있어 주요한 쟁점이 될 것으로 보인다고 평가한다. 즉 정권 획득을 위한 목적에서 주요 정당이 국민참여경선을 시행한 것이기 때문에 아직은 불안정성을 가지고 있다는 것이다.

넷째, 단일한 정당 내에서의 국민참여경선이 진행되기도 했지만, 보수, 진보 계열을 망라한 국민참여경선이 시행되었다는 점에서 한 두 정당의 제도화를 통한 정착이 어려울 수도 있다. 즉 특정한 시기 정당 간의 이벤트 형식의 국민참여경선으로 전락할 가능성도 있기 때문이다. 프랑스 주요 정당은 아직 정당 내에 국민참여경선을 제도적으로 보장하고 있지는 않다는 점은 이러한 문제점을 그대로 반영하고 있다. 이에 프랑스는 미국과 같이 제도적이고 역사적으로 성립된 제도화가 짧으므로 앞으로도 불안정성이 있을 것은 어느 정도 예견할 수 있다.

다섯째, 2017년 대선에서 공화당의 피용 후보의 사례에서 확인되지만, 정당이 아닌 인물 중심 선거가 진행되는 경우 정치 스캔들에 더욱 취약할 수 있다는 것이 드러났기 때문에 이를 보완할 수 있는 제도화가 필요하다. 그리고 기존 여론조사에서 대권 후보군에 거의 들어가지 못했던 후보가 등장하면 한편에서는 정치드라마가 될 수 있지만, 다른 한편에서는 불안정성으로 인한 정치적 혼란의 우려도 있다. 이러한 문제점이 지난 2017년 사회당과 공화당의 국민참여경선 과정에서 나타난 것이다.

IV. 요약 및 한국의 시사점

현대정치에 있어 건전한 민주적 정치체계를 발전시키기 위해서는 정당들 상호 간의 경쟁이 필요하고 합법적으로 선거를 통한 권력의 교체와 집권의 정치과정이 중요하다(성병욱 2015, 217-238). 이러한 과정은 민주주의 발전에서 필요하고 민주주의 이행과 공고화 과정에서 정당의 역할은 매우 중요하다(Spirova 2007). 무엇보다 정당에서는 이를 위해 경쟁력 있는 공직 후보자를 민주적으로 선출하는 것이 중요해지고 있다. 특히 정당이 과거 간부정당이나 대중정당과는 다른 중도층의 지지를 얻기 위한 정당 간의 경쟁이 격화되는 추세에서 국민들의 참여와 공직 후보자 선출과정의 관심도는 높아지고 있다.

이에 세계적으로 대통령제도를 채택하고 있는 국가에서 국민참여형 경선제는 피할 수 없는 흐름으로 되고 있다. 다수 국가가 민심을 더욱 반영하여 정당의 본질적인 목표인 정권을 획득하기 위한 경쟁에 돌입하였을 경우, 무엇보다 국민들의 지지가 무엇보다 중요한데, 국민참여경선은 이를 위한 좋은 과정상의 장치가 되기 때문이다. 그러나 이 과정에서 당초 의도하는 공천과정의 민주적 개혁이 제대로 실현되고 있는지는 의문이 드는 측면도 있다. 본 연구에서는 공직 후보자 선출과정의 정치적 동학을 정당정치 차원에서 어떻게 구현할지를 분석하고자 하는 시도에서 준비되었다. 특히 과거 대의원과 당원 중심의 공직 후보자 선출과정의 한계를 극복하기 위한 대안으로 등장하고 있는 국민참여경선의 장단점을 파악하고 함의를 추출하고자 했다. 이를 위해 한국과 유사한 대통령제를 운용하고 있는 프랑스의 최근 국민참여경선 발전과정을 사례 분석했다. 논문에서는 이를 선행 연구에서 공직 후보자 선출의 중요한 요인 3가지로 조작화하여 이를 정당 민주화, 책임성과 대표성의 조화, 공천 제도화 차원에서 살펴보았다.

프랑스의 사례분석 연구를 요약하면, 첫째, 프랑스는 정당정치에 대한 역사가 오래되어서 초기 정당의 국민참여경선이 정당정치를 약화할 것을 우려했다. 둘째, 그러나 정당의 위기와 정권 획득이란 목적으로 2016년 국민참여경선이 주요 정당에서 실시되었다. 셋째, 이 과정에서 국민참여경선이 원하는 효과를 모두 보았다고 보기는 어려우나, 결국 다수 국민이 참여하는 국민참여경선이 정착되는 과정으로 평가할 수 있다. 넷째, 프랑스는 아직 국민참여경선의 역사는 짧아서 정당 민주화, 책임성과 대표성의 조화 차원에서는 긍정적이지만, 제도화 부분은 갈 길이 멀다는 점을 확인했다.

이상의 분석을 바탕으로 한국의 국민참여경선의 안정적인 발전을 위한 함의는 다음과 같이 제시할 수 있을 것이다, 앞서 제시한 바와 같이 2002년부터 시작된 한국의 국민참여경선은 여러 문제점도 도출되었지만 2022년 대선 후보 선출과정까지 유지될 정도로 정치적으로 안착했다고 할 수 있다, 하지만 정당의 공직 후보자 특히 대통령 후보 선출과정에서 정당의 핵심이라고 할 수 있는 정당원과 국민들 간의 지지 성향의 차이가 발생하는 등 국민참여경선은 한국에 도입된 지 20년이 지났지만, 해결할 과제도 많은 것이 사실이다. 이 연구에서는 이를 정당 민주화, 대표성과 책임성, 제도화라는 3가지 축으로 한국적 함의를 도출하고자 한다.

첫째, 정당 민주화 측면에서 한국의 정당은 국민 다수가 참여하는 공천권의 확대에 동의한다는 점은 긍정적인 신호라고 할 수 있다(강원택 2004; 송경재 2007). 프랑스 사례에서도 확인되지만, 정당 민주화 차원에서 공천권의 확대는 중요하다. 정당의 위기에 대응하여 더욱 많은 국민의 참여를 통한 대표성을 강화하는 것이 필요하다. 국민참여경선은 폐쇄적이고 소수가 지배하는 정당이 아니라 정치 매개 조직으로서 위임자인 시민의 참여를 확대하고 이를 정당 운영의 기반으로 삼는 좋은 정당 민주화의 제도적 장치라고 할 수 있다. 한국은 민주화 이후에도 3김 정치, 계파정치 등으로 인한 비민주성이 정당의 민주적 발전을 저해하는 요소이기도 했다. 그러나 국민참여경선은 정당의 폐쇄성과 비민주성을 척결하고 책임정당, 민주정당으로서의 가능성을 보여주고 있다. 그런 차원에서 국민참여경선은 정당 민주화에서 중요한 역할을 수행할 수 있다. 그런 맥락에서 정당 차원에서 선거 때만 국민참여경선을 한정하지 말고, 이를 시작으로 다양한 방식의 시민참여를 확대하여 정당 민주화를 강화할 필요가 있다. 장기적으로 정당은 공직 후보 선출만이 아니라,

정당 운영과 정당 정책 결정에서 시민의 의사를 반영할 수 있는 통로가 확대되어야 할 것이다.

둘째, 한국에서 당원 책임성과 국민 대표성의 조화는 정당의 지지기반과 당원 구성 비율 등을 고려한 과학적인 접근이 필요할 것이다. 이런 문제점이 지난 2021년 국민의힘 경선 과정에서 나타난 당심과 민심의 이반 현상이라고 할 수 있다. 이를 해결하고 보다 안정적인 정당정치의 구현과 시민참여를 조화롭게 하기 위해서는 과학적인 당원 책임성과 국민 대표성이 확보되기 위한 여러 조건이 필요함을 확인할 수 있다. 프랑스 사례에서도 확인되지만, 당심과 민심 간의 괴리로 인해 사르코지 전대통령이 후보 경쟁에서 제외되기도 하였다. 이를 개선하여 한국에 적용하기 위한 고려사항이 필요하다. 세부적으로 첫째, 특정 집단의 의견이 과대 대표되지 않게 하기 위한 당원의 사회경제적 구성 비율을 적용하여 조정을 고려할 필요가 있다. 과학적인 여론조사방식과 같이 집단별·계층별 할당제 등을 여론조사만 한정하지 말고 당원들 간의 가중치 등을 두는 것도 고려할 만하다. 둘째, 당원과 국민참여경선 비율의 적용방식 개선이 필요하다. 현재는 다수의 정당이 50%씩 반영하고 있으나, 당원의 세분화(대의원, 진성당원, 인터넷 당원 등)를 통한 비율 조정, 인구 비례에 따른 국민참여경선 참여 비율의 재산정(특정 집단 과대대표 방지) 등도 반영하여 당원 책임성과 국민 대표성의 조화를 위한 고려가 필요하다. 이런 다양한 방식의 대표성과 책임성을 높일 수 있는 세심한 고려와 제도적 보완이 되어야 당심과 민심의 이반이라는 현상이 최소화될 것이다.

마지막으로, 국민참여경선과 후보자 공천 제도화 부분은 앞으로 고려할 부분이 많다. 한국의 국민참여경선과 주요 공직 후보자 선출과정에서 반복되는 경선 룰 제정 방식에 대한 정당 내의 제도화는 매우 필요하다. 그러나 주요 정당인 더불어민주당과 국민의힘의 당헌·당규상에서는 개괄적인 국민참여경선에 관한 규정은 두고 있지만, 세부적인 절차와 방식은 별도로 하고 있다. 물론 변화하는 정치환경에서 모든 것을 세밀하게 규정하기 어려운 점은 있지만, 당락과 관련된 세부 규정의 정비는 필요한 상황이다. 실제 더불어민주당의 경우 중도 사퇴로 최종 투표에 오르지 못한 후보자들의 득표가 전체 투표자 수에 반영되느냐, 되지 않느냐로 경선 불복 문제까지 불거졌기 때문이다(허동준 2021).

그리고 2017년 프랑스 공화당 사례에서 확인되지만, 선거 승리를 위한 일시적인 제도의 변경이 결과적으로 손실이 발생하기도 한다. 따라서 한국에서 국민참여경선의 공천방식이나 비율을 제도화하기 위해서는, 사전에 경선 룰을 만드는 위원회의 독립적인 제도화가 더욱 중요할 수 있다. 단순히 선거를 앞두고 제도를 정비할 경우, 당내에서도 불공정 논란에 휘말릴 소지가 있으므로, 최소 경선 1년 전에 당내 위원회의 제도화를 완료한다면, 지금까지 논란이 되어왔던 불공정, 편파 시비에서 벗어날 수 있기 때문이다. 그런 맥락에서 정당정치 발전이란 큰 틀에서의 제도적인 개선을 위해서는 당내 역학관계로부터 독립적·중립적인 전문가와 인사들의 과학적 제도화가 필요하다.

이상 분석을 통해 정당 민주화, 당원 책임성과 국민 대표성의 확대, 공천 제도화는 일견 대립적이고 모순적인 것처럼 보이지만 상호의존적이고 보완적인 관계의 설정도 가능할 수 있다. 그리고 이를 한국 정당정치에 반영하기 위해서는 첫째, 당원과 시민의 참여 확대의 최대 공약수의 추출이 필요하다. 정당이 시민참여의 중개적 통로 구실을 하기 위해서는 당원의 지위가 보장되어야 하고, 당내 합의를 통해 공직 후보자만이 아니라 정책 결정과 여타 당론 결정에서 소외되지 않는 보완이 필요하다. 이 같은 당내 당원의 위상 강화가 먼저 수반되어야 공직 후보자 선출과정에서 시민들의 참여로 인한 당원 소외감이 줄어들 수 있을 것이다. 주요 선거에서 시민들의 참여 확대는 포괄정당 구조에서는 피할 수 없는 것이라면, 당원의 정당일체감을 강화할 수 있는 제도적 보완이 필요하다.

둘째, 정당 민주화 관점에서 공직 후보자 선출과정에서 시민참여를 확대해야 할 것이다. 한국의 주요 정당은 정당 지도부의 권한이 집중되어 있고 평당원의 의사가 수렴될 수 있는 제도가 미약한 것이 사실이다. 프랑스의 경우 폐쇄적인 정당 구조를 국민에게 개방한다는 점에서는 긍정적이었지만, 여러 정당이 공동으로 국민참여경선을 한 관계로 실제 경선 이후에 정당 민주화에 어떤 긍정적인 영향이 있는지를 파악하기는 어려운 상황이다. 이를 극복하기 위해서는 근본적으로 정당 공직 후보자의 선출과정은 상향식으로 진행하는 민주적 문화를 만들고 당원협의회나 시도당에 실질적 권한을 상당히 위임하여야 할 것이다(강원택 2004; 성병욱 2015, 217-238). 단순히 집권을 위한 국민참여경선 제도의 도입은 시민의 지지를 이용하려는 것에 불과하므로 정당 민주화 관점에서 분명히 시민참여의 강화를 제도적으로 보장해야 한다.

셋째, 정당 내 대통령 후보 또는 광역자치단체장 후보 선출과 관련한 명확한 상향식 제도화를 당헌 당규에 보장하고, 일정 기간 이전에 제도개선을 위한 위원회를 명문화해야 할 것이다. 단순히 시민참여를 확대한다는 선언적인 문구가 아니라 구체적으로 최소 몇 % 이상을 명문화하고, 여론조사일 경우 구체적인 방식과 절차를 명문화할 필요가 있다. 과거 선거법 및 정당법 개정 이후 총선에서의 국민참여경선을 통한 상향식 공천은 공직 후보 선출방식은 정당 지도부의 운영 재량권에 따라 매우 제한적이고 정략적으로 활용되었던(서복경 2004) 점을 생각하면 정당 내 명문화된 제도화 정비는 중요하다.

이상 국민참여경선 과정에서 나타난 문제점을 해결하고 선결 과제를 보완하지 못할 경우, 국민참여경선은 정치결사체로서 정당의 존립 근거를 희화화하고 당심과 민심의 괴리, 대중 영합적인 인기 투표방식의 공직 후보자 선출에 머무를 수도 있다. 물론 국민참여경선 방식의 공직 후보자 선출이 장점만 있는 것은 아니다. 일부 연구자들이 지적하는 바와 같이 당심과 민심의 차이, 대중 영합적인 인기 투표방식의 문제, 상대 정당 지지자들의 역선택 문제를 해결하기 어려운 부분이 있다.[3] 이 점은 분명히 문제점으로 남아있다.

그럼에도 불구하고 국민참여경선은 세계적으로 미국을 시작으로 프랑스, 한국 등 다수의 국가로 확산되고 있다. 이는 많은 시민의 참여를 확대하여 정당의 지지 세력 범위를 넘어서는 유권자 집단 형성에는 매우 유리하기 때문이다. 따라서 국민참여경선을 시행하기 위한 사전 준비가 매우 중요하다. 단기적인 관점이 아니라 장기적으로 각 정당 차

---

3 특히 상대 정당 지지자들의 역선택 문제는 구체적으로 국민참여경선에서의 투표 방식의 공정성과 역선택의 영향력과 효과는 측정하기 매우 어려운 한계는 분명히 존재한다. 앞으로 국민참여경선 제도가 유지된다면 이에 대한 보완과 문제점 해결을 위한 보완적인 연구가 필요하다.

원에서 공직 후보자 선출과정에서 정당의 정체성을 유지하고 민의를 정당이 수렴하는 방식으로 발전을 모색해야 할 것이다. 이 과정에서 본 연구에서 살펴본 정당 민주화, 당원 책임성과 국민 대표성의 조화, 제도화는 매우 중요한 요소라고 할 수 있을 것이다.

참고문헌

강원택. 2004. "정당의 공직후보 선출과 당내민주화." 심지연 편. 『현대 정당정치의 이해』, 225-250. 서울: 백산서당.

김범수·문상석. 2015. "인터넷의 등장과 정치변동: 정보화시대 국민참여경선의 등장의 의의와 한계." 『사회이론』 47호, 157-191.

김예원·송경재. 2014. "정보화시대, 모바일 투표의 가능성과 한계에 관한 일 고찰: 민주통합당의 모바일 투표 사례를 중심으로." 『담론201』 17권 4호, 131-154.

김형준. 2010. "오픈 프라이머리 제도의 한국적 적용에 관한 고찰: 미국의 경험을 토대로." 『비교민주주의연구』 6집 2호, 35-68.

서복경. 2004. "정당개혁과 한국 민주주의의 미래: '원내정당화' 논의의 재고." 『동향과 전망』 60호, 11-39.

서현진·이수정. 2020. 『민주정치와 시민교육』. 서울: 백산서당.

성병욱. 2015. "한국 정당정치의 위기와 변화방향." 『대한정치학회보』 23집 3호, 217-238.

송경재. 2007. "e-party, 정당위기의 대안인가?." 『21세기정치학회보』 17집 1호, 21-44.

오창룡. 2017. "프랑스 대선과 국민참여경선의 효과: 2016년 우파 도입 사례를 중심으로." 2017년 프랑스 대선과 유럽의 미래 세미나. 서울. 6월.

오태현. 2017. "프랑스 대선 분석 및 향후 전망." 『오늘의 세계경제』 17권 17호, 1-11.

유민환. 2017. "민주당 국민참여경선 역사, 2002년 첫 도입… 노무현 돌풍 주역." 『문화일보』 (2월 24일), https://m.munhwa.com/mnews/view.html?-no=2017022401030812054001.

이정진. 2017. "2017 프랑스 대선의 결과와 시사점."『이슈와 논점』1314호, 1-4.

이정진·민태은. 2015. "개방형 경선과 여성대표성: 제도적 고찰과 미국사례를 통해."『정치·정보연구』18권 3호, 75-97.

이준한. 2003. "국회의원 후보선출의 방법과 과정에 대한 비교연구: 한국과 미국."『의정연구』9권 1호, 86-109.

장우영·송경재. 2010. "뉴미디어와 ICTs/Leadership 정당: 현대 정당의 변화와 지속."『21세기정치학회보』20집 2호, 1-30.

조의준. 2021. "'4지 선다' 여론조사 洪이 앞서… 국민의힘 지지층은 尹 우세." 『조선일보』(10월 28일), https://www.chosun.com/politics/assembly /2021/10/28/4BYUUUKNAVBSFOTWTCNP3H2ERE/.

최장집. 2010.『민주화 이후의 민주주의』. 서울: 후마니타스.

한정훈. 2012. "정당일체감 형성요인 분석: 정강, 정당지도자 및 정당활동가." 『한국과 국제정치』28권 3호, 93-128.

허동준. 2021. "이낙연 측 사실상 경선불복…'무효표 처리' 이의제기키로."『동아일보』(10월 10일), https://www.donga.com/news/Politics/article/ all/20211010/109640141/1.

Dahl, Robert A. 1961. *Who Governs? Democracy and Power in an American City*. New Haven: Yale University Press.

Duhamel, Olivier. 2016. *Les primaires pour les Nuls*. Paris: First Editions.

Hershey, Marjorie R. 2012. *Party Politics in America*. New York: Pearson.

Heywood, Andrew 저·조현수 역. 2014.『정치학: 현대정치의 이론과 실천』. 서울: 성균관대학교출판부.

King, Gary, Robert O. Keohane, and Sidney Verba. 1994. *Designing Social Inquiry: Scientific Inference in Qualitative Research*. Princeton: Princeton University Press.

Kirchheimer, Otto. 1966. "The Transformation of the Western European Party

Systems." In *Political Parties and Political Development*, edited by Joseph LaPalombara and Myron Weiner, 177–200. Princeton: Princeton University Press.

Lefebvre, Rémi, and Eric Treille. 2016. "Vers une primairisation de la vie politique français." In *Les primaires ouvertes en France : Adoption, codification, mobilisation*, edited by Rémi Lefebvre and Eric Treille, 11–36. Rennes: Presses Universitaires de Rennes.

Norris, Pippa. 2000. *A Virtuous Circle: Political Communications in Postindustrial Societies*. Cambridge: Cambridge University Press.

Rahat, Gideon, and Reuven Y. Hazan. 2001. "Candidate Selection Methods: An Analytical Framework." *Party Politics* 7(3): 297–322.

Schattschneider, Elmer E. 1960. *The Semi-Sovereign People: A Realist's View of Democracy in America*. New York: Holt, Rinehart and Winston.

Spirova, Maria. 2007. *Political Parties in Post-Communist Societies*. New York: Palgrave Macmillan.

Ward, Stephen, Rachel Gibson, and Paul Nixon. 2003. "Parties and the Internet: An Overview," In *Political Parties and the Internet : Net Gain?*, edited by Rachel Gibson, Paul Nixon, and Stephen Ward, 11–38. New York: Routledge.

Ware, Alan. 1996. *Political Parties and Party Systems*. Oxford: Oxford University Press.

Webb, Paul, David Farrell, and Ian Holliday. 2002. *Political Parties in Advanced Industrial Democracies*. Oxford: Oxford University Press.

6장 영국 신노동당의 '연계 정부(Joined-Up Government)': 추진과 한계*

임상헌

I. 서론

정책 영역이 확장되고 복잡해짐에 따라 정부 부처와 부서들은 점점 전문화되고 분산되고 있다. 그러나 정부 역할 분화의 증가는 기능의 중복 및 부처 간 갈등을 초래하였으며, 다양한 국가에서 이러한 부처 간 중복과 갈등을 극복하고 정책을 조율할 수 있는 방법을 모색하였다. '연계 정부(Joined-up government)'라는 용어는 이러한 협조 정부를 설명하

---

* 이 글은 2018년 9월 『한국사회정책』 25권 3호에 게재된 졸고 "New Labour's Joined-Up Government and Social Service Reform"을 한국어로 수정하며 번역한 것이다.

는 데 자주 사용되고 있다(Barret 2003; Ling 2002; Six 2005). 20세기의 마지막과 21세기의 초입에 영국을 이끈 토니 블레어(Tony Blair)의 신노동당(New Labour) 정부는 연계 정부라는 개념을 만들고, 이를 정부 '현대화'의 필수 요소라고 홍보하였다. 이것은 다원적 거버넌스에서 정책 조율을 달성하기 위한 의미 있는 시도였다.

이러한 중요성에도 불구하고 연계 정부는 거버넌스 연구에서 크게 주목받지 못했다. '공공과 민간의 협력', '공동생산(co-production)' 및 정부 간 협력과 같은 용어가 정책 연구에서 강조되었음에도 불구하고 이 연구들은 주로 구체적인 정책 개혁 내용에만 중점을 두었고, 이러한 정책을 조율하는 제도적 구조에 대하여서는 상대적으로 적은 관심을 두었다. 정책 조율의 구조를 본다고 하더라도 대개 정책결정구조보다는 중앙과 지방 간, 공공과 민간 간의 관계에 대한 보다 거시적인 시각을 취한다. 그러나 부처할거주의(departmentalism)를 극복하는 것은 사회적 배제, 범죄, 무주택자 및 저출산 고령화와 같은 '골치 아픈 문제(wicked is-sues)'를 해결하기 위한 정책 개혁의 주요 요소이기도 하다. 이러한 문제들은 단 하나의 부서가 전담할 수 있는 것이 아니라, 다양한 부서 간의 공동 노력이 필요하기 때문이다. 사회의 변화와 새로운 사회 위기에 대응하기 위한 전략인 사회 포용, 근로연계복지(workfare) 및 사회 투자 국가(social investment state)의 촉진은 특히 경제, 교육 및 복지 정책을 통합하였기 때문에 부서 간 협력이 더욱 필요하다. 영국 신노동당의 연계 정부는 세기말과 세기 초에 정책의 주요 도전이 되었던 이러한 문제들과 대안들에 대응하기 위하여 시도한 거버넌스 개혁 프로젝트였다.

따라서 연계 정부에 대한 연구는 어떻게 사회정책 개혁을 정부 행정에서 실제로 추진할 것인가에 대하여 알아보는 데에 도움이 된다. 최근 한국에서도 저출산 고령화, 경제성장 둔화 및 양극화 등 사회 문제와 경제 문제들이 종합적으로 발생하고 있고, 이에 따른 복지 및 고용 정책을 추진하는 것이 중요한 정책 아젠다로 부상하고 있다. 그리고 이를 위한 전략을 수립하는 데에는 중앙과 지방 간, 정부와 시민사회 간의 협력과 조정이 필요하다. 그러나 다양한 부문 간의 정책 조율은 어려운 과제이다. 영국 신노동당의 연계 정부 추진 경험은 성공과 실패 모두 중요한 시사점을 제공할 수 있으며, '연계 행정' 발전에 관심이 있는 학계 및 현장에 중요한 시사점을 줄 수 있다.

이러한 점에서 이 글은 1990년대 후반과 2000년대 초반의 신노동당 정부하에서 추진된 연계 정부에 대하여 소개한다. 연계 정부의 등장 배경 및 실제 추진 과정, 그리고 그에 대한 비판에 대하여 검토한다. 이 논문은 현대 영국 정치 역사에서 장관의 책임과 내각 정책 조율의 유산이 얼마나 지속되고 변화하는지, 즉 역사적 제도주의에서 강조하는 요소를 살펴본다. 다음 섹션에서는 먼저 연계 정부란 무엇인지 알아본 뒤, 이어지는 섹션들에서 신노동당이 이것을 어떻게 추진했는지, 그리고 어떠한 비판을 받았는지 살펴볼 것이다.

II. 연계 정부란 무엇인가?

연계 정부는 토니 블레어의 신노동당 정부 초기(1997-2001)에 추진된

'정부 현대화(Modernising Government)' 프로젝트의 주요 요소 중 하나였다. 블레어 정부는 사회적 포용, 범죄, 무주택자, 무단결석, 십 대 임신, 약물 남용, 알코올 중독 등과 같은 '골치 아픈 문제'에 대응해야 한다고 강조하였다(Bogdanor 2005, 6; Kavanagh and Richards 2001, 8), 이러한 문제들은 문제 자체가 정의하기 어렵고 원인이 불확실하거나 의견이 갈려있다는 점에서 전통적인 정책적 해결 방안을 찾는 데 어려움이 있었다. 이러한 문제들에 대처하기 위해 블레어 정부는 '정부의 조직 구조와 관계없이' 정책을 연계적으로 만들고 추진할 수 있는 거버넌스 구조를 구축하고자 하였다. 연계 정부 프로젝트는 정부 부문 내부뿐만 아니라, 정부와 시민사회 간, 중앙 정부와 지방 당국 간의 협력을 목표로 하였다(Bogdanor 2005, 2; Cowell and Martin 2003; Ling 2002). 특히 연계 정부에서 정부와 시민사회 간의 협력 추진의 경우는 '제3의 길(the third way)' 아이디어와 관련되기도 하였다. 신노동당 정부의 사회정책 전략은 경제, 교육 및 복지 정책을 통합하여 사회 포용, 근로연계복지 및 사회 투자 국가를 촉진하므로 부서 간 협력이 더욱 필요하였다.

영국 헌법 전문가인 보그다노르(Bogdanor 2005, 1)는 옥스퍼드 영어 사전을 인용하여 연계 정부를 '정부 부처 및 기관 간의 정책 개발과 실행을 조정하려는 정치 전략으로서, 복잡한 사회 문제, 특히 사회 포용과 빈곤과 같은 문제에 대응하기 위한 포괄적이고 통합된 방식'으로 정의한다. 그러나 정부 문서 및 연구 논문들에서는 용어의 명확한 정의를 찾기 어렵다. 심지어, 연계 정부의 모태가 된 *Modernising Government*라는 정부 백서에도 명확한 정의가 나타나지 않는다. 링(Ling 2002, 616)은 연계 정부라는 용어 '불명확하며 논쟁의 여지가 있는 포괄적 용어'라고 비판하였다.

게다가, 블레어 정부는 연계 행정을 시도한 최초의 정부도 아니었다. 1950년대 초기에는 윈스턴 처칠이 '상급 장관(overlords)'을 임명하여여러 부처 간의 정책을 조율하는 역할을 맡기기도 했으며, 1960년대 후반과 1970년대 초에는 노동당과 보수당이 각각 '슈퍼 부처'인 보건사회보장부(Department of Health and Social Security)와 다분야 유닛인 중앙정책 검토국(CPRS)을 조직했다(Clark 2002; Hennessy and Welsh 1998; Klein and Plowden 2005). 블레어 정부는 연계 정부를 이루는 데 있어서 이러한 전통적인연계 방식도 활용하였다. 대표적으로 Department of Environment, Transport and the Regions(DETR)를 조직한 것은 윈스턴 처칠의 '상급장관' 및 에드워드 히스의 '슈퍼 부처'와 닮았다. 게다가 영국 정부에서오랫동안 주요한 정책조정 부처이었던 재무부(Treasury)는 블레어 정부의연계 정부하에서 1998년 Comprehensive Spending Review(CSR) 도입 이후 Public Service Agreements(PSA)에 따라 특히 예산 배분 권한을 활용하여 정책 조율의 중요한 역할을 지속적으로 수행하였다(Ling 2002, 617).

그러나 블레어 정부는 연계를 구축하는 데 있어 전통적인 방법에만 의존하지는 않았다. 블레어 정부는 정부의 전통적인 부처 구조 바깥에 Social Exclusion Unit(SEU), Performance and Innovation Unit(PIU), Women's Unit과 같은 연계 유닛들(joining-up units)을 두었다. 이들 연계유닛들을 중앙 정부의 핵심인 총리실(다우닝가 10번지에 위치하여 일반적으로'No. 10'이라고 함) 및 내각부(Cabinet Office)에 두어 총리 직속으로 관리하였다. 이와 같이 블레어 정부는 부처 간, 중앙 및 지방 정부 간, 공공 및 민간, 비영리 부문 간의 협력을 조정하기 위해 여러 개의 연계 기관을 설립하였다. 이러한 연계 정부는 부처 구조에 기반한 영국 행정부의 헌법적 구조에 대한 도전으로 간주되었다. 하지만 이러한 전통적인 행정부 구조는 부처할거주의와 칸막이를 만든다는 비판을 받았다.

그렇다면 블레어 정부는 어떤 이유로 연계 정부를 주요 국정과제 가운데 하나로서 추진하였을까? 다음 장에서는 영국 행정부 구조의 발전과 그 문제, 그리고 영국 정부가 이러한 문제에 대처한 방식들에 대하여 논의한다.

Ⅲ. 영국 행정부의 전통

1. 장관의 책임과 직업 관료제

각 부처와 해당 부처 장관의 명확한 책임(ministerial responsibility) 구조는 영국식 행정제도의 주요 특징 중 하나로 언급된다. 이 시스템은 의회의 주권(parliamentary sovereignty)을 기반으로 하며, 의회, 장관 및 관료들 간 수직적인 책임 관계를 형성한다.

영국의 정치체계인 이른바 '웨스트민스터 모델'은 단일체계(unitary system)로 특징지어져 있다. 정치적 권력은 공식적으로 의회, 특히 자유롭고 공정한 선거를 통해 민주적 정당성을 가진 하원(House of Commons)에 집중되어 있다. 이러한 의회의 주권을 기반으로 단일한 수직적 책임 체계가 형성된다. 장관은 의회에 책임을 지고, 관료들은 각자의 장관에 책임을 지게 된다. 관료들은 정책 결정 과정에서 장관에게 자문을 제공하고, 장관이 결정한 정책을 실행한다.

이러한 행정체계는 19세기와 20세기 초를 걸쳐서 구축되었다. 이는 19세기 중반의 노스코트-트러벨리언 개혁(Northcote-Trevelyan reform)에서 비롯된 것이다. 찰스 트러벨리언은 당시의 관료 충원 관행인 후견제(patronage)를 비판하며, 관료 충원을 경쟁 개방 시험을 통해 하도록 개혁하고자 하였다. 결과적으로 1854년에 공무원 시험 위원회가 설립되었다(Hennessy 2001, 44).

1918년 홀데인 보고서(Haldane Report)는 각 부처가 그들의 기능에 따라 더 나눠지고 각 부처의 장관이 그들의 부처 역할에 관하여 의회에 대해 책임을 져야 한다고 제안하였다(Ministry of Reconstruction 1918). 부서의 기능적 분할뿐만 아니라 관료들의 전문화와 정치적 중립화도 촉진되었다. 관료들이 정치적으로 중립에 서도록 하기 위하여 시험을 통한 공정하고 개방적인 경쟁에 의한 충원 및 임기 보장을 추진하였다. 시험을 통하여 관료를 선발함으로써, 관료 지망생들이 관료가 되기 위하여 정치적 후견인을 찾는 일이 없이 정치적으로 중립적인 행정적 전문가가 될 수 있도록 하고자 하였다. 즉, 관료들이 정치적 임명자가 아닌, 임기를 보장받는 직업 공무원이 되도록 하여 직접적인 사회 및 정치적 영향에서 벗어나 공공 이익에 더 효과적으로 집중할 수 있도록 하고자 하였다.

영국 정부는 정치적 중립성을 제공하는 장관 책임제 구조하에서 관료들의 전문성을 지속적으로 강화하기 위한 일련의 개혁을 실시하였다. 1968년에 활동한 풀턴 위원회(Fulton Committee)는 정책 실행 단계에서의 관료들의 전문성을 더욱 키울 것을 강조하였다(Hennessy 2001, 45). 풀턴 보고서는 일반 기능 관료들의 '아마추어리즘'을 비판하였다. 이 보고서는 더 많은 책임과 권한을 과학자 및 엔지니어와 같은 전문가에게 부여하고, 각 부처의 기능에 대한 명확한 정의를 내리며, 관료들이 자신의 의무를 명확하게 이해할 수 있도록 해야 한다고 주장하였다. 이를 위해 보고서는 관료들을 담당하는 부서인 Civil Service Department를 신설하고, 관료들 교육을 위한 Civil Service College를 만들 것을 제안하였다. 직업 관료들의 전문성과 장관의 의회에 대한 정치적 책임은 영국의 행정 구조에 뿌리내리고 있다. 이러한 의미에서 리처즈와 스미스(Richards and Smith 2002, 48)는 영국 관료제의 특징으로서 종신제, 익명성, 중립성, 전문성, '동네와도 같은' 비공식적인 네트워크, 정치적 마스터들에 대한 책임, 공공 이익의 수호 등을 꼽았다.

2. 부처할거주의 문제와 정책조정 노력

영국의 관료제는 명확한 책임소재를 밝히고 전문가 윤리를 발전시킨다는 긍정적인 면이 있고, 또한 이런 긍정적인 면을 더욱 강화하기 위한 개혁들이 시행되었지만, 이러한 원칙과 개혁의 강화는 그 이면에 정부 내 부처 간 협조와 정책조정을 어렵게 하는 '부처할거주의(departmentalism)'의 기반이 되었다는 비판을 받았다. 책임 장관과 전문 부처 시스템하에서 각 부처는 예산과 같은 자원을 확보하고 자체 조직을 만들고 키우는 데 관심을 기울이게 된다(Dunleavy 1991). 내각 회의에서 장관들은 내각의 일원으로서 서로 협력하여 정책조정자의 역할을 수행하기보다는 각자가 맡은 부처의 대표자로서 부처의 이익을 성취하기 위하여 대립하는 경쟁자들이 되어갔다(Richards and Smith 2002, 21-22). 또한, 각 부처는 서로 간에 칸막이를 치고(영국 표현으로는 '사일로') 정책 문제를 해당 담당 부처의 정책 이해 방식을 고수하여 해석하고 자신이 가진 지적, 물리적 자원을 통해서 해결책을 찾게 되었다(Page 2005, 14). 각 부처가 정책 및 정책 문제를 이해하고 해석하는 자신들만의 해석 체계를 발전시킴에 따라, 다른 부처와 정책에 관하여 논의하고 소통하기가 더욱 어려워지게 되었다.

실상, 내각 시스템 자체가 이러한 부처할거주의를 해결하고자 하는 전통적인 제도 가운데 하나이다. 장관들은 자신들이 맡은 부처의 장일 뿐만 아니라 국무위원으로서 내각 구성원이기도 하다. 지난 2세기 동안 영국 내각제하에서 장관들은 총리 및 재무장관과 함께 내각에 모여 정부의 핵심 문제를 함께 논의하고, 내각의 결정에 대한 집단 책임(collective responsibility)을 졌다. 그들은 내각 안에서 서로 연대감을 가지고(cabinet solidarity) 부처들이 내놓은 정책들 간에 조정을 하기 위하여 서로 협력하도록 되어 있었다(Foster 2005, 117-118).

그러나 특히 20세기 후반 이후로 내각은 그 정책조정 기능을 수행하는 데 문제가 있음이 드러났다. 유럽연합(EU) 가입, 사회정책 추진, 1970년대 이후에 나타난 거시경제의 위기 등과 같은 요인에 의해 정부의 업무가 확장되었고, 정부가 다룰 국사(國事)의 범위와 규모가 장관 몇 명이 모여 다룰 수 있는 수준을 넘어서게 되었다. 정부 업무의 규모가 커짐에 따라 일반 지식을 가진 정치인인 장관과 내각이 아니라 전문 부서와 직업 관료들이 더욱 큰 역할을 수행해야 한다는 생각이 설득력을 얻게 되었다(Foster 2005, 119). 게다가 전문화되고 특화된 부서 체계에서 장관이 자신의 부처가 담당한 업무들과 사업들을 이해하기 위해서는 부처 관료들의 지원과 조언이 꼭 필요했다. 부처 관료들의 조력을 받는 과정에서 장관들은 자신이 담당한 부처의 문화와 이해관계에 더욱 익숙해졌다. 그리고 정치인인 장관이 자신의 정치적 커리어를 발전시키기 위해서는 정부 전체의 집합적 성취보다는 장관 및 장관이 담당한 개별 부처의 성과가 더욱 효과적이었다(Richards and Smith 2002, 21-22). 따라서 정책조정의 장으로서 내각의 효능은 점점 약화되었다.

심화되어가는 부처할거주의 문제를 해결하기 위해 영국 정부는 몇 차례 개혁을 시도하였다. 정책조정 강화를 위한 이러한 개혁을 기관 통합, 재정·경제적 조정, 그리고 사회적 네트워킹 등의 세 가지 방식으로 구분할 수 있다. 기관 통합은 여러 부처를 내각과 같은 정책기관 하에 두거나 혹은 몇 개의 '슈퍼 부처'로 합병하는 것을 의미한다. 여기에서 조정의 단위는 부처이다. 재정·경제적 조정은 기관 간 인위적 통합이 아니라, 예산 할당이나 조달과 같은 경제적 수단으로 부처들을 연결하는 것을 의미한다. 사회적 네트워킹은 부처 간 혹은 공공·민간 부문 간 네트워크의 구심점이 되는 기관(유닛, 위원회 등)을 만들어서 이들이 이어주고 있는 관계망을 통해 정책을 조정하는 것을 의미한다. 이것은 기관적 통합과 다르게 부처 자체를 병합하지 않고, 이슈별로 관련된 부처 및 이해당사자를 이어준다는 점에서 차이가 있다. 이것은 또한 경제적 인센티브를 제공하는 방식과도 다르다. 여러 부문을 파편화된 채로 두고 그들 사이에 경쟁을 촉진하는 대신, 사회적 네트워킹은 서로 다른 부문 간의 연결과 협력을 촉진한다.

이 세 가지 조정 방식은 계층적 또는 수평적 특성에 따라 더 세분화 될 수 있다. 기관적 통합에 있어 감독 기관이 부처 위에 서 있을 수도 있 고 다양한 부처가 수평으로 병합될 수도 있다. 경제 조정에 있어 재무 부가 예산을 강제로 조정해서 할당할 수도 있고 정부가 부처 간의 준시 장 경쟁을 촉진할 수도 있다. 사회적 네트워킹에 있어 수직적인 관계망 을 강제적으로 구축할 수도 있고 바텀업 방식으로 자발적인 협력의 관 계망을 만들어 갈 수도 있다.

〈표 6-1〉 영국의 부처 간 조정 방식

	기관통합	경제적 유인	네트워킹
수직적	내각제, 상급 장관	재무부의 예산 배정	중앙연계유닛
수평적	슈퍼 부처	준시장 경쟁	중앙정책검토관 (CPRS)

출처: 이 표의 범주는 Hood(2005, 27)와 Six(2005, 45)의 정책조정 범주화를 결합 및 수정 하여 저자가 구성한 것이다.

영국 정부는 때로 기관적 통합을 사용하여 정책조정을 하고자 하 였다. 앞에서 말한 대로 내각제 자체가 한 예이다. 1951년 윈스턴 처칠 은 일부 '상급 장관' 또는 '총괄자'를 상원에서 지명하여 각각의 장관이 나 부처를 조정 또는 '감독'하게 함으로써 일종의 전시 내각 체제를 재 활용해 보고자 하였다(Bogdanor 2005, 5; Hennessy and Welsh 1998). 1968년 에 드워드 히스는 보건부와 사회보장부를 보건사회보장부라는 '슈퍼 부 처'로 통합하였다. 토니 블레어도 환경, 교통 및 지방부(Department of En- vironment, Transport and the Regions, DETR)라는 슈퍼 부처를 신설하였다(Clark 2002, 112).

경제적 인센티브 또한 정책조정의 수단으로 자주 활용되었다. 가장 두드러진 예는 재무부의 재정 조정 역할이다(Ling 2002, 617). 블레어 정부에서 재무부는 정부 재정을 할당하는 데 공공 서비스 협정(public service agreements)을 도입하였다. 재무부는 정책 결과에 대하여 지출 부처와 협정을 맺고 예산을 분배함으로써 정책조정에서 정책의 실제 성과를 강조하였다(James and Nakamura 2013).

그러나 재정 조정은 항상 위에서 아래로만 이루어지지는 않았다. 1980년대와 1990년대에 보수당 정부는 공공 서비스 제공 부문에 시장 경쟁을 도입하였다. 아웃소싱과 시장 경쟁을 도입하는 일련의 개혁들은 공공 서비스를 연계하는 것이 아니라 오히려 파편화시켰다. 1979년에 취임한 이래로 대처 정부는 정부의 규모를 줄이고 공공 지출을 감소시키는 방법을 모색하였다. 보수당 정부는 중앙 정부가 집행자가 아니라 소규모의 관리자 역할을 해야 한다고 강조하였다. 중앙 관료제는 비교적 소규모인 핵심들로 구성하여 장관을 보좌하고 부서들을 관리하는 역할을 해야 한다고 주장하였다(Drewry 1994, 589). 보수당 정부는 장관을 보좌하고 및 정책을 수립하는 기능과 실제 정책의 집행이 이루어지도록 하는 행정 및 서비스 전달 기능을 구별하였다. 그런 다음 집행 기능은 준자치형 집행기관으로 이관하도록 유도하였다.

이렇게 하여 1980년대와 1990년대 초반에 보수당 정부는 정부에 시장 메커니즘을 도입했으며, 여기에는 관리유닛 설치, 내부 시장 구축, 민영화, 시장에 의한 테스트, 의무 경쟁 입찰(Compulsory Competitive Tendering, CCT) 등이 포함되었다(Ling 2002, 618). 보수당 정부의 시장화 촉진으로 공공 부문이 더욱 파편화되어 정부 기관 간의 협력은 더욱 어려워졌다(Ling

2002, 618).

사회적 네트워킹도 정책조정을 위한 방식으로 종종 사용되었다. 관료들 간의 자발적 협력 장치의 예로는 각 부처에서 공무원들이 모여 부처 간 문제를 논의하는 부처 간 회의와 법안 개발을 위하여 구성되는 법안 팀(Bill teams)이 있다(Foster 2005, 120; Page 2005, 151). 이들보다는 더 인위적인 조정 방식으로는 1971년 에드워드 히스가 설립한 중앙정책검토관(Central Policy Review Staff, CPRS)를 설립하였다. CPRS는 선거운동기간 동안 정당이 공약한 정책을 추진하기 위해 부처 간의 협력을 유지하는 역할을 담당하였다(Clark 2002, 112-113). 1976년 제임스 캘러한의 노동당 정부에서는 사회정책에 대한 공동 접근 방식(Joint Approach to Social Policy, JASP)이 CPRS의 권고로 시작되었다(Klein and Plowden 2005). 사회적 네트워킹은 신노동당 연계 정부의 주요 접근 방식이 되었다. 블레어 정부는 총리실 및 내각부와 같은 정부의 중심부에 SEU 및 PIU와 같은 연계 유닛을 설치하여 정책조정의 사령탑으로 활용하였다.

IV. 블레어의 연계 정부

블레어 정부는 연계 정부를 추진하며 지역 안전, 지속 가능한 발전, 사회적 배제와 같은 교차 문제를 '연계' 방식으로 해결해야 한다고 강조하였다(Cabinet Office 1999). 그러나 연계 정부의 촉진은 주어진 문제를 해결하기 위하여 혁신적인 행정을 도입하는 것 이상의 의미를 가지고 있었다. 이는 사회 포용, 참여적(포괄적) 거버넌스와 같은 '제3의 길'의 정치가 담고 있는 가치들을 실현하는 것이었다(Ling 2002).

먼저, 블레어 정부는 사회 포용을 주된 정책 목표로 설정하였다. 사회 연대에 대한 강조를 통해 블레어 정부는 시장 가치와 경제적 효율성에 우선순위를 두었던 전임 마거릿 대처의 보수당 정부와 스스로를 차별화하고자 하였다. 연계 정부는 취약계층 서비스 이용자, 청소년, 노인, 외상 경험을 겪는 사람 등 취약계층 서비스 이용자들이 서로 연계되지 않은 서비스 기관들 사이에서 방황하지 않도록 하기 위해 노력하였다(Cowell and Martins 2003, 160). 그러나 신노동당 정부의 사회 포용은 재분배와 복지급여보다는 교육 및 유급 노동을 통한 기회의 평등을 강조하였다. 이러한 의미에서 볼 때, 신노동당 정부는 평등에서 사회 포용으로 관심을 전환하였으며, 따라서 불평등보다 사회적 배제를 더 큰 사회적 문제로 강조하였다고 볼 수 있다. 신노동당 정부는 이미 벌어진 사회 문제를 해결하는 것보다 일어날 수도 있는 사회 문제를 예방하고, 경제 정책과 사회정책을 통합적으로 접근할 것을 강조하였다. 이러한 목표를 달성하기 위해 부처 간 협력이 필요하였다. 이러한 점에서 볼 때, 연계 정부는 사회 투자 국가(social investment state)의 추진을 위한 도구였으며, 이를 위해 SEU, Women's Unit, Sure Start 및 Children and Young People's Unit(CYPN)과 같은 많은 연계 유닛 정책이니셔티브를 만들었다.

다음으로 이러한 사회 목표를 달성하기 위해 신노동당 정부는 다양한 부문 간의 경쟁뿐만 아니라 협력도 촉진하였다. 대처 정부는 관리기관과 집행기관을 분리하고, 실행 역할을 외주하며, 공공서비스 제공에 있어 공공과 민간, 그리고 비영리 부문 간에 시장 경쟁을 촉진함으로써 이들을 분열시켰다(Bogdanor 2005, 15). 신노동당 정부는 정부 내에서, 그리고 정부와 민간, 그리고 비영리 부문들 사이에서 협력을 촉진하였다(Cabinet Office 1999, 11, 61; Ling 2002, 624; Richards and Smith 2002, 244). 이러한 네트워킹 방식은 Kooiman(2000, 139)의 '거버넌스' 개념과 부합하는 것으로 보이다. 쿠이만(Jan Kooiman)에 따르면, 거버넌스란 '공공 및 민간 행위자들이 문제 해결 혹은 사회적 기회 창출을 추구하는 또는 이러한 통치 행위들이 일어나는 사회제도들에 대한 관심을 추구하는 장(arrangements)'을 의미한다.

그러나 신노동당의 연계 정부를 공공과 민간 부문 간의 수평 네트워크라고만 볼 수는 없다. 이러한 네트워크는 중앙 정부, 특히 총리실과 내각부의 연계 에이전트들이 밀접하게 조정하는 것이다(Cowell and Martins 2003). 스미스(Martin J. Smith)의 말에 따르면 신노동당 정부는 '정책 자문의 소스를 늘리고 서비스 전달을 다양화하며 권력을 분권화하면서도 동시에 이를 통해 일관된 목표를 달성하려고 하였다'(Smith 2003, 71).

1. 중앙의 연계 유닛들

중앙집권형 조정 시스템을 추진하기 위해 블레어 정부는 총리실, 내각부와 같은 정부의 핵심에 여러 연계 유닛을 설치하였다. 사회적 배제가 블레어 정부가 다룰 주요 문제로 제시되면서 1997년 12월에 내각부에 사회적 배제 유닛(SEU)이 설립되었다. SEU는 사회적 배제로 인하여 발생하는 문제들에 대하여 연계 방식의 해결 방안을 모색하고 추진하는 역할을 담당하였다(Burch and Holliday 1999, 38; Cabinet Office 1999, 18). 2006년에 SEU는 사회적 배제 태스크 포스(Social Exclusion Task Force, SETF)로 재편되어 총리실 전략국(Prime Minister's Strategy Unit)에 합병되었다. 1998년 5월에는 또 다른 중요한 연계 유닛인 성과개혁 유닛(Performance and Innovation Unit, PIU)가 내각부에 설립되었다. PIU는 정책 문제를 총리에게 직접 보고하고 공공 서비스 제공에 대한 혁신을 제안하며 부처 간 협력을 리뷰하였다(Cabinet Office 1999, 18). 블레어 정부의 두 번째 기간 동안 사회서비스의 제공이 강조되자(Ling 2002, 615; Page 2005, 139), 2001년 6월에 또 하나의 강력한 연계 유닛인 총리실 전달 유닛(Prime Minister's Delivery Unit)이 내각부에 설립되었다. Delivery Unit은 '총리의 최우선 공공 서비스'의 전달을 보장하고 재정과 공공 서비스 협약(PSAs)에 대한 책임을 재무부와 공유하였다.

총리실에서는 1998년 5월에 정책유닛(Policy Unit)이 확대되어 총리가 관심을 가진 정책 문제를 심층적으로 다루게 되었다(Burch and Holliday 1999, 34-35). 1998년에는 전략 커뮤니케이션 유닛(Strategic Communication Unit)이 총리실에 신설되어 언론 매체에 전달되는 메시지가 조율이 되도록 하였다(Burch and Holliday 1999, 34; Kavanagh and Richards 2001, 12).

연계 유닛들 가운데에는 더 구체적인 정책 이슈에 특화된 유닛들도 있었다. Women's Unit은 여성부 장관을 지원하기 위한 연구 및 프로젝트를 수행하였으며 UK Anti-Drug Coordination Unit은 마약 문제에 대한 협력을 촉진하였다(Cabinet Office 1999, 18). 두 유닛 모두 1997년에 설립되어 1998년에 내각부로 이관되었다(Richards and Smith 2002, 244).

내각에서는 1997년 5월에 무임소 장관(Minister without Portfolio)의 직위가 신설되었다. 무임소 장관은 정부 정책의 집행에 있어 부처 간 협력을 촉진하는 역할을 담당하고 있었다.

연계 유닛의 직원들은 정부뿐만 아니라 민간의 영리 및 비영리 부문에서도 충원되었다. SEU에서는 직원의 절반이 직업 관료 이외의 배경을 가지고 있었다. 전략 커뮤니케이션 유닛 또한 직업 관료와 비관료, 전직 저널리스트 등이 함께 일하고 있었다(Burch and Holliday 1999, 34, 38-39). 이런 식으로 블레어 정부는 직업 관료의 경계를 넘어 인력 풀을 확대하였다.

전통적으로 조정 부서로서의 역할을 하는 재무부는 연계 유닛과 협력하며 보다 포괄적인 역할을 수행하였다. 1998년에 예산 할당에 PSAs를 도입하여 부처가 예산 배분에서 정책 결과에 관한 협정을 체결하도록 하였다. PSAs를 기반으로 재무부는 지출 부처 간의 재정 조정에서 중심적인 역할을 하였다(James and Nakamura 2013).

〈표 6-2〉 중앙 정부에 설치된 연계 유닛 예시

유닛	소속	설립(및 폐지) 시기
Social Exclusion Unit	내각부	1997 설립 2006 Strategy Unit과 합병하여 Social Exclusion Task Force로 개칭 2010 폐지
Performance and Innovation Unit	내각부	1998 설립 2002 Prime Minister's Strategy Unit(Strategy Unit)으로 개칭 2010 폐지
Policy Unit	총리실	1974 설립 1998 확대
Women's Unit	내각부	1997 설립
UK Anti-Drug Co-ordination Unit	내각부	1997 설립
Strategic Communications Unit	총리실	1998 설립

2. 집행에서의 연계 정부

블레어 정부는 정책 집행에 있어 국가보건서비스(NHS), 지방 정부, 자원 단체 등 정부 외의 그룹과의 협력을 추진하는 데 관심을 기울였다 (Page 2005, 147). 다양한 자문 그룹들 및 태스크포스들이 다양한 사회 문제 해결을 위하여 부문 간, 그리고 중앙-지방 간 협력을 촉진하기 위해 만들어졌다. 태스크포스의 예를 보면, 시민권 자문 그룹(Advisory Group on Citizenship), 학교 표준 태스크포스(School Standards Task Force), 청소년 홈리스 (Youth Homelessness), 암 태스크포스(Cancer Task Force), 강제 결혼에 대한 워킹 그룹(Working Group on Force Marriage), 인권 태스크포스(Human Rights Task Force), 보건법 파트너십(Health Act Partnership), Excellence in Cities, 지방 전략적 파트너십(Local Strategic Partnership) 등이 있다(Richards and Smith 2002, 247; Stoker 2005, 158). 이러한 연계 유닛의 멤버 구성 또한 부문 간 연계를 추구하는 블레어 정책의 정부를 반영하여 정부 장관, 직업 관료, 자원봉사자 및 민간 부문 사업가 등을 포괄하였다(Richards and Martin, 246).

이러한 유닛들 가운데 Rough Sleepers Unit과 Early Years Development and Childcare Partnerships은 연계 정부의 성공 사례로서 잘 알려졌다. Rough Sleepers Unit은 거리의 노숙인들을 줄이기 위한 목적으로 1997년에 신설되었다. 이 유닛은 지방 정부, 자원 단체, 보건 서비스 및 경찰과 파트너십을 이루어 활동하였다(National Audit Office 2001, 4). Rough Sleepers Unit은 잉글랜드 거리의 노숙인 수를 1998년 6월 1,850명에서 2001년 6월 700명으로 줄였다(National Audit Office 2001, 5). 영유아 발달 및 아동 돌봄 파트너십(Early Years of Development and Childcare Partnerships)은 1998

년에 교육기술부에서 신설한 뒤 민간 및 자원 부문과 파트너십을 이루어 활동하였다.

<표 6-3> 연계 태스크포스 구성 예시

태스크포스	설립시기	장관	중앙부처관료	비 중앙부처관료	자원센터	민간센터
Fuel Supply	2000.09	6	1	1	0	0
Creative Industries	1997.07	11	15	2	0	10
Promotion of Life-Long Learning	1999.03	0	8	5	1	1
Youth Homelessness	1998.06	0	8	6	8	0
Integrated Sexual Health and HIV Strategy Steering Group	2000.05	0	13	10	8	3
Modernisation Action Team Patient Care	2000.04	1	2	10	5	4
Cancer Task Force	2000.09	1	7	12	3	1

출처: Richards and Smith(2002, 247)

V. 연계 정부에 대한 비판들

협력적이고 참여적인 정책조정 거버넌스를 통한 사회 문제 해결을 시도하였지만, 신노동당의 연계 정부 또한 비판을 피할 수는 없었다. 한편으로는 연계 정부가 중앙, 특히 총리실과 내각부, 즉 총리를 정점으로 하는 정부의 핵심에 조정 권한을 집중시켰다는 비판이 있었다. 블레어 정부는 내각의 조정 역할을 강화하기보다 연계 유닛들을 총리실과 내각부에 신설하고 이들에 정책조정의 권한을 부여하였다(Richards and Smith 2002, 249). 게다가 연계 정부 안에서 정치적 지명자의 수가 증가하여 행정 체제가 거의 대통령제에 가깝게 되었다고 한다(Richards and Smith 2002, 244). 중앙과 지방 정부 간의 관계에 관해서는 연계 정부가 위계적 통제 및 수직적 통합을 강화했으며 지방에서의 수평적 연계를 약화시켰다는 비판을 받았다(Cowell and Martin 2003). 2010년 정권 교체로 등장한 데이비드 캐머런의 새로운 연립 정부는 신노동당의 연계 정부를 '중앙에서의 공공 서비스 전담'이라고 비판하고 2010년 11월 총리실 전략국(Prime Minister's Strategy Unit, 이전의 PIU)과 Delivery Unit를 해체하였다.

다른 한편으로는 연계 정부가 행정체계를 통합하기보다는 오히려 분열시켰다는 비판이 있다. 연계 정부는 정책 수립 및 실행에 있어 서로 다른 부처와 분야들을 망라하는 연계를 강조하다 보니, 관료들은 이제 자신의 부처 장관에 대한 책임과 더불어 여러 부처를 망라하는 연계된 책임도 함께 지게 되었다. 반면, 민간 영리 및 비영리 부문에서 충원된 정무직들은 직업 관료들에 비해 적은 책임성을 갖는 구조가 되었다. 장관들이 이 정무직들을 승진이나 근무고과 등의 수단으로 책임을 묻는 것이 직업 관료들에 비해 덜 효과적이었기 때문이다. 더욱이 연계를 촉진하기 위해 설치한 연계 유닛들의 수가 증가하면서 행정체계의 분열이 오히려 강화되었다(Smith 2003, 71). 중앙 수준에서 연계 정부를 위한 다양한 유닛 및 태스크포스들이 서로 경쟁하고 충돌하였다(Richards and Smith 2002, 246). 지방 수준에서는 파트너십 기관이 급증하였다. 블레어 정부의 첫 정부 임기 동안 5,500개 이상의 기관들이 신설되었다(Stoker 2005, 157).

여러 분야들을 망라하면서도 그 연계를 맡은 유닛들이 난립하는 상황에서 정책의 형성과 집행에 대한 책임 소재가 어디에 있는지 인식하는 것이 어려워지는 문제가 발생하였다.

〈표 6-4〉지방 다중행위자 파트너십 예시

파트너십	연도	참가단체수	2001-2002년 재정 (단위: 백만GBP)	목적
Children's Fund	2001	40	150	아동빈곤 대책
Early Years Development and Childcare	1998	150	435	어린이집과 아동 돌봄 발전
Employment Zones	2000	15	56	장기실업자 도움
Health Act Partnerships	1999	64	637	보건과 사회서비스 연계
Health Action Zones	1998	26	160	의료와 진료
Healthy Living Cities	1999		60	보건 증진
Neighbourhood Renewal Fund	2001	88	200	빈곤 지역 서비스 개선
New Deal for Communities	1998	39	112	심각한 빈곤 마을의 사회경제적 박탈 문제 대책
Social Inclusion	1999	48	50	사회적 배제 대책
Sure Start	1999	500 (2004년)	284	빈곤가정 아동 발달 촉진

출처: Stoker(2005, 158)

이런 관점에서 팀 클락(Tim Clark)은 연계 정부가 '신 관리주의(new managerialism)'에 젖어 들어 옥상옥을 만들었다고 비판하였다(Clark 2002, 114-115). 전통적인 부처와 신규 연계 담당자들 간에 갈등이 보고되었으며(Kavanagh and Richards 2001, 9; Richards and Smith 2002, 242; Smith 2003, 71), 연계 유닛 자체가 스스로의 칸막이를 만들어서 자신들 나름대로의 목표를 정하고 그 목표 달성을 위한 활동을 했다는 비판을 받았다(Kavanagh and

Richards 2001, 9). 연계 유닛들이 증가하고 분절화되고 책임소재가 혼란해지는 상황은 중앙이 정책을 조율하기가 더욱 어렵게 만들었다(Richards and Smith 2002, 242). 어찌 보면, 연계 정부의 발밑에 놓인 이러한 '함정'들은 어쩔 수 없는 것이었다. 한편으로, 총리의 의지로 설치된 연계 유닛들이 기존 부처의 관료들과 정책조정을 해 가며 활동하는 것은 총리의 강력한 지원 없이는 불가능한 것이므로, 조정 권한의 중앙 집중화는 피할 수 없는 일이었다. 전통적인 부처와 관료들은 헌법에 기반한 관할권과 책임을 갖고 있지만, 연계 유닛들과 담당자들은 총리의 정치적 권한에 의존해야만 한다. 1970년대와 1980년대의 CPRS와 JASP의 성과와 몰락은 중앙 정치권력으로부터의 정치적 지원이 연계 유닛들의 활동과 생존에 얼마나 중요한지 보여준다(James 1986; Klein and Plowden 2005).

다른 한편으로, 연계 방식에 의한 정책조정이 기관보다는 이슈를 중심으로 추진되었음을 감안하면, 연계 정부의 분열에 대해서도 이해할 수 있다. 해결할 문제의 수가 많아지고 복잡해지면, 거기 해당하는 연계 유닛들과 담당자들도 늘어나고 복잡한 책임 구조를 가지게 된다. 예를 들어, 당시의 주요 사회 문제인 사회적 배제는 경제, 사회, 복지, 교육, 문화 등 다양한 분야의 문제와 고민을 포괄하고 있다. 게다가 정책 수립뿐만 아니라 실행에서도 연계 방식이 적용되었기 때문에 전체 연계 정부의 구조는 더욱더 복잡해지고 분절화되고 책임소재를 규명하기 어렵게 되었다. 그럼에도 불구하고, 연계 정부의 수직적이면서도 분절적인 성격이 원래 의미와 의도에 반한다는 비판은 피할 수 없었으며, 특히 이후의 보수-자유민주당 연립 정부로부터 개혁의 대상으로 지목되었다. 연립 정부를 수립한 신노동당 정부와는 달리, 데이비드 캐머런의 연립 정부는 탈중앙화된 행정과 '빅 소사이어티'를 추구하였다(Minister of Government Policy 2011).

VI. 결론

　정책 영역의 확장으로 상호 모순될 수도 있는 두 가지 도전이 한꺼번에 다가온다. 한편으로는 경제정책 및 사회정책 간, 공공 및 민간 간 경계가 점점 흐려지고 있는 현대 정책 거버넌스에서 정부는 정치적 이해관계에 덜 좌우되며 전문적 역량을 갖추고 있는 관료들로 이루어진 행정체계를 발전시켜야 한다. 그러나 다른 한편으로 다양성이 증가하고 새로운 사회 및 환경문제들이 등장하는 현대 사회에서 정부는 다양하고 다면적인 정책 이슈들을 조정해 나가야 한다. 영국은 19세기부터 책임 장관과 직업 관료로 이루어진 행정체계를 발전시켰고, 이러한 근대적 행정체계는 20세기 말에 부처할거주의를 발생시켰다는 비판을 받았다. 그러나 반대로 부처할거주의를 극복하기 위한 정부의 노력들은 옥상옥 설치, 책임소재의 혼란 등과 같은 또 다른 문제를 야기하였다.

　신노동당 정부의 연계 정부 추진도 이러한 문제를 보여준다. 신노동당 정부는 영국 행정체계의 오랜 문제이자 대처 정부의 신공공관리(new public management)에 의한 정부 분절화로 더욱 심화된 문제인 부처할거주의를 극복하기 위한 방법으로 연계 정부를 추진하였다. 그러나 그 위계적인 성격, 연계 유닛들과 연계 담당자들의 급중, 그리고 책임소재의 혼란은 연계 정부에 대한 비판을 촉발시켰다.

영국의 연계 정부 경험은 한국에도 함의가 있다. 발전국가(developmental state) 시대 이후 한국의 사회정책은 경제와 종속적으로 결합되어왔다. 더욱이 민간의 기업 및 비영리 단체는 이러한 정책의 실현에서 중요한 역할을 해 왔다. 따라서 정부의 여러 부처 간뿐만 아니라 공공, 민간 및 제3섹터 간의 협력은 언제나 필요했다. 그러나 부처 간의 정책조정은 대통령실 혹은 경제부처의 독주와 부처 간 칸막이 및 부처할거주의 사이를 오가는 어려운 과제였으며, 공공과 민간 부문 간의 협력은 종종 정부 관료에 의해 지배된다는 비판을 받아왔다.

이런 의미에서 이슈 중심의 연계 거버넌스는 정책조정에 도움이 될 수 있다. 예컨대, 사회 문제 해결에 대한 비전을 가지고 있으며 정책조정의 구심점이 될 수 있을 정도로 시민사회의 지지를 얻고 있는 대통령의 경우, 대통령실을 연계 네트워크의 구심점으로 삼고, 전문성을 가진 정부 부처 관료제와 시민사회 사이를 연결하며 새로운 사회 및 환경문제에 대한 정책들을 조정하는 방안을 생각해 볼 수 있다. 이 방법으로 기술적 전문성을 갖추고 있으면서도 사회적 가치를 반영하는 정책조정을 시도할 수 있다. 적어도 한국의 정부 구조는 연계 정부에 적합한 측면이 없지 않다. 영국 정치에 내각의 연대성과 장관 책임의 유산이 공존하고 있는 것처럼 한국에서는 대통령실과 수석비서관들이 정부 부처 및 국무위원을 겸하고 있는 장관들과 공존하고 있다. 그리고 잘 조직되고 사회 및 환경문제 해결에 열의와 경험을 가진 시민사회가 있다. 중앙뿐만 아니라 지방에서도 이전과는 달리 주민자치회나 사회적경제 등의 조직들이 연계 거버넌스를 가능하게 할 수 있다.

그러나 중앙화된 권력과 같은 부작용에 주의를 기울여야 한다. 대한민국 대통령제는 이미 대통령에게 너무 많은 권력을 집중시킨다는 비판을 받아왔다. 연계 정부 추진에 의한 연계의 정치화에 대한 비판은 관료화와 시장화에 대한 비판을 넘어설 만큼 강력할 수도 있다. 연계 정부를 촉진하기 위해서는 중앙 연계 유닛의 설립과 활동에 대하여 견제하고 감시하며 책임을 물을 수 있는 방법을 찾아야 할 것이다. 영국과는 달리 입법부와 행정부가 분리되어 있는 한국에서는 국회가 그 역할을 담당할 수 있을 것이다. 예컨대, 국회에 연계 기관 선출 위원회를 설립하거나 투명성에 대한 법적 의무를 강화하는 등의 방법이 필요할 것이다.

참고문헌

박천오·주재현·진종순. 2012. "우리나라 융합행정의 발전 가능성과 방향에 관한 탐색적 연구." 『한국정책과학학회보』 16권 2호, 85-112.

Audit Commission for Local Authorities in England and Wales. 1989. *Urban Regeneration and Economic Development: The Local Government Dimension*. London: HMSO.

Barker, Anthony and Graham K. Wilson. 1997. "Whitehall's Disobedient Servants? Senior Officials' Potential Resistance to Ministers in British Government Departments." *British Journal of Political Science* 27(2): 223-246.

Barret, Pat. 2003. "Government and Joined-Up Government: Some Issues and Early Successes." Australasian Council of Auditors-General Conference, Melbourne. February.

Bogdanor, Vernon. 2001. "Civil Service Reform: A Critique." *The Political Quarterly* 72(3): 291-299.

Bogdanor, Vernon. 2005. "Introduction." In *Joined-Up Government*, edited by Vernon Bogdanor, 1-18. Oxford: Oxford University Press.

Burch, Martin and Ian Holliday. 1999. "The Prime Minister's and Cabinet Offices: An Executive Office in All But Name." *Parliamentary Affairs* 52(1): 32-45.

Cabinet Office. 1999. *Modernising Government*. London: HMSO.

Clark, Tim. 2002. "New Labour's Big Idea: Joined-Up Government." *Social Policy and Society* 1(2): 107-117.

Cowell, Richard and Steve Martin. 2003. "The Joy of Joining Up: The Modes of Integrating the Local Government Modernisation Agenda." *Environ-*

ment and Planning C: Government and Policy 21(2): 159–179.

Drewry, Gavin. 1994. "The Civil Service: From the 1940s to 'Next Steps' and Beyond." *Parliamentary Affairs* 47(4): 583–595.

Dunleavy, Patrick. 1991. *Democracy, Bureaucracy, and Public Choice: Economic Explanations in Political Science.* London: Prentice Hall.

Foster, Christopher. 2005. "Joined-Up Government and Cabinet Government." In *Joined-Up Government,* edited by Vernon Bogdanor, 114–138. Oxford: Oxford University Press.

Fry, Geoffrey K. 1984. "The Attack on the Civil Service and the Response of the Insiders." *Parliamentary Affairs* 37(4): 353–363.

Hennessy, Peter and David Welsh. 1998. "Lords of All They Surveyed? Churchill's Ministerial 'Overlords' 1951-1953." *Parliamentary Affairs* 51(1): 62–70.

Hennessy, Peter. 1998. "The Blair Style of Government: An Historical Perspective and Interim Audit." *Government and Opposition* 33(1): 3–20.

Hennessy, Peter. 2001. *Whitehall.* London: Pimlico.

Hood, Christopher C., Oliver James, and Colin Scott. 2000. "Regulation of Government: Has It Increased, Is It Increasing, Should It Be Diminished?." *Public Administration* 78(2): 283–304.

Hood, Christopher. 2005. "The Idea of Joined-Up Government: A Historical Perspective." In *Joined-Up Government,* edited by Vernon Bogdanor, 19–42. Oxford: Oxford University Press.

James, Oliver and Ayako Nakamura. 2013. *Public Service Agreements as a Tool of UK Central Government: A Case of Employment.* COCOPS.

James, Simon. 1986. "The Central Policy Review Staff, 1970-1983." *Political Studies* 34(3): 423–440.

Johnson, Nevil. 1985. "Changes in the Civil Service: Retrospect and Prospects." *Public Administration* 63(4): 415–433.

Kavanagh, Dennis and David Richards. 2001. "Departmentalism and Joined-Up Government: Back to the Future?." *Parliamentary Affairs* 54(1): 1–18.

Klein, Rudolf and William Plowden. 2005. "JASP Meets JUG: Lessons of the 1975 Joint Approach to Social Policy for Joined-Up Government." In *Joined-Up Government*, edited by V. Bogdanor, 107–113. Oxford: Oxford University Press.

Kooiman, Jan. 2000. "Societal Governance: Levels, Models and Orders of Social-Political Interaction." In *Debating Governance, Authority, Steering and Democracy*, edited by Jon Pierre, 138–166. Oxford: Oxford University Press.

Ling, Tom. 2002. "Delivering Joined-Up Government in the UK: Dimensions, Issues and Problems." *Public Administration* 80(4): 615–642.

McGhee, Derek. 2003. "Joined-Up Government, 'Community Safety' and Lesbian, Gay, Bisexual and Transgender 'Active Citizens'." *Critical Social Policy* 23(3): 345–374.

Minister for Government Policy. 2011. *Open Public Services White Paper*. London: The Stationary Office.

Ministry of Reconstruction. 1918. *Report of the Machinery of Government Committee*. London: HMSO.

Mountfield, Robin. 1997. "The New Senior Civil Service: Managing the Paradox." *Public Administration* 75(2): 307–312.

National Audit Office. 2001. *Joining Up to Improve Public Services*. https://www.nao.org.uk/reports/joining-up-to-improve-public-services/(검색일: 2024년 1월 15일).

Niskanen, William A. 1971. *Bureaucracy and Representative Government*. Chicago: Aldine-Atherton.

Page, Edward C. 2005. "Joined-Up Government and the Civil Service." In *Joined-Up Government*, edited by V. Bogdanor, 139-155. Oxford: Oxford University Press.

Rhodes, R. A. W. 2000. "New Labour's Civil Service: Summing-Up Joining-Up." *The Political Quarterly* 71(2): 151-166.

Richards, David and Martin J. Smith. 2002. *Governance and Public Policy in the UK*. Oxford: Oxford University Press.

Six, Perri. 2005. "Joined-Up Government in the West beyond Britain: A Provisional Assessment." In *Joined-Up Government*, edited by V. Bogdanor, 43-106. Oxford: Oxford University Press.

Smith, Martin J. 2003. "The Core Executive and the Modernization of Central Government." In *Developments in British Politics*, Vol. 7, edited by Patrick Dunleavy, Andrew Gamble, Richard Hefferman, and Gillian Peele, 60-81. Hampshire: Palgrave MacMillan.

Stoker, G. 2005. "Joined-Up Government for Local and Regional Institutions." In *Joined-Up Government*, edited by V. Bogdanor, 156-174. Oxford: Oxford University Press.

7장 통치성 시각에서 본 국제난민레짐*

I. 들어가는 말

전후(戰後) 1951 난민협약과 유엔난민기구라는 두 축을 기반으로
'국제난민레짐'이 성립되었다. 국가들이 국제난민법을 토대로 난민 보
호의 책무를 이행하고 유엔난민기구가 이들 간의 공평한 책임 분담을
설득하고 조율하는 기본 메커니즘이 창출된 것이다. 이는 헤들리 불
(Hedley Bull)이 말한 '국가들의 사회(a society of states)', 즉 '국제사회(internation-

---

　이 글은 2022년 3월 『민족연구』 79호에 게재된 "통치성 관점에서 본 글로벌 난민
　정치: '국민국가 주권'에 포획된 '국가들의 사회'"를 수정·보완한 것이다.

7장 통치성 시각에서 본 국제난민레짐 | 243

al society)'의 가능성을 현실화시킨 문명사적 성취로 보였다. 이른바 영국 학파로 불리는 국제사회론자들은 권력정치의 현실을 인정하고 국제정치 무대를 아나키로 간주했다는 점에서 전통적 현실주의 입장을 계승하면서도 공통의 가치와 이익을 바탕으로 상호 합의한 국제규범(국제법)에 기반해 질서를 유지하는 '국가들의 사회'를 상정했다. 전후 성립된 국제난민레짐은 이처럼 구성주의 색채를 띤 현실주의 이상인 '국제사회'의 현실태로 보였다(장인성 2009, 361-362; Bull 2002; Simmons 2008, 192).

하지만 '국가들의 사회'가 주권국가의 현실과 국제사회의 이상의 긴장과 딜레마를 안고 있듯이 국제난민레짐은 그 출발부터 국제법적 규범과 책무를 비롯한 문명 요소를 기반으로 하면서도 그로 인한 절제와 통제에 대한 잠재적 불만을 안고 있었다. 그렇기에 국제난민레짐 하에서 글로벌 난민정치의 성패는 이러한 문명 속에 도사리고 있는 불만을 어떻게 관리하고 조절해 가는가에 달려 있다고 말할 수 있다. 그렇지만 시간이 흐를수록, 특히 1980년대를 기점으로 글로벌 난민정치에서 '국제사회'의 내적 긴장은 '국민국가 주권'의 논리에 급격히 경사되면서 균형을 상실해 갔다. 송영훈(2016)의 표현을 빌리면 난민의 실존적 위기로서의 '난민의 문제'가 난민 수용국이 자국민의 안녕과 국익의 관점에서 풀어야 할 기술적인 문제로서의 '난민 문제'로 치환되는 경향이 농후해진 것이다. 물론 국제난민레짐이 국제협력의 틀을 토대로 난민 보호에 지대한 공헌을 해 온 점을 부인할 수는 없다. 그렇지만 오늘날 글로벌 난민 위기에 대한 국제협력은 그 자체가 위기에 처해 있다는 지적을 받고 있다(이병하 2020, 76).

이에 이 글은 '국가들의 사회'의 표중과도 같았던 국제난민레짐이 굴절, 왜곡되어 온 과정과 그 특징에 주목한다. 보다 구체적으로는 서로 밀접하게 관련된 '글로벌 난민정치'와 '유엔난민기구 리더십'의 특징과 한계를 '통치성(governmentality)'의 관점에서 분석한다. 여기서 통치성은 *gouverner*와 *mentalité*를 합친 조어 방식에서도 짐작할 수 있듯이 '통치 합리성'에 기반을 둔 '통치 기술'의 실천을 일컫는다(Foucault 1988; Lemke 2002). 바로 그렇기에 통치성 분석은 특정한 '지식-권력 레짐'에 대한 검토이기도 하다(Geiger 2013). 아울러 이러한 의미에서 통치성은 '생명관리정치(biopolitics)'로 표출되는데 이는 국력의 유지·증대 내지는 인구 전반의 안녕을 위해 국가 권력이 인구 개개인의 삶에 구체적으로 개입하는 통치의 양태를 일컫는다. 이는 자국민의 안녕을 위해 비국민을 대상 인구 집단으로 삼아 이들 개개인의 삶에 구체적으로 개입하는 권력 메커니즘을 아우른다.

이 연구는 바로 이러한 통치성 관점을 초국적 이주에 대한 국가 대응을 분석하는데 적용한 하나의 시도다. 통치성 시각에서 볼 때 초국적 이주에 대한 국가 대응의 목표는 자국민의 안녕에 있고, 국가는 이러한 목표를 바탕으로 수용, 거주, 취업, 귀환이라는 일련의 과정에 걸쳐 국경관리정책, 체류자격제도, 외국인등록제도, 강제퇴거 등의 통치 기술을 구사한다. 아울러 초국적 이주에 대한 이러한 통치성 실천은 위반에 대한 처벌을 특징으로 하는 '사법' 메커니즘, 감시와 교정에 초점을 맞추는 '규율' 메커니즘, 위험 수준을 조절하는 '안전' 메커니즘의 복합적인 표출을 특징으로 한다(임미원 2016, 108-119).

이 연구는 전술한 논의의 맥락에서 초국적 이주의 한 양태인 강제 이주 내지 난민 위기와 관련하여 '국제난민레짐'이 지닌 문제점과 한계를 규명하는데 통치성 개념이 유용한 분석의 관점이 될 수 있다고 판단했다. 다만 이 글은 통치성 개념을 구성하는 제반 요소들을 포괄적으로 적용하는데 주안점을 두기보다는 글로벌 난민정치를 해명하는 데 유용한 통치성의 두 가지 측면에 주목하고자 한다. 첫째, 통치성 관점은 국가들의 난민정책의 근저에 깔린 담론과 지식을 구체적인 난민정책 수단과 연계하여 살피는 데 적합하다. 아울러 글로벌 난민정치에 대한 이 같은 통치성 분석 내용은 유엔난민기구의 리더십 한계를 해명하는 데도 중요한 맥락을 제공해 준다. 둘째, 통치성 시각은 글로벌 난민정치가 '난민의 문제'를 자국민의 안녕 내지 국익을 우선시하면서 '난민 문제'로 치환하는 경향과 이러한 기술적 접근으로 인해 나타나는 문제점을 짚는 데 유용한 관점이다. 이는 통치성 시각이 기본적으로 한 국가의 전체 '인구', 보다 구체적으로는 '국민'을 대상으로 하여 이들의 삶(생명)을 관리하고 복리를 도모하는 '생명관리정치(biopolitics)'에 초점을 두고 있기 때문이다(홍태영 2012). 특히 이러한 '생정치적 통치성(biopolitical governmentality)' 관점은 난민정치에서 인도주의 실천이 자국민의 안녕을 우선시하는 국가 통치에 의해 전유 되는 과정을 포착하는 데 적합하다.

글의 구성은 다음과 같다. 먼저 II장에서는 글로벌 난민정치를 다룬다. 구체적으로는 우선 전후 성립된 국제난민레짐에 나타난 자선 패러다임에 기반한 도구주의 접근을 분석하고 이것이 일종의 경로의존적 효과를 지닌다고 설명한다. 이어서 1980년대 이후 글로벌 난민정치 지형의 변화를 '신자유주의 통치 합리성'과 '난민 문제의 안보화'의 두 측면을 중심으로 살펴보면서 난민 담론의 초점이 보호나 권리가 아닌 비용과 안보의 문제로 크게 변질되었음을 설명한다. 다음으로 이러한 흐름 속에서 북반구 국가들이 난민 유입 억제를 위해 고안한 '차단'과 '외재화'의 통치 기술의 내용과 성격을 분석하고, 이어서 난민에 대한 인도주의 실천이 통치성의 일부로 흡수되는 경향을 살펴본다. II장 마지막 절에서는 북반구 난민정치에 대한 남반구 국가들의 반작용을 살펴본다. 이어지는 III장에서는 이러한 글로벌 난민정치의 전개 과정에서 유엔난민기구가 보여준 정치적 리더십의 굴절과 한계에 대해서 설명한다. 마지막 장에서는 코로나 팬데믹 시기 글로벌 난민정치에 나타난 '증폭'과 '단절'의 두 측면을 설명한 뒤에, 국제사회의 공평한 책임 분담의 핵심이 난민 보호에 대한 국가의 정치적 의지 창출에 있음을 강조한다.

II. 글로벌 난민정치의 통치성

1. 국제난민레짐의 경로의존성: '자선' 패러다임에 기반한 도구주의 접근

국제난민레짐은 그 출발부터 '국가들의 사회'라는 이상과 '국민국가 주권'의 현실 사이에 커다란 간극을 안고 있었다. 이는 국제난민레짐의 핵심 축인 1951 난민협약이 그 적용에 있어서 시간적, 지리적 제한을 설정한 사실에서도 드러난다. 1951 난민협약은 1951년 1월 1일 이전에 일어난 사건으로 인해 발생한, 주로 유럽 지역의 난민 사태에 대응하기 위해 고안되었다는 점에서 마치 '유럽의 발명품'과도 같았다. 물론 이후 1967 난민의정서 채택으로 그러한 제한이 해제되면서 범지구적 규범으로 거듭났지만, 전후 국제난민레짐이 탄생한 모습은 그러했다. 그렇다면 1951 난민협약에 설정된 시간적, 지리적 제한의 근저에는 어떤 정치적 의중이 깔려 있었던 것일까? 서방 국가들은 이러한 제한 규정을 둠으로써 차후 난민의 자국 유입을 제한하고 궁극적으로는 자신들이 지게 될 정치적·재정적 책임을 최소화하고자 했다(최원근 2020, 29). 이처럼 국제난민레짐은 그 시작부터 난민의 권익과 일상 회복을 최우선시하기보다는 국가 주권의 논리와 북반구 국가들의 이해관계에 크게 영향받았다.

특히 서방 국가들이 지닌 이 같은 의중은 이후 국제난민레짐이 사실상 '자선(charity)'의 패러다임에 기반해 작동하게 된 요인이 되었다. 이점을 보다 잘 이해하려면 먼저 난민 보호에 대한 국제사회의 '책임 분담(responsibility sharing)'의 두 요소를 '비호(asylum) 제공'과 '부담 분담(burden-sharing)'으로 구분해 살펴봐야 한다. 1951 난민협약은 전자와 관련해서는 비호 신청의 권리와 강제송환금지 원칙을 강행규범으로 제시했지만, 재정지원이나 재정착을 포함한 후자와 관련해서는 선언적 수준에서 약한 규범을 제시하는 데 그쳤다(이병하 2020, 89; Betts 2010, 18). 결국 이러한 '비대칭성'은 부유한 선진국들에게 난민 보호의 '책무'(특히 부담 분담)를 '자선'으로 변질시킬 수 있는 여지를 남겨주고 말았다. 전 세계 대다수 국가가 아니라 일군의 부유한 선진국들이 중심이 되어 유엔난민기구에 '자발적 기여'를 하는 방식이 자리 잡게 된 것이다(Hathaway 2012, 201). 그 결과 국가별로 국내 정치나 예산제약 내지는 국가선호에 따라 재량으로 출연하는 기여분의 변동 폭이 커질 수 있는 상황에서 난민 보호 프로그램을 안정적으로 이어가기가 쉽지 않게 되었다. 이처럼 국제난민레짐은 처음부터 국가 간의 공평한 책임 분담을 위한 체계적인 재원 충당 시스템을 갖추지 못했다.

전술한 내용에서 보듯이 서방 국가들은 국제난민레짐이 자국에 부담을 안길 수 있다고 보고 난민 보호에 대한 책임에서 어느 정도 자유로울 수 있는 여지를 확보하고자 했다. 그러면서도 동시에 국익에 부합한다고 판단할 때는 국제난민레짐을 적극 활용하는 도구주의적 행태를 보였다. 랜디 리퍼트(Randy Lippert)가 지적한 것처럼 북반구 국가들은 종종 '난민성(refugeeness)'을 '도덕정치적인 책략'으로 활용했다. 그에 의하면 난민 개념은 누군가 내지 어떤 상황으로부터 어쩔 수 없이 도피하게 되는 상황을 전제한다. 이때 '누군가 내지 어떤 상황'은 강제 이주의 원인으로서 구체 지목 대상은 가변적이다. 특히 '누군가 내지 어떤 상황'은 도덕적 결함을 지니고 있기에 특별한 방식의 개입을 통해 개선이 요구되는 대상으로 간주된다(Lippert 1999, 304-308).

실제로 냉전 시기에 난민성은 공산권 국가들의 통치가 자유주의에 반한다는 지배적인 믿음을 지탱하는 하나의 요소였다. 난민 인정 사유에 있어 정치적·시민적 권리와 관련된 박해가 부각된 1951 난민협약은 공산권이 유엔을 보이콧하는 사이에 채택되었고, 이후 동서 이념 대결의 도구로 활용되었다. 이 밖에도 탈식민화된 제3세계에서 난민성은 서구사회가 긴급 원조나 개발 프로그램 형태로, 즉 외견상 '비정치적'인 방식으로 '개입'할 수 있는 명분을 제공해 주었다. 이러한 행태는 탈식민화된 공간을 '재식민화'하려는 시도로 비판을 받기도 했다. 그뿐만 아니라 난민성은 난민 수용국의 국제 위상을 끌어올리는 수단으로 활용되기도 했다. 대표적으로 호주와 캐나다는 난민캠프 등에 머무는 난민을 선별해 데려와 정착시키는 '재정착(resettlement)' 프로그램을 통해 자국의 대외 이미지와 국제 위상을 제고했다(최원근 2020, 29; Lippert 1999, 305-308).

이처럼 전후 성립된 국제난민레짐은 자선 패러다임에 기반한 도구주의 접근에 의해 운용되었고, 이러한 패턴은 일종의 경로의존적 효과를 갖게 된다. 그렇지만 이상과 현실의 간극 속에서도 난민 보호에 대한 국제사회의 책무 이행의 의지와 실천을 과소평가해선 안 된다. 1980년대 이전까지만 하더라도 북반구 국가들 사이에서는 '재정착'이 주요한 지속 가능한 해법으로 받아들여졌고, 남반구 난민 수용국들은 난민에게 지역사회 통합 기회를 제공하는 방안을 적극 추진하는 모습을 보였다(이병하 2020, 91). 하지만 그런 상태는 그리 오래가지 않았다.

2. 난민정치 지형의 변화: 신자유주의 통치 합리성과 난민 문제의 안보화

전술한 자선 패러다임에 기반한 도구주의 접근은 오늘날까지 변함없이 이어져 오고 있다. 그렇지만 그것이 어느 정도의 폭과 깊이로 국제난민레짐의 기본 정신과 목적을 제약하는지는 시기마다 차이가 있다. 중대 분기점이 된 시기는 1980년대였다. 이 시기를 전후로 (주로 부유한) 국가들의 난민정치의 근저에 깔린 '통치 합리성'에 큰 변화가 나타나기 시작했다. 무엇보다도 난민을 인도주의 관점에서 '보호'의 대상이나 '권리'의 주체로 바라보기에 앞서 '비용'과 '생산성'의 관점에서 바라보는 경향이 강화되었다. 즉, '신자유주의 합리성'이 부각되기 시작했고 그에 따라 '난민의 사물화' 경향이 더욱 짙어졌다. 그 배경을 살펴보면, 1980 년대 이래로 이른바 '제트기 시대 난민(jet-age refugees)'의[1] 등장으로 남반 구에서 북반구로의 난민 유입 규모가 증대하면서 북반구 국가들 사이 에 난민 보호에 대한 부담과 우려가 커졌다(이병하 2020, 92; Betts 2010, 14-15; Lippert 1999, 310-314). 이에 더해 신자유주의적 자본주의가 전 지구적으로 확산되어 가면서 북반구 국가들을 위시한 난민 수용국들은 '난민 보호' 의 책무를 더욱더 '비용'의 문제로 치환하면서 난민 보호를 위한 공적 지출을 꺼리는 모습을 보였다(이병하 2020, 92; Ramsay 2020, 19). 이는 '자선' 패러다임의 한계를 여실히 보여주는 대목이기도 하다.

신자유주의 합리성에 근간한 난민정치에 대해 좀 더 구체적으로 설 명하면, 먼저 난민정책에 관한 논의와 결정에 있어서 회계나 회계감사 와 관련된 지식에 대한 의존성이 커졌다(Lippert 1999, 319). 다음으로 '자립' 논리와 '역량강화' 담론이 확산되면서 난민 개인의 책임성, 자율성, 선택 의 측면이 강조되었다. 그만큼 난민 문제를 경제적 효용의 관점에서 바 라보는 경향이 강화된 것이다(Lippert 1999, 319; Ramsay 2020, 6-7). 이를 두고 이병하는 겉으로는 난민의 '원조 의존성'을 문제시하는 것 같지만 실제 로는 난민 보호에 따르는 비용을 줄이고 난민 보호의 책임을 상당 부분 난민 개인에게 전가하려는 시도임을 지적했다(이병하 2020, 102). 이 밖에도 난민통치에 민간 행위자를 동참시키는 패턴이 활성화되었다. 이는 난

---

1   이는 포울 하르틀링(Poul Hartling)이 유엔난민기구 대표 재직 시절 난민이 모국의 인접국을 넘어 원거리에 있는 (주로 서구사회의) 목적국가로 이동하는 현상에 붙 인 표현이다(Hartling 1985).

민통치에 있어서 공적 부분과 민간 부문 사이의 장막을 걷는 것과도 같은데 후술할 '운송 규제'가 대표적인 사례다. 국가는 이처럼 민간 행위자와의 협력을 통해 '작은 정부'나 효율성과 같은 신자유주의적 합리성에 부합하는 방식으로 난민정책을 추진한다. 이 밖에도 신자유주의 합리성에 기반을 둔 난민연구도 눈에 띈다. 예컨대 난민 사태에 대한 '조기경보시스템'에 대한 연구 관심이 커졌는데 이는 대규모 강제 이주사태에 따른 비용 발생 요인을 사전에 파악해 예방한다는 목적을 반영한다 (Lippert 1999, 319).

통치성 관점에서 볼 때 또 한 가지 주목할 필요가 있는 것은 조지나 램지(Georgina Ramsay)가 '생정치적 정낭성(biolegitimacy)'으로 명명한 난민통치의 작동 방식이다. 이는 난민 수용국들이 난민의 존재 가치를 자립 여부 및 수준을 기준으로 평가하는 것을 일컫는다(Ramsay 2020, 18-19). 막달레나 페르지나(Magdalena Perzyna) 역시 같은 문제의식에서 수용국들이 자신들의 난민정책에 "인간 가치의 분류학(taxonomy of desirability)"을 적용하는 격이라고 비판했다. 즉, 수용국들이 난민정책에서 인간의 가치를 잠재적인 경제적 효용의 관점에서 따져 묻는다는 것이다. 결국 분쟁이나 박해를 피해 떠나온 취약한 난민의 존재 가치는 낮게 평가되며, 바로 그런 이유에서 이들의 유입은 적극적인 조절 내지 통제의 대상이 된다(Perzyna 2020, 4).

문제는 여기서 그치지 않는다. 램지가 갈파한 것처럼 신자유주의 합리성에 기인한 난민의 사물화는 일견 형용모순인 '인도주의적 착취(humanitarian exploits)'로 이어질 공산이 크다. 그 이유는 난민정책에서 '보호(protection)'와 '생산성(productivity)'의 두 차원이 구분되지 못한 채 뒤엉켜

버리기 때문이다. 이는 난민의 생명과 자유를 지켜야 한다는 인도주의적 책무가, 난민의 삶을 국가 경제에 이득이 되도록 만들려는 혹은 적어도 손해가 되지 않게 하려는 경제적 목적과 뒤섞여 버린 상황이다. 결국 이런 상황에서는 수용국 사회에서 난민의 '취약성'이 이들에 대한 '착취'로 이어질 공산이 크고, 그로 인해 난민은 수용국에서 '생존' 차원을 넘어 '의미 있는 삶'을 영위하기가 어렵다(Ramsay 2020, 7-9).**2**

한편 난민의 주요 목적국인 선진국들 사이에서는 2000년대에 들어서 '혼합이주'의 흐름 속에서 '이주-비호 연계(migration-asylum nexus)' 담론이 부쩍 정치화되었다. 비호 시스템이 '경제 이주자'에 의해 대규모로 남용되고 있다는 인식이 확산된 것이다. 아울러 이는 그만큼 많은 비호 신청자가 "경제적 목적을 가진 '불순한' 이주자와 동일시"되면서 난민 자격을 의심받게 되었음을 뜻한다. 결국 이러한 상황 논리에 따라 이주 관리와 국경통제가 더욱 강화되면서 비호 신청의 기본적 권리 행사는 더욱 제약되었다(신지원 2015, 431-432, 444-445). 이런 흐름의 연장선상에서 상황을 결정적으로 악화시킨 것은 9/11이었다. 1980년대 이래로 난민 담론이 신자유주의 합리성에 의해 '비용'의 문제로 변질되었다면 9/11 이후로 난민 담론은 급격하게 인도주의 담론에서 '안보'와 '위협'에 관한 담론으로 바뀌어 갔다. 혹은 인도주의 논리가 안보화 논리와 뒤얽히기

---

2   램지는 난민에 대한 '인도주의적 착취'의 구체 사례로 우간다와 호주의 사례를 설명한 바 있다. 우간다는 대표적인 비호(asylum) 제공국이고, 호주는 대표적인 재정착(resettlement) 국가이다. 램지는 양국에서 공히 난민의 삶이 불안정성을 벗어나지 못한 채 생계유지 수준에 그치고 있다는 점을 지적했다. 구체 내용은 램지(Ramsay 2020, 9-16)의 설명을 참조하시오.

시작했다고도 말할 수 있다. 국가들은 전통적인 지정학으로 돌아섰고 '주권', '국경', '정체성'과 같은 국제관계 이론의 오랜 주제들이 다시 소환되었다(Muller 2004, 50). 특히 '여행-테러리즘' 연계성에 대한 우려가 증대하면서 여행레짐의 안보화 경향이 뚜렷해졌다(Betts 2010, 14).

하지만 이 같은 환경 변화 속에서 선진국들은 난민 보호의 책무를 더욱 주변화시키는 담론 효과를 지닌 '세계화-안보 역설'에 직면하게 되었다(Muller 2004). 이는 테러리즘 위협으로부터 국내 안보를 지켜야 할 필요와 신자유주의 세계화를 이어가야 한다는 신념 사이의 딜레마를 일컫는다(Muller 2004, 50). 이는 난민 문제에도 적용된다. 이를테면 여행레짐을 통해 자국 영토에 발을 디딘 비호 신청자들 가운데 안보에 위협이 될 수 있는 사람들이 섞여 있을 수 있다는 우려 내지는 난민이 수용국 사회가 부양해야 할 '원치 않은' 존재들이라는 사고가 이주 통제의 강화로 이어질 경우 이는 신자유주의적 세계화 흐름의 부정적인 영향을 끼칠 수 있다. 결국 이러한 딜레마는 난민정치에서 세계화와 안보라는 길항 관계에 있는 듯 보이는 두 가지를 일관된 방식으로 함께 추구할 수 있는 통치 기술에 대한 고민으로 이어지게 된다.

3. 책임 회피를 위한 억제 전략과 통치 기술

1) 난민 보호 책무에 대한 최소주의 해석에 기반한 억제 전략

국제난민레짐의 태동과 이후 난민정치 지형의 변화 속에서 부유한 선진국들은 국제난민법의 기본 정신과 목적을 왜곡해 왔다. 이들은 종종 난민 보호 책무를 마지못해 택하게 되는 '최후의 수단'쯤으로 간주하는 모습을 보였고, 이러한 최소주의 해석은 과도한 이주 관리와 국경 통제를 정당화했다. 실제로 북반구 선진국들은 애초에 영토적 관할권에 난민이 유입하지 못하도록 하는 '억제(deterrence) 전략'을 구사했다. 일단 난민이 자국 영토로 들어온 뒤에는 이들에 대한 국제법적인 보호의 책무가 발생한다는 점을 고려했던 것이다(Hathaway 2016, 95). 특히 국제사회의 책임 분담에 대한 신뢰가 없는 상황에서 난민 수용의 부담을 오롯이 떠안게 될 것을 우려했다. 또한 이러한 흐름의 연장선상에서 목적 국가들은 사전 승인 없이 자국 영토에 발을 디딘 난민을 '불법체류자'로 간주해 버리곤 했는데 이는 난민협약의 핵심 원칙인 강제송환금지(non-refoulement) 원칙을 심대하게 훼손시켰다. 그뿐만 아니라 선진국들은 효율적인 자원 배분의 논리를 앞세우며 재정착 비중을 최소화하면서 대다수 난민이 거주하고 있는 저개발국에 자원을 집중적으로 투입해야 한다며 사실상 비호 제공의 책무를 비껴갔다(Hathaway 2012, 200). 실제로 선진국으로의 재정착 비율은 지속적으로 감소했고, 이는 그만큼 난민 보호의 실질적인 책임이 더욱더 남반구 저개발 국가들로 전가되었음을 뜻한다(최원근 2020, 31).

특히 1980년대 이후 난민 보호의 일반적인 형태로 자리 잡기 시작한 난민캠프 모델은 앞서 설명한 북반구 국가들의 억제 전략의 폐단을 여실히 보여준다. 선진국들이 억제 전략을 추진해 온 가운데 전 세계 난민의 대다수는 인권 유린의 위험성이 높은 저개발 지역에 머무르게 되었다. 이들 가운데 상당수는 난민 상황이 장기화되면서 난민캠프나 정착촌에 사실상 갇혀 지내게 되었다. 제임스 해서웨이(James Hathaway)는 이를 두고 '글로벌 격리 레짐(global apartheid regime)'이라 부르기도 했다(Hathaway 2012, 200).[3] 결과적으로 난민캠프 모델은 난민을 발생국 인접국들의 대규모 캠프에 수용해 서방 선진국들로의 접근을 막는 억제 기제가 되었다(최원근 2020, 30-31). '난민 보호' 책무가 '난민 격리' 방식으로 해소된 셈이다. 토마스 감멜토프트-한센(Thomas Gammeltoft-Hansen)과 해서웨이는 이 같은 대응 패턴의 기저에 깔린 선진국들의 위선적 의중과 도구주의적 사고를 예리하게 짚었다.

> 선진국들이 국제이수로 인해 받는 압박은 저개발국들의 분투로 현저하게 완화되었다. 전 세계 난민의 절대다수가 현재 이들 저개발국들에 체류하고 있다. 만일 북반구 국가들이 국제난민법을 완전히 탈퇴하게 되면, 현재 파편화된 책임 분담 시스템과 부유한 국가들의 들쑥날쑥한 기여금에 의존하는 구조 속에서 가난한 국가들이 계속해서 난민법상 비호 제공의 책무를 떠안도록 종용할 수 있는 정치적으로 유효한 근거가 사라지게 된다. … 선진국들에게 국제난민법이 의미 있는 여러 이유들 가운데 가장 중요한 것은 저개발국들로 하여금 선진국들의 이주 통제 기획에 긴요한 지원을 제공해주도록 유도할

---

3   알렉산더 베츠(Alexander Betts)와 폴 콜리어(Paul Collier)는 오늘날 난민정치의 이중적 특징을 "어떤 방식으로든 부유한 세계로 성공적으로 입성한 10%를 위한 부티크 모델(a boutique model)과 모국 인접 지역에 머무는 나머지 90%의 대다수에 해당하는 의존과 궁핍의 모델(a dependency and destitution model)"로 묘사했다(Betts and Collier 2017, 131).

수 있는 기제가 된다는 것이다(Shachar 2020, 107 재인용).

2) 책임 회피의 통치 기술: '차단'과 '외재화'

1980년대 이후 변화된 난민정치의 지형 위에서 서방 국가들은 난민법상 비호 제공의 책무를 비껴가기 위한 다양한 통치 기술을 고안, 적용해 왔다. 이는 서로 긴밀하게 연관된 '차단'과 '외재화'의 두 차원으로 구분해 살펴볼 수 있다. 먼저 '차단'의 정책 수단들을 보면, 대표적으로 난민 발생국에 대한 비자 규제를 꼽을 수 있다. 이는 정규 이주 루트를 원천적으로 통제하는 방식이다. 또한 해외 공항에 연락 사무관을 파견하여 위조 서류로 이동 중이거나 서류가 미비한 잠재적 비호 신청자의 유입을 사전에 통제하는 방식도 있다. 이 밖에도 민관 협력을 통한 접근으로 증빙서류가 미비한 외국인을 탑승시킨 항공사나 선박을 제재하는 '운송 규제(carrier sanctions)'가 있다. 의심스러운 외국인이 탑승한 것으로 추정되는 선박을 추적해 입항 자체를 금지할 수도 있다. 모두 사실상의 사전국경관리로 자국 영토 내 비호 신청을 차단하는 방식이다. 이 밖에도 '안전한 제3국 협정(safe third country agreement)'이 있다. 핵심은 '안전한 제3국가'로 분류된 국가에서 온 외국인의 난민지위 신청 자격을 인정하지 않는 것이다(신지원 2015, 428; Perzyna 2020, 4-5).

다음으로 '외재화'는 난민 보호의 책무를 다른 국가나 지역으로 전가하거나 외주화하는 것이다. 대표적으로 '재입국 협정(readmission agreement)'을 꼽을 수 있다. 이것은 특정 국가나 지역이 자국이나 역내에 유입된 난민이나 비정규 이주민을 모국이나 경유국으로 송환하기 위한 목적으로 다른 국가와의 상호의무를 규정한 협정이다. 예컨대 유럽연합은 유럽으로 유입되는 난민의 최대 경유지인 터키와 2016년 3월에 재입국 협정을 체결했다. 이를 통해 터키는 비자 자유화와 유럽연합 회원국 가입 가속화를 기대했고, 유럽연합은 난민 수용의 부담을 외부로 전가시키고자 했다(박선희 2017).[4] 난민 심사의 역외 처리 방식도 있다. 호주가 2001년에 도입했던 '태평양 해결책(Pacific Solution)'이 대표적인 사례다. 이는 비호 신청자들이 자국 영토에 진입하는 것을 '차단'하고 제3국인 태평양 도서 국가의 임시 난민수용소에 사실상 구금된 뒤 심사를 거쳐 통과한 때에만 재정착 형태로 호주에서 거주하게 하는 방식이다(신지원 2015, 444; Little and Vaughan-Williams 2017, 540-541). 이 밖에도 난민 유입을 억제하기 위한 목적으로 대규모 캠프나 정착촌에 난민을 수용하고 있는 제3세계 저개발국에 개발 원조 등 재정적 인센티브를 제공하는 방식도 있다(최원근 2020, 30-31).

전술한 내용에서 보듯이 난민 유입을 억제하기 위한 통치 수단들은 다양하며 계속 진화해 오고 있다. 특징적인 점은 북반구 선진국들이 '차단'과 '외재화'의 통치 기술을 활용하는 과정에서 매우 교묘한 방식으로 법의 테두리를 벗어나지 않으면서 대응해 왔다는 것이다. 다시 말해 '합법성'의 논리를 앞세워 난민 보호에 관한 책무를 둘러싼 '정당성'의

---

4 그렇지만 '거래'의 성격이 다분했던 이 협정은 유럽연합에게 예기치 않은 문제를 안겨다 주었다. 난민 유입의 밸브를 잡고 있는 터키에 대한 유럽연합의 '취약성 (vulnerability)'이 커져 버린 것이다. 실제로 터키는 "난민협정을 파기하고 난민을 유럽에 쏟아놓겠다"고 협박하기도 했다(박선희 2017, 127).

문제를 비껴가는 전략을 구사해 온 셈이다.

3) '국제레짐 옮겨 타기'와 '이동하는 국경'

위에서 살펴본 다양한 억제의 통치 기술들을 좀 더 심층적으로 살펴보면 두 가지 특징적인 점이 발견된다. '국제레짐 옮겨 타기(regime shifting)' 행태와 '이동하는 국경(the shifting border)' 현상이다. 앞서 설명했듯이 북반구 국가들은 난민 문제를 '비용'과 '안보'의 관점에서 바라보면서 일단 난민이 자국 영토를 밟게 되면 강제송환을 할 수 없고 비호 책무가 발생하기에 이러한 상황이 애초에 발생하지 않도록 다양한 통치 기술들을 활용해 억제하고자 했다. 이 과정에서 선진국들은 알렉산더 베츠(Alexander Betts)가 갈파했듯이 '레짐복합체(regime complex)'를 전략적으로 활용하는 모습을 보였다. 이는 국제난민레짐이 아닌 다른 국제레짐의 논리와 제도를 활용함으로써 우회적인 방식으로 난민 유입을 통제, 조절하는 방식이다(이병하 2020, 87; Betts 2010).

베츠는 이러한 행태를 두고 '국제레짐 옮겨 타기'로 명명하면서 '난민레짐'과 '여행레짐'의 연계 전략에 주목했다. 그에 의하면 북반구 국가들은 난민 유입을 차단, 조절하기 위한 방편으로 여행레짐을 적극적으로 활용함으로써 난민레짐 하에서의 비호 제공의 책무를 공공연하게 위반하지 않고서 비껴가는 전략을 택했다(Betts 2010, 16). 이를테면 비자 규제, 운송 규제, 타국 공항 연락사무관 파견, 제3국과의 파트너십 등을 통해 이주 통제를 강화함으로써 난민의 유입을 차단하거나 조절하는 것이다. 더욱이 목적국가는 난민레짐과 여행레짐의 연계성을 활용하여 비정규 루트로 입국한 비호 신청자를 '불법' 체류 외국인으로 간주해 강제 퇴거시킴으로써 국제난민레짐의 핵심 요소인 강제송환금지 원칙 준수 의무를 비껴갔다(이병하 2020, 88). 이처럼 북반구 국가들은 여행레짐에서 이주를 통제할 수 있는 요소들을 발굴해 활용함으로써 국제난민레짐의 강행규범을 공공연하게 위반하지 않고서도 난민 유입을 차단할 수 있는 '묘수'를 찾은 것이다(Betts 2010, 26).

북반구 선진국들의 이 같은 행태는 '이동하는 국경' 현상과도 잇닿아 있다. 이는 아예렛 샤하르(Ayelet Shachar)가 국제사회의 난민 보호 책무 이행 실패를 분석적으로 묘사하기 위해 제시한 개념이다(Shachar 2020). 샤하르는 논의의 초점을 '이동하는 사람'에서 '이동하는 국경'으로 옮길 것을 제안했다. 그녀에 따르면, 선진국들이 국제난민법상의 책무를 대놓고 위반하지 않고 비껴가기 위한 법적 장치로 고안한 '이동하는 국경'은 사라졌다 다시 생기기도 하고 다양한 방식으로 변조되기도 한다. 핵심은 관할권(jurisdiction)을 '영토'가 아닌 '기능' 중심으로 이해하면서 난민 유입을 차단·조절하기 위한 이주 관리 장치로서 '이동하는 국경'을 유연한 방식으로 실천하는 것이다.

이에 따라 국경통제 활동은 한편으로는 자국 영토의 경계로부터 더욱 바깥으로, 다른 한편으로는 자국 영토 안으로 더욱 깊숙이 전개된다. 목적국가가 이주 통제를 위한 목적으로 난민 모국 내지 경유국과 맺는 협정, 운송 규제, 타국 공항 연락 사무관 파견 등이 전자에 해당된다(Shachar 2020, 54-57). 후자와 관련해서는 이미 입국하여 자국 영토 내에 체류하고 있음에도 불구하고 정부의 승인 없이 입국해 체류하고 있다는 이유만으로 법적 의미에서 입국하지 않은 것으로 간주하는 경우를 꼽을 수 있다. 대표적으로 미국은 의회 입법을 근거로 하여 육·해 국경으로부터 무려 100마일 이내의 지역에서 체류자격 확인을 위한 불심검문 및 신속퇴거집행을 허용한 바 있다. 법적 범주를 전략적으로 활용해 이른바 '헌법 사각지대(constitution free zone)'를 합법적인 방식으로 창출해 낸 것이다(Shachar 2020, 20–26).

4. '인도주의 통치'로서의 난민정치

앞서 난민 문제에 대한 선진국들의 책임 회피의 구체 방식과 패턴을 살펴보았다. 그렇지만 억제의 측면에만 주목하다 보면 선진국들의 난민정치가 갖는 또 다른 측면을 놓칠 수 있다. 이는 난민의 문제에 대한 인도주의 접근을 수용국의 관점과 이해에 맞게 전용하는 방식에 관한 것이다. 다시 말해 인도주의가 통치성의 일부로 흡수되는 것이다. '인도주의 통치(humanitarian government)' 개념은 이를 분석적으로 이해하는 데 도움을 준다. 여기서 '인도주의 통치'는 권리를 박탈당하거나 삶이 불안정한 사람들을 대상으로 한 통치의 양식이다(Mavelli 2017). 핵심은 상충되어 보이는 '인도주의' 논리와 '안보화' 논리를 일관되게 동시 적용하는 것이다. 이러한 '인도주의 통치' 관점을 난민 문제에 관한 서구사회의 대응에 적용하여 설명하면 다음과 같다.

먼저 인도주의 논리는 '동정의 정치'로 표출되는데 그 특징을 살펴보면, 첫째, '동정의 언어'가 부각되면서 불평등과 지배와 같은 고통의 보다 근본적인 원인이 논의에서 희석된다. 이를테면 보트를 타고 지중해를 건너다 목숨을 잃은 난민의 사망 원인에 대해 논의할 때 유럽의 과도한 국경통제를 도외시한 채 인신매매와 밀입국 조직을 과도하게 부각시키는 경우가 이에 해당한다. 밀입국이나 인신매매 조직으로부터 이들의 삶을 지켜낸다는 이른바 '온정적 국경업무(compassionate borderwork)'의 논리를 앞세워 비정규 이주에 대한 군사화된 대응을 정당화하는 것이다(Little and Vaughan-Williams 2017, 541). 둘째, 난민을 잠재적으로 동등한 시민으로 대하기보다는 '희생자'로만 바라보는 고착된 시선이다. 이러한 시선은 삶이 불구화된 상태에 처한 사람들을 그렇지 않은 사람들에 비해 더 '가치' 있는 존재로 간주하기에 결과적으로 난민의 삶을 더욱 불안정하게 만들 수 있다. 이러한 아이러니를 보여주는 블랙 코미디 같은 상황이 있어 소개하면, HIV 양성인 난민이 수용국에서 자신의 건강 상태가 좋아지면 체류권에 부정적인 영향을 끼칠 것을 우려하여 거주 자격을 획득한 직후 약물 치료를 중단한 사례가 있다(Mavelli 2017, 814-821).

난민에 대한 '인도주의 통치'에서는 이러한 동정의 정치와 더불어 혹은 그 연장선상에서 이주 관리 및 안보화 논리가 강하게 작동한다. 이를테면 '희생자'인 '진짜' 난민을 보호하기 위해 그렇지 않은 건강한 상태에 있는 '나쁜, 자격 없는, 가짜' 난민의 유입에 대한 통제를 강화해야 한다는 논리다(Mavelli 2017, 819). 호주의 '스톱 더 보트(Stop the Boat)' 정책의 경우 심지어 '생명을 구하기 위해 생명을 구하지 않는다'는 역설적이면서 자기모순적인 논리를 앞세운다. 즉, 비호 신청을 위한 도해(渡海)를 난민의 삶과 죽음을 가르는 위험으로 규정하면서 이들이 애초에 이처럼 위험한 이주 루트를 택하지 못하도록 억제하기 위해 불가피하게 보트피플을 수용하지 않는다는 것이다(Little and Vaughan-Williams 2017, 540-

541; Mavelli 2017, 811).

　위에서 논의한 내용이 난민에 대한 '인도주의 통치'의 전부는 아니다. 난민에 대한 '인도주의 통치'는 수용국이 자국민의 안녕을 염두에 두고 펼치는 '생정치적 통치성'의 성격을 아울러 지닌다. 이 점을 이해하려면 먼저 난민에 대한 '인도주의 통치'가 결국 어떤 난민을 수용해야 하고 어떤 난민을 거부해야 하는지를 결정하는 문제와 관련된다는 점을 잘 헤아려야 한다. 여기서 핵심은 포용과 배제에 관한 결정이 난민 수용국 '국민'에 대한 생정치적인 돌봄(biopolitical care)의 문제와 긴밀하게 관련되어 있다는 것이다. 다시 말해서 생정치적 통치성으로서의 '인도주의 통치'는 난민에 대한 '생정치적 인종주의(biopolitical racism)'를 통해서 자국민의 정서적이고 물질적인 안녕을 증대시키는 것을 목표로 한다. 여기서 생정치적 인종주의는 난민이 수용국 국민의 물질적, 정서적 안녕에 얼마나 기여할 수 있는가에 따라 이들의 존재 가치를 평가하고 포용/배제 여부 및 포용 수준을 결정하는 것이다. 자국민 중심주의를 바탕으로 '가치 있는(valuable)' 난민과 그렇지 않은(non valuable) 난민 사이의 경계를 획정하는 것이다(Mavelli 2017, 811-812).

　일례로 2015년 시리아 난민에 대한 영국 정부의 대응을 살펴보자. 당시 데이비드 캐머런(David Cameron) 총리는 영국이 5년에 걸쳐서 2만 명의 시리아 출신 난민을 수용함으로써 '도덕적 책무'를 완수할 것이라고 밝혔다. 도덕적 책무를 운운하기에는 궁색한 수준이었고 그마저도 시리아 인접 지역에 소재한 난민캠프에서 선별해 수용하겠다는 방침이었다. 따라서 난민 보호에 대한 책임 분담을 적극적으로 이행하겠다는 의지의 발로로 보기는 어렵다. 영국 정부가 보다 적극적으로 고려한 것은 자국민의 인식과 반응이었던 것으로 보인다. 영국 정부가 수용하기로 한 시리아인은 아픈 아동, 성폭력 피해 여성, 고문을 당한 남성이었는데 이들은 '생정치적 통치'의 관점에서 볼 때 다른 시리아인과 비교해 보다 '가치 있는 존재들(valuable lives)'로 간주되었다. 왜냐하면 이러한 모습의 난민이 영국 국민 사이에서 수용에 대한 거부감을 줄이고 동정심과 정의감을 유도하는 데 보다 효과적일 수 있기 때문이다(Mavelli 2017, 810).[5]

물론 난민에 대한 인도주의 통치의 생정치적 통치성을 오롯이 부정적으로만 볼 필요는 없다. 정치적 의지와 선택에 따라 사뭇 다른 결과를 만들어 낼 수도 있기 때문이다. 실제로 독일은 난민 수용에 있어 '동정'과 '정의', 그리고 젊고 숙련된 난민이 노동력을 제공하고 복지시스템에 기여할 수 있다는 점을 부각하면서 캐머런 총리의 발표가 있기 직전 한 주에만 18,000명의 시리아 출신 난민을 받아들였다. 아울러 세 살배기 알란 쿠르디(Alan Kurdi) 사망 사건 이후 수년에 걸쳐 매해 80만 명의 난민을 받아들이기로 했다(Mavelli 2017, 827). 이처럼 양국 사례는 정치적 의지와 선택에 따라 난민 보호의 책임 분담에 있어 사뭇 다른 결과를 도출할 수 있음을 선명한 대비를 통해 보여주었다. 물론 수용국 '국민'의 안녕에 초점을 두고, (난민의) '권리 주창'의 요소가 약하고, '자선' 패러다임에서 크게 벗어나지 못했다는 점에서 한계를 안고 있는 것이긴 하지만 말이다.

---

5 이런 점에 비춰볼 때 한국 정부가 한국과의 인연이 있는 아프가니스탄 출신 난민을 '특별기여자'라는 이름으로 수용한 방식도 '생정치적 통치성'의 맥락에서 그 특징과 함의를 새롭게 해석할 수 있을 것이다.

5. 남반구의 반작용과 난민 이슈의 탈각화

앞서 살펴본 선진국들의 난민정치는 북반구 지역을 넘어 남반부 국가들, 특히 대규모로 난민을 수용하고 있는 저개발국들 사이에서 반감과 반발을 불러일으켰다. 난민 발생국과 인접해 국경의 틈새가 많은 접경 국가와 상대적으로 가난한 국가들은 북반구 국가들과 달리 난민 유입 자체를 원천적으로 통제하기 어려운 상황에 놓여 있다. 이런 상황에서 전술한 북반구 선진국들의 행태는 대량으로 유입된 난민에게 비호를 제공해야 하는 남반구 저개발국들의 불만을 더욱 고조시켰다. 그런 가운데 남반구 국가들은 국제사회의 책임 분담에 대한 불신으로 비호 제공에 난색을 표하고 이주 통제를 강화하는 모습을 보였다(Betts 2010). 이를테면 구금과 같은 강압적인 조치를 통해 난민의 이동성을 제약하고 종종 이들을 가혹하게 대함으로써 자국이 난민에 개방적인 사회가 아니라는 신호를 발산했다. 문제는 여기서 그치지 않았다. 결국 이런 상황에서 저개발지역 수용국 사회에서 희망을 찾지 못한 난민은 다시금 이주(≒탈주)를 감행한다. 더욱이 이들 가운데 상당수는 유럽을 위시해 보다 발전된, 그렇지만 '요새'가 되어 버린 지역을 찾아 떠나게 되는데 이 과정에서 밀입국이나 인신매매와 같은 위험한 비공식 이주 경로를 택하게 된다.

북반구 국가들의 난민정치에 대한 남반구 국가들의 불만이 동남아 지역에서는 '거부(rejection)'의 형태로 표출되었다(최원근 2020, 34). 대다수 동남아 국가는 오늘날까지도 1951 난민협약을 위시한 국제난민법 채택을 거부해 오고 있다. 이러한 모습의 이면에는 신식민주의 시각이 깔려 있다. 즉, 서구의 역사적 책임과 무관하지 않은 난민 사태의 책임을 비유럽 국가에 전가하는 행태를 거부한 것이다. 동남아 국가들은 이러한 입장에서 난민 수용(더 정확히는 '임시 보호')을 서방 국가들과 '외교적 협상'의 도구로 활용하는 행태를 보였다. 그렇지만 바로 그런 점에서 이들은 북반부 선진국들과 마찬가지로 난민 문제에 대한 '도구주의 접근'을 취하는 모습을 보이고 말았다.

한편 지금까지의 논의에서 우리는 글로벌 난민정치를 관통하는 하나의 흐름을 읽을 수 있다. 그것은 난민 이슈에 관한 담론의 초점이 점점 더 '난민의 위기'에서 '수용국의 위기'로, 즉 '난민의 문제'에서 '난민 문제'로 옮겨 온 것이다. 이는 그만큼 난민 '문제'에 대한 '해법' 모색의 필요성이 커졌음을, 즉 난민정치에서 '기술적' 접근이 부각되었음을 뜻한다. 난민 이슈를 '비용'과 '안보'의 문제로 보는 경향이 더욱 강화된 것이다.

보다 구체적으로 설명하면, '난민 수용'과 '난민인정심사'에 따른 비용을 셈할 때 '난민 권리'와 '국가 이익'을 교환 관계에 있는 것으로 사고하는 경향이 강하게 드러났다. 난민이 자국민에게 돌아가야 할 일자리, 사회 서비스, 복지 수급을 빼앗아 간다는 논법이라든지 난민 심사에 투입되는 재정적, 행정적 자원을 두고 불만을 터뜨리는 경우가 이에 해당한다(Boswell 1999, 71). 안보와 관련해서는 '이주-비호 연계' 담론의 안보화가 부각된다. 즉, 대량 강제 이주를 발생시킨 근본 원인을 간과한 채 모든 이주자를 의심과 규제의 대상으로 바라보게 된 것이다(신지원 2015, 433). 무엇보다도 이러한 시선과 태도는 난민 문제에 대한 해법으로 과도한 이주 통제 수단들을 정당화함으로써 비호 신청 권리와 강제송환

금지 원칙과 같은 국제난민레짐의 본질적인 요소들을 손상시킨다(신지원 2015, 427-428; Ramsay 2020, 6).

강조컨대 기술적 접근에 경사된 난민정치는 난민 사태의 본질인 인권의 문제를 주변화하거나 비껴가게 만든다. '난민의 문제'의 정치적 맥락에 대한 이해와 대응이 '난민 문제'라는 기술적 문제로 축소되거나 치환되는 것이다. 이 같은 사고 경향은 난민의 삶을 진정으로 불안정하게 만드는 요인들에 주목하고 이를 비판적으로 검토할 수 있는 여지를 줄인다. 이를테면 난민의 취약성과 이들에 대한 착취를 조장하는 구조나 환경에 대한 비판의 날이, 이들에게 비호 내지 재정착 기회를 제공해 주었다는 사실에 기인한 '인도주의적 안도감(humanitarian sentiment)'으로 인해 무뎌질 수 있다(Ramsay 2020, 6-7). 아울러 이러한 모습은 난민정치에서 국가 이익에 과도하게 경사된 실용주의 접근을 경계해야 할 필요성을 일깨워 준다. 이는 과도한 실용주의 접근이 난민법상 난민 보호의 책무를 타협이 가능한 사안으로 간주하게 만들기 때문이다. 더욱이 그러한 접근은 '국익'에 대한 고착된 이해 방식에서 벗어나는 것을 더욱 어렵게 만들고, 그 결과 현상 유지 수준을 넘어 새로운 전망을 확보하는 것을 어렵게 한다(Boswell 1999, 65). 난민정치에서 '실용주의의 덫'에 빠지지 않도록 주의해야 하는 까닭이 바로 여기에 있다.

Ⅲ. 유엔난민기구의 정치적 리더십 한계

1. 유엔난민기구의 기대 역할과 제약 구조

글의 서두에서 말했듯이 국제난민레짐이 제대로 작동하려면 난민 보호에 따른 비용 발생을 국가 간에 공평하게 분담할 수 있도록 설득하고 조율할 수 있는 초국적 권위체의 역할이 긴요하다(Boswell 1999, 76). 이는 난민 수용의 부담이 국가 간에 광범위하게 분담될 것이고 난민 수용에 따라 신뢰할 만한 재정적 지원이 투입될 것이라는 확신이 설 때 비로소 국가들은 자국을 찾는 난민을 적극적으로 수용할 태세를 취할 수 있기 때문이다(Hathaway 2012, 203). 유엔난민기구의 정치적 리더십이 중요한 까닭이 바로 여기에 있다. 유엔난민기구는 국가들이 난민 보호의 책무를 잘 존중하고 이행하고 있는지 감독하고 공평한 책임 분담을 촉진하는 역할을 수행해야 한다(Hathaway 2012, 202). 특히 대규모 난민 사태가 예견되는 상황에서 난민 수용 쿼터라든지 재정지원을 비롯한 국가들의 책임 분담을 '사전'에 촉구하고 조율할 수 있어야 하고, '난민레짐복합체'의 구조적 현실을 잘 활용해 난민 보호 책무를 다른 국제레짐의 이슈들과 연계함으로써 국가들이 난민 보호에 대한 책무를 자국의 이익과 상충하지 않는 방식으로 접근할 수 있도록 설득할 수 있어야 한다(Betts 2010, 27-29, 34; Hathaway 2016, 97).

유엔난민기구는 출범 이래로 이러한 책무를 감당하기 위해 다방면에서 노력해 왔다. 우선 그간 꾸준히 예산과 조직을 키워왔다. 2021년 기준 유엔난민기구의 한 해 예산 규모는 86억 달러를 넘어섰으며 135개국에 걸쳐 18,000여 명의 직원을 보유하고 있다. 또한 출범 이후 활동의 지리적 범위를 확대해 왔을 뿐 아니라 강제 이주와 관련하여 다방면에서 정책적으로 관여하면서 현장 활동을 수행해 오고 있다. 아울러 이 과정에서 지역적 수준과 글로벌 수준에서 규범을 창출하는 데 주도적인 역할을 담당했다. 대표적으로 아프리카의 1969 OAU 난민협약, 중남미의 1984 카르타헤나 난민선언, 그리고 2018년 난민 글로벌 컴팩트(Global Compact on Refugees)를 꼽을 수 있다(한준성 2019; 2021; Crisp 2020).

그럼에도 불구하고 유엔난민기구는 범지구적인 난민 위기에 대한 국제협력의 위기 속에서 뚜렷한 정치적 리더십을 보여주지 못하고 있다. 이는 전후 국제난민레짐이 출범할 때부터 안고 있는 구조적 제약, 특히 '자선' 패러다임에 기반한 부담 분담 방식과 관련된다. 유엔난민기구는 처음부터 북반구 선진국들의 자발적 기여금에 크게 의존했고, 그 결과 이들의 이해관계에 깊게 영향을 받을 수밖에 없었다(이병하 2020, 85-86). 아울러 이는 그만큼 유엔난민기구의 활동이 북반구 난민정치의 통치성에 의해 제약될 공산이 컸음을 의미한다.

2. '신자유주의 합리성'에 영향받은 유엔난민기구

이전 장에서 보았듯이 1980년대 이후 남반구에서 북반구로의 난민 유입 규모가 증대하고 신자유주의적 자본주의가 확산되면서 북반구 선진국들을 위시한 난민 수용국들은 난민 유입을 억제하고 난민 보호를 위한 공적 지출을 꺼리게 되었다. 난민 문제를 비용 문제로 보는 경향이 강화되었고, 이 같은 신자유주의 합리성은 유엔난민기구의 활동에도 영향을 미치게 된다. 먼저 유엔난민기구는 난민캠프를 점차 일반적인 난민 보호의 형태로 받아들이기 시작했는데, 이는 주로 제3세계 내 난민 발생국 인접 지역에 설치된 난민캠프를 난민의 자국 유입을 억제할 수 있는 수단으로 간주한 북반구 국가들의 태도 변화와 무관하지 않았다. 유엔난민기구는 초창기만 하더라도 활동의 주된 목적을 난민캠프에 수용된 난민을 위한 장기적 해법을 마련하는 것에 두었고, 1950년대 말에 이르러 유럽 내에 거의 모든 난민캠프는 해체되었다(Crisp 2020, 2). 이처럼 애초에 한시적 수용소인 난민캠프의 해산을 위해 노력했던 유엔난민기구가 이제는 난민캠프를 일반적인 난민 보호의 모델로 수용하는 모습을 보이게 된 것이다.

유엔난민기구가 신자유주의 합리성을 수용한 모습은 또 다른 곳에서도 발견된다. 유엔난민기구는 공여국들의 기여분이 줄어들어 난민보호의 공백이 발생할 공산이 커지자, 대응책으로 '파트너십' 방식에 적극성을 보였다. 대표적으로 '행동 파트너십(Partnership in Action)' 프로그램을 통해 NGO를 난민 보호를 위한 파트너로 부각시켰다. 분명 NGO는 난민에게 원조를 제공하고 난민캠프나 정착촌에서 개발 프로그램을 수행하는 데 적합한 행위자이고, 그런 점에서 난민 보호를 위한 글로벌 거버넌스의 한 축을 이룬다. 그렇지만 동시에 NGO는 점점 더 난민통치의 한 요소로 자리 잡기 시작했다. 이를테면 현지 난민 상황을 효과적으로 모니터링하고 보고함으로써 국제사회가 위기를 식별하고 관리할 수 있도록 조력하는 역할을 수행하게 되었는데, 그런 점에서 NGO를 더 이상 통치와 무관한(non-governmental) 존재로 볼 수 없게 되었다(Lippert 1999, 318).

3. '이주 관리' 패러다임을 수용한 유엔난민기구

유엔난민기구는 출범 이후 한동안 '국제이주' 이슈를 다루기를 꺼려했다. 난민 보호의 책무를 이주 관리의 영역과 구분했던 것이다. 그렇지만 1990년대로 접어들면서 유엔난민기구는 '이주 관리(migration management)' 패러다임을 적극 수용하기 시작했다. 이러한 태도 변경의 까닭을 살펴보면, 첫째, 유엔난민기구는 전후 국제제도의 확산 속에서 자신의 위상이 저하되었기에 다시금 존재 가치를 증명할 수 있는 모멘텀이 필요했다(Betts 2010, 16-17). 둘째, 북반구 국가들이 혼합이주의 흐름 속에서 난민 유입을 조절하기 위한 방편으로 이주 관리와 국경통제를 강화하자 강대국의 이해관계에서 자유롭지 않은 유엔난민기구는 활동 영역을 '이주 관리'로 넓혀갔다(Scheel and Ratfisch 2014).

유엔난민기구가 '이주 관리'를 자신의 주요한 활동의 일부로 수용하면서 내세운 합리성은 다음과 같다. 먼저 이주민(migrants)과 난민(refugees)을 근본적으로 상이한 범주로 구분했다. 이주민은 자신의 삶을 개선할 목적으로 이주를 선택하는 반면 난민은 자신의 생명을 구하거나 자신의 자유를 지키기 위해서 피난길에 오른 사람이라는 입장을 제시했다(Scheel and Ratfisch 2014, 931). 그런데 이러한 범주화는 난민에 대한 특정한 '지식'을 창출하는 효과를 지녔다. 난민은 '희생자'로 재현되었고, 능

동적이고 주체적인 면모는 회석되었다. 결국 유엔난민기구는 이러한 사고를 바탕으로 비호와 이주의 연계성을 부각시키면서 '난민 보호를 위한 이주 관리'의 논리를 주창했다. 유엔난민기구의 다음 언명은 이러한 입장을 잘 보여준다.

> 난민에 대해서 유엔난민기구가 분명하게 규정하고 있는 책임이 이주민 일반으로 확대 적용되지는 않는다. 동시에 난민이 종종 혼합 이주의 흐름 속에서 이동한다는 것은 사실이다. … 그런 점에서 '비호'와 '이주'의 접점을 보다 잘 이해하고 관리할 필요가 있다. 아울러 유엔난민기구는 '비호'와 '이주'의 두 차원 모두 촉진해야 한다. … 그럼으로써 보호가 필요한 사람들이 보호를 받도록 하고, 비호 채널이 아닌 다른 경로의 선택지를 가진 이주민이라든지 부도덕한 밀입국자들이 입국 가능성을 오용하여 이득을 취할 수 없도록 해야 한다(UNHCR 2003, 46).

유엔난민기구는 이러한 논리를 바탕으로 자신이 관여해야 할 이주 관리의 실천 과제들을 제시했다. 여기에는 '이주 관리'라는 보다 넓은 맥락에서 비호 신청자와 난민의 필요를 확인하여 적절한 대응책을 강구하고, 밀입국과 인신매매를 방지하기 위한 국제적 노력에 동참하고, 비호와 이주의 연계성에 관한 자료를 수집해 연구하고, 비정규적 루트를 통한 이주의 축소에 기여하고, 국제이주기구(IOM)와의 긴밀한 대화와 협력을 이어가고, 정규적 이주의 중요성과 밀입국 및 인신매매의 위험성에 대해서 잠재적 이주민을 대상으로 인식 제고 캠페인을 벌이고, 국제

보호의 필요성을 인정받지 못한 사람들의 귀환을 조력하는 내용이 담겼다(Scheel and Ratfisch 2014, 932). 이처럼 유엔난민기구는 이주 관리의 거의 모든 면을 자신의 책무와 연계했다.

유엔난민기구는 애초에 '난민 보호를 위한 이주 관리'의 논리를 내세웠다. 하지만 실제 유엔난민기구의 이주 관리 관여 방식은 종종 그러한 기대를 저버리는 모습을 보이곤 했다. 오히려 이주 통제에 적극 동참함으로써 난민 보호의 책무와 괴리되는 모습을 보이기도 했다. 이를테면 비정규 이주 경로를 통해 입국한 이른바 '불법' 체류 이주민에 대한 엄정한 이주 관리에 동참하는 모습을 보였다(Scheel and Ratfisch 2014). '불법' 체류하는 '가짜' 난민의 난민 신청 오남용을 줄임으로써 '진짜' 난민의 보호를 촉진하고 위험한 비정규 이주 경로를 통제함으로써 이동 과정에서 난민이 처한 위험을 줄이겠다는 발상인데 이는 북반구 선진국들이 난민 유입을 조절, 통제하기 위해 내세운 논리와 본질적으로 다르지 않았다.

4. '국민국가' 관념을 재생산하는 유엔난민기구?

이후로도 국제무대에서 쇠락하는 위상을 제고하고 난민 보호를 위한 인도주의 기구의 책무를 다하기 위한 유엔난민기구의 노력은 지속되었다. 2018년 채택된 '난민 글로벌 컴팩트(Global Compact on Refugees, GCR)'는 대표적인 성취로 꼽힌다. 이는 '연성법(soft law)' 접근에 기반한 합의로서 난민 보호에 관한 국제사회의 책임 분담의 불균형을 해결하고 인도주의와 국제개발협력을 연계함으로써 대안적 접근을 제시할 것이라는 기대감을 불러일으켰다. 또한 유엔난민기구는 GCR 하에서 글로벌 난민 포럼(Global Refugee Forum)과 포괄적 대응체제(Comprehensive Refugee Response Framework, CRRF)를 견인하는 데 주도적인 역할을 수행했다(이병하 2020).

그렇지만 유엔난민기구가 보여준 정치적 리더십의 한계는 분명했다. 첫째, 컴팩트를 채택한 국가들에게 구체적이고 측정 가능한 책무를 부과하지 못했다는 점에서 구속력이 약하고, 둘째, 인도주의와 개발을 연계한 접근을 강조하였으나 비호 신청 권리와 강제송환금지 원칙을 비롯한 국제난민레짐의 본질적인 부분을 적극적으로 다루지 못했으며, 셋째, GCR과 CRRF는 국내실향민(IDPs)의 문제를 정면으로 다루지 않았다(Crisp 2020, 5-6). 이처럼 유엔난민기구는 여전히 국제사회의 책임분담 이행을 위한 정치적 리더십에 있어 한계를 노정하고 있다. 심지어 유엔난민기구는 재정 의존으로 인해 서구사회의 눈치를 살피는 모습을 보였다. 예컨대 유엔난민기구는 보트를 타고 지중해를 건너려는 난민의 유입을 차단하기 위한 외재화 전략으로 리비아 해양경비대 활동을 지원하고 있는 유럽연합에 대해서 적극적으로 문제를 제기하지 못하고 있다. 그런 가운데 리비아로 강제송환된 난민들이 계속해서 구금, 착취, 인권 유린에 무방비로 노출되고 있다(Crisp 2020, 6; Urbina 2021).

한편 이 같은 상황은 보다 근본적인 수준에서 볼 때 또 다른 문제를 안고 있다. 인도주의 기구인 유엔난민기구가 글로벌 난민정치와의 영향 관계 속에서 신자유주의 합리성과 이주 관리 패러다임을 수용함으로써 결과적으로 '국가 주권'의 논리에 포획되고 말았다는 지적이다.

즉, 유엔난민기구 차원에서 추진해 온 난민 문제에 대한 다양한 해법들조차도 본래 의도와 무관하게 난민을 '비정상적인 상태(anomaly)'에 처한 것으로 간주하고 '국가의 시민(state citizens)'이라는 '정상적인 상태(normality)'로 복원시키려는 기획의 성격이 다분하다는 것이다(Scheel and Ratfisch 2014, 937). 결과적으로 신지원의 지적처럼 "인도주의적 실천의 영역이 난민을 대상화하는 국가중심적 권력의 지식이 재생산되고 정당화되는 장소"가 되어 버린 셈이다(신지원 2015, 446). '국가들의 사회'를 위한 아교 역할을 수행해야 할 유엔난민기구가 이주 관리를 수용함으로써 외려 국민국가(nation-state) 관념을 복원, 재생산하고 마는 아이러니다.

IV. 나가는 말

국제난민레짐은 코로나 팬데믹 시기에 더 큰 시험대에 올랐다. 비상시기의 '예외조치'로 채택된 과도한 국경통제 정책들이 자칫 '뉴노멀(New Normal)'이 될 수 있다는 우려가 제기되었다(Perzyna 2020, 1). 이는 결코 기우가 아니었다. 실제로 전 세계 많은 국가가 비호 신청자들을 자국민의 안녕에 대한 위협 요인으로 간주하고 이들에 대한 국경통제를 강화했다. 2020년 상반기 전 세계 신규 비호 신청 건수는 2019년 상반기와 비교할 때 무려 32%가 줄었다(IOM 2020).

몇 가지 구체 사례들을 보면, 미 트럼프 정부는 질병통제예방센터(CDC)의 행정명령을 통해 이주 아동을 포함해 비호 신청자들을 불법적인 방식으로 추방했다. 캐나다에서는 자국에서 비호 신청한 사람들 가운데 이른바 '안전한 제3국가'로 간주된 미국에서 건너온 사람들에 대해서는 보호받을 권리를 인정해 주지 않기로 했는데 이는 공적 토의 없이 정부가 단독으로 정해버린 조치였다. 이탈리아는 몰타와 함께 난민에 대한 불법적인 차단 및 송환 작전을 수행했는데 이로 인해 수많은 난민은 유엔이 안전하지 않은 곳으로 공표한 리비아로 강제송환되었다. 이 밖에도 최소 60명의 로힝야족 사람들이 해상 선박에서 아사한 사건이 발생하기도 했다. 난민인 이들은 코로나19로 인해 말레이시아 정부로부터 입항을 두 차례 거부당한 뒤 수개월간 해상에 표류한 상태였다 (Guadagno 2020, 9; Perzyna 2020, 1-2, 8).

이처럼 팬데믹 시기 여러 국가가 국경통제 조치를 난민에게 무분별하게 적용하는 가운데 국제난민레짐의 기본 원칙은 심각하게 훼손되었다. 월경한 난민뿐만 아니라 국내실향민에게도 국경통제는 커다란 시련이었다. 이들에게 팬데믹 시기 국경 제한 및 폐쇄 조치는 애초에 견디기 힘들어 떠나온 위험 지역 내에 혹은 이 지역에서 그리 멀지 않은 곳에 사실상 갇혀 지내야만 함을 의미했다(Aleinikoff 2020).

한편 이상의 내용에서 짐작할 수 있듯이 코로나 팬데믹 시기 글로벌 난민정치는 기존의 문제점을 더욱 악화시켰을 뿐만 아니라 단절적인 경향을 보이기도 했다. 즉, 국가들이 코로나 팬데믹이라는 비상사태를 운운하면서 무차별적인 국경 폐쇄를 비롯한 '초법적인(extra-legal)' 조치를 정당화한 것이다. 교묘한 방식으로 '합법적' 조치를 취하는 수준을 넘어 이제는 별다른 거리낌 없이 '초법적' 행태를 보였던 것이다(Perzyna 2020, 6). 더욱이 이러한 상황에서 유엔난민기구는 여전히 정치적 리더십을 보여주지 못한 채 상황에 끌려다니는 모습을 보였다. 급격히 제한주의로 기울어진 글로벌 난민정치 속에서 유엔난민기구는 출범 이후 처음으로 난민 재정착 프로그램을 중단해야만 했다(Perzyna 2020, 8). 미동반 아동을 대상으로 제한적 수준에서 재정착 프로그램이 시행되기는 했으나 거의 모든 재정착 프로그램들이 잠정 중단되었다(Guadagno 2020, 9).

이처럼 코로나 팬데믹이라는 비상사태는 글로벌 난민정치의 한계를 더욱 드라마틱한 방식으로 드러내 보였다. 그렇지만 동시에 이는 역설적이게도 글로벌 난민정치가 개선되어야 할 필요성을 더욱 극적으로 보여주었다. '국민국가 주권'의 현실과 '국가들의 사회'의 이상이 벌어지는 간극 속에서 '현실적 유토피아'를 향한 고민과 실천이 그 어느 때보다 중요한 시점이다. 국제사회가 직면한 도전과제는 다음과 같다. 어떻게 하면 글로벌 난민정치의 지형을 개선할 수 있는가? 어떻게 하면 국가들이 자신들의 국익을 앞세워 이주 관리를 강화하면서도 난민의 보호받을 권리를 손상시키지 않게 할 수 있는가? 다시 말해 어떻게 하면 '난민 보호'와 '국가 이익'을 일관된 방식으로 연계할 수 있는가?

이에 대한 하나의 응답으로 해서웨이는 국가들의 '공동의 차별화된 책임(Common But Differentiated State Responsibilities, CBDR)'을 대응 원칙으로 제안했는데 핵심은 다음과 같다. 첫째, 모든 국가가 난민 보호 책무를 확고히 수용하고, 둘째, 이를 바탕으로 난민 보호를 위한 국제협력의 유연성을 확보하는 것이다(Hathaway 2012, 202; 2016, 96-99). 여기서 첫 번째 원칙이 두 번째 원칙에 앞서는 으뜸 원칙이다. 이 점을 특별히 강조하는 까닭은 첫 번째 원칙이 회석될수록 '난민의 문제'가 그만큼 '해법'을 필요로 하는 기술적인(technical) 문제로 치환될 공산이 커지고, 그 결과 난민 위기의 정치적 맥락에 대한 관심과 이해가 주변화되기 때문이다. 한편 전술한 두 가지 원칙에 기반하여 난민 보호 책무에 대한 포괄적 이해와 국가 간의 공평한 책임 분담(에 대한 신뢰 형성)을 촉진하고 각 국가의 책무 이행을 감독하는 역할을 수행할 권능 있는 권위체가 존재해야 한다. 이와 관련해서는 유엔난민기구를 위시한 국제·지역 기구의 정치적 리더십 확보와 유연한 대응이 매우 중요하다.

베츠는 좀 더 현실주의적인 시각에서 해서웨이가 제안한 CBDR 원칙을 수용하면서도 현실적 여건을 고려하여 글로벌 남북 간의 노동 분업을 제안했다. 이는 남반구 국가들이 비호 제공을 중심으로 난민 보호의 책무를 이행하고 북반구 국가들은 부담 분담의 차원에서 재정·기술 지원 수준을 획기적으로 높이는 방식이다. 그에 의하면 이러한 남북 분업을 통해서 북반부 국가들은 이주 통제를 하면서도 남반구 수용국들에 있는 난민에 대한 보호의 책무를 이행할 수 있다. 물론 이러한 방식은 궁극적으로 '책임 전가' 내지 '외재화'라는 비판에서 자유로울 수 없다. 그럼에도 불구하고 베츠는 이 같은 방식의 남북 협력이 현실 여건을 고려할 때 차선책이 될 수 있음을 강조한다. 즉, 여행레짐의 안보화가 강화되고 비호 제공에 대한 의지가 약한 상황에서 난민에 대한 보호의 공간을 확보하면서도 어느 정도 남북 모두의 이익에 부합하는 방식이 될 수 있다는 판단이다(Betts 2010, 29).

전술한 책임 분담에 관한 논의의 연장선상에서 '지역주의 접근'에 주목한 논의도 있다. 크리스티나 보스웰(Christina Boswell)에 의하면 난민 보호를 위한 포괄적 지역 구상이 난민 발생의 원인을 예방하거나 해소하는 데 효과적일 수 있다. 특히 '지역 기구'가 난민 문제에 관한 기준 설정 및 부담 분담에 있어서 보다 적극적인 역할을 수행할 수 있다. 이를 테면 인권과 난민 보호에 관해서 아프리카연합(AU) 집행위원회가 AU 헌장과 국제난민법을 근거로 적극적인 감독 및 모니터링 기능을 수행할 수 있다. 다만, 보스웰은 글로벌 남북 격차를 고려하여 남반구 지역에서 포괄적 지역 구상이 성공하려면 북반구 선진국들이 재정적, 기술적으로 적극 조력해야 한다는 점을 강조했다(Boswell 1999, 74-80).

마지막으로 난민 보호에 대한 각국의 적극적인 '의지'의 창출도 글로벌 난민정치의 개선을 위한 논의에서 빼놓을 수 없다. 이는 '국제사회'가 '국가들의 사회'라는 점에서 가장 핵심적인 부분이기도 하다. 특히 난민(의) 문제를 둘러싸고 사회적 논란이 첨예화되는 상황에서 정치 리더십의 역할이 중요하다. 이를테면 자국의 인도주의 전통을 대외정책에 연계함으로써 윤리적인 관점에 기반을 둔 난민정책이 국가 이익의 요소로서 국가 자부심과 정체성에 기여할 수 있는 가능성을 제시할 수도 있다(Boswell 1999, 82). 아울러 '의지'가 '자원'과 더불어 '역량'을 구성한다고 볼 때, 난민 보호에 대한 적극적 의지를 바탕으로 효율적이고 효과적인 자원 투입을 해야 한다. 즉, 각 국가는 난민 보호에 대한 적극적 의지를 바탕으로 자신의 분담해야 할 책임 쿼터 내에서 다양한 방식으로 보호의 책무를 이행해야 한다. 이때 특히 중요한 것은 각 국가가 책임 분담의 두 축이라 할 수 있는 부담 분담과 비호 제공을 과도하게 교환 관계에 있는 것으로 간주하지 않도록 자기절제를 해야 한다.

참고문헌

박선희. 2017. "유럽연합-터키 관계와 EU 이주·난민정책 외재화의 문제점." 『국제지역연구』 21권 1호, 109-134.

송영훈. 2016. "난민의 인권과 국가안보: 한국 난민법 개정의 쟁점을 중심으로." 『담론201』 19권 3호, 55-82.

신지원. 2015. "'이주-비호 연계성' 담론과 난민보호 위기에 관한 정책적 고찰." 『민주주의와 인권』 15권 3호, 417-457.

이병하. 2020. "글로벌 난민 레짐의 변화: 난민 글로벌 컴팩트의 의미와 한계." 『담론201』 23권 3호, 73-111.

임미원. 2016. "푸코의 통치성 분석에 대한 기초적 고찰." 『법철학연구』 19권 1호, 99-136.

장인성. 2009. "영국학파 국제사회론과 근대 동아시아의 국제사회화에 관한 고찰: 동아시아 국제사회론의 구축을 위한 시론." 『세계지역연구논총』 27권 1호, 359-387.

최원근. 2020. "국제난민레짐과 유럽중심주의의 의미: 동아시아적 관점에 대한 소고." 『글로벌정치연구』 13권 2호, 25-46.

한준성. 2019. "난민 위기와 지역 협력: 아프리카의 1969년 OAU 협약." 『세계지역연구논총』 37권 2호, 79-98.

한준성. 2021. "중남미 난민 위기와 1984 카르타헤나 난민선언: 평화 프로세스와 연계된 연성 지역주의 접근." 『한국정치연구』 30권 3호, 171-198.

홍태영. 2012. "푸코의 자유주의적 통치성과 정치." 『한국정치학회보』 46권 2호, 51-70.

Aleinikoff, T. Alexander. 2020. "The Fragility of the Global Mobility Regime: What States Could Not Do On Their Own, The Virus Has Completed."

https://publicseminar.org/2020/05/the-fragility-of-the-global-mobili-
ty-regime/(검색일: 2021년 11월 30일).

Betts, Alexander. 2010 "The Refugee Regime Complex." *Refugee Survey Quarter-
ly* 29(1): 12-37.

Betts, Alexander. and Paul Collier. 2017. *Refugee: Transforming a Broken Refugee
System.* London: Penguin Books UK.

Boswell, Christina. 1999. "The Conflict Between Refugee Rights and National
Interests: Background and Policy Strategies." *Refugee Survey Quarterly*
18(2): 64-84.

Bull, Hedley. 2002. *The Anarchical Society: A Study of Order in World Politics (third
edition).* New York: Columbia University Press.

Crisp, Jeff. 2020. "UNHCR at 70: An Uncertain Future for the International
Refugee Regime." https://brill.com/view/journals/gg/26/3/article-
p359_1.xml(검색일: 2021년 12월 25일).

Foucault, Michel. 1988. "The Political Technology of Individuals." In *Technolo-
gies of the Self: A Seminar with Michel Foucault*, edited by Luther Martin,
Huck Gutman, and Patrick Hutton, 145-162. Amherst: University of
Massachusetts Press.

Geiger, Martin. 2013. "The Transformation of Migration Politics: From Migra-
tion Control to Discipling Mobility." In *Discipling the Transnational Mo-
bility of People*, edited by Martin Geiger and Antoine Pécoud, 15-40.
London: Palgrave Macmillan.

Guadagno, Lorenzo. 2020. *Migrants and the COVID-19 Pandemic: An Initial
Analysis (Migration Research Series No. 60).* Geneva: International Organisa-
tion for Migration.

Hartling, Poul. 1985. "Statement by Mr. Poul Hartling, United Nations High

Commissoner for Refugees, to the Third Committee of the United Nations General Assembly, 11 November 1985." https://www.unhcr.org/admin/hcspeeches/3ae68fb18/statement-mr-poul-hartling-united-nations-high-commissioner-refugees-third.html(검색일: 2022년 1월 2일).

Hathaway, James C. 2012. "Refugees and Asylum." In *Foundations of International Migration Law*, edited by Brian Opeskin, Richard Perruchoud, and Jillyanne Redpath-Cross, 177-204. Cambridge: Cambridge University Press.

Hathaway, James. 2016. "A Global Solution to a Global Refugee Crisis." *European Papers-A Journal on Law and Integration* 1(1): 93-99.

IOM. 2020. "Migration Data Relevant for the COVID-19 Pandemic." https://migrationdataportal.org/themes/migration-data-relevant-covid-19-pandemic(검색일: 2022년 1월 2일).

Lemke, Thomas. 2002. "Foucault, Governmentality, and Critique." *Rethinking Marxism* 14(3): 49-64.

Lippert, Randy. 1999. "Governing Refugees: The Relevance of Governmentality to Understanding the International Refugee Regime." *Alternatives* 24(3): 295-328.

Little, Adrian and Nick Vaughan-Williams. 2017. "Stopping Boats, Saving Lives, Securing Subjects: Humanitarian Borders in Europe and Australia." *European Journal of International Relations* 23(3): 533-556.

Mavelli, Luca. 2017. "Governing Populations through the Humanitarian Government of Refugees: Biopolitical Care and Racism in the European Refugee Crisis." *Review of International Studies* 43(5): 809-832.

Muller, Benjamin. 2004. "Globalization, Security, Paradox: Towards a Refugee Biopolitics." *Refugee* 22(1): 49-57.

Perzyna, Magdalena. 2020. *The Substance of Solidarity: What the Response to the COVID-19 Pandemic Says about the Global Refugee Regime.* The Working Papers Series is produced jointly by the Ryerson Centre for Immigration and Settlement (RCIS) and the CERC in Migration and Integration

Ramsay, Georgina. 2020. "Humanitarian Exploits: Ordinary Displacement and the Political Economy of the Global Refugee Regime." *Critique of Anthropology* 40(1): 3–27.

Scheel, Stephen and Philipp Ratfisch. 2014. "Refugee Protection Meets Migration Management: UNHCR as a Global Police of Populations." *Journal of Ethnic and Migration Studies* 40(6): 924–941.

Shachar, Ayelet. 2020. *The Shifting Border: The Legal Cartographies of Migration and Mobility.* Manchester: Manchester University Press.

Simmons, Beth. 2008. "International Law and International Relations." In *Oxford Handbook of Law and Politics*, edited by Gregory Caldeira, R. Daniel Kelemen, and Keith Whittington, 187–208. Oxford: Oxford University Press.

UNHCR. 2003. "Agenda For Protection (third edition)." https://www.unhcr.org/media/agenda-protection-third-edition(검색일: 2023년 2월 28일).

Urbina, Ian. 2021. "The Secretive Prisons That Keep Migrants Out of Europe." https://www.newyorker.com/magazine/2021/12/06/the-secretive-libyan-prisons-that-keep-migrants-out-of-europe(검색일: 2022년 1월 4일).

8장 경계(境界)와 탈경계의 이주정책: 고용허가제의 현황과 변화*

이화용·이기호

I. 들어가는 말

1980년 이후 세계화로 인해 이주는 전 지구적 현상이 되어 가고 있다. 수치로 보더라도, 2020년 전 세계 국제 이주자는 2억 8,100명이고 이주자 비율은 전 세계 인구의 3.6%, 2022년 이주자 및 디아스포라를 통한 국제 송금 6,470억 달러, 2019년 이주노동자는 1억 6,400만 명에 이른다(IOM). 한국의 경우도 1980년대 이후 경제 호황, 재중동포 이주,

---

*   이 글은 2015년 12월 『21세기정치학회보』 25집 4호에 게재된 "경계(境界)의 이주 정책: 고용허가제의 쟁점과 과제"를 수정·보완한 것이다.

동남아시아의 이주노동자 유입과 결혼이주여성 증가로 전체 체류 외국인의 비율이 지속적으로 증가추세를 보였다(코로나19의 영향이 있었던 2020년과 2021년 제외). 한국은 최근 체류 외국인의 비율이 4%대를 넘어서면서 다문화사회로의 진입을 앞두고 있다.[1]

국민국가 체제에서 국가의 정책은 경계 안의 구성원에 초점을 맞추어 왔다. 그러나 이주가 전지구적 현상이 되어가고, 한국의 경우 다문화사회로 진입 단계임에도, 정책은 여전히 국가 경계를 넘어서지 못한다. 이 글은 지구화 시대, 한국 이주정책 중 이주노동자의 고용허가제를 대상으로 약 20년 동안 시행되어 온 이 제도와 정책의 현황과 변화를 고찰하고자 한다. 이를 통해, 이주의 전 지구화에 따른 한국의 이주정책 특성을 살펴보고 국민국가체제의 틀에서 변화의 가능성을 찾아보고자 한다.

시민권을 가진 국가 구성원은 국가의 경계 내에서 법적으로 평등한 시민의 권리를 향유할 자격을 갖는다.[2] 시민권의 패러다임 속에서 노동권은 헌법에 의해 보장되는 기본권의 하나로 이해된다. 그러나 세계화의 진행으로 지구적 차원에서 자본과 노동의 이동이 늘어나면서 국민국

---

1   OECD는 외국인과 이민 2세, 귀화자 등 이주 배경 인구가 총인구의 5%를 넘으면 다문화·다인종 국가로 분류하고 있다(김옥녀 2021).

2   시민권의 선구적 연구를 주도했던 마샬은 시민권을 사회 혹은 국가의 경계 내에서 정해진 시민의 권리로 정의하며, 시민권의 내용을 신체의 자유, 사상·신앙의 자유, 재산 소유를 가리키는 공민적 권리, 정치 참여의 정치적 권리, 경제적 복지와 보장을 받을 수 있는 경제적 권리로 나누었다(Marshall and Bottomore 2014, 30–31).

가에서 노동권 보장도 흔들리고 있다. 다시 말해, 국민국가의 공식적인 구성원인 시민의 노동권은 법적 보장을 받지만, 이와 동일한 방식과 내용으로 이주노동자[3]의 노동권이 보장되고 있진 못하다. 특히 비전문직 이주노동자들은 특정 국가에 사는 실질적 구성원이나 인권과 시민권으로부터 배제된 유랑인이다. 자본의 세계화는 국경을 벗어난 지 오래이지만, 노동권은 여전히 국가 경계 속에서 진행되고 있다. 노동자 권리의 확대와 발전은 국민국가체제에서는 보편성을 갖지만, 국가의 경계를 넘어설 때 그것은 보편성을 상실하고 있다. 국가 공동체의 노동자 권리는 국민국가에 의해 보장되고 있는 반면, 이주노동자의 권리 보호는 빈곤할 뿐이다. 국가 구성원의 평등한 권리확보의 기제로 작동했던 시민권의 정치, 경계의 정치가 주는 역설이자 도전이다. 이는 한국도 결코 예

---

3   우리나라는 「외국인근로자의 고용 등에 관한 법률」을 통하여 공식적으로 한국에 취업한 외국인을 '외국인근로자(foreign worker)'라고 명명하고 있다. 동법 제2조에 따르면 "이 법에서 '외국인근로자'란 대한민국의 국적을 가지지 아니한 사람으로서 국내에 소재하고 있는 사업 또는 사업장에서 임금을 목적으로 근로를 제공하고 있거나 제공하려는 사람을 말한다"라고 규정하고 있다. 우리나라의 외국인근로자의 의미를 갖는 용어로 UN에서는 이주노동자라는 용어를 사용하고 있다. UN의 「이주노동자권리협약」에 의하면, "이주노동자란 그 사람이 국적을 갖지 않는 나라에서 유급 활동에 종사할 예정이거나, 이에 종사하고 있거나, 또는 종사하여 온 사람을 말한다." 우리나라의 외국인근로자나 UN이 규정하고 있는 이주노동자는 법적으로 외국인근로자를 국적요건, 노동 활동 지역, 그리고 유급 노동 활동이라는 세 가지 요건에 근거하여 정의하고 있다는 점에서 유사성을 갖는다. 이 글에서는 '외국인근로자' 내지 '외국인 노동자'라는 용어가 '이주노동자'와 동일한 의미로 해석될 수 있는 전제하에, 한국사회에서 차별적 의미를 함축하는 '외국인 노동자' 또는 '외국인근로자'의 용어보다 국제적으로 공인된 '이주노동자'라는 용어를 사용하고자 한다.

외가 아니다.

한국에서 이주노동자들은 1980년대 후반부터 국내에서 비공식적으로 취업을 해왔다. 경제적 필요로 외국인 미등록 이주노동자가 들어오고, 이와 더불어 한국사회의 다문화 현상과 맞물려 이주노동정책은 경제적으로뿐만 아니라 사회적으로 매우 주요한 사안이 되었다. 2023년 9월말 현재 한국에 취업자격을 득하고 체류하고 있는 이주노동자는 520,622명이며 이 중 단순기능인력 이주노동자의 수는 452,091명이다. 불법체류자의 경우에는 2023년 9월 말 현재 429,630명으로 이중 상당수가 단순기능인력 취업분야에서 노동을 하는 것으로 판단된다. 여기에 역시 2023년 9월 말 기준 '취업활동의 제한받지 않는 자격'을 득하고 있는 체류외국인이 793,130명인 점,[4] '체류자격 외 활동허가'를 받아 제한적으로 노동하는 유학생(234,677명) 등의 체류외국인을 고려하면 실제 단순기능인력 이주노동자는 적어도 100만 명을 훨씬 상회하는 것으로 추정된다.

한국이 외국인력 수입 및 활용을 위해 이주노동정책을 편 것은 1991년부터이다. 1990년 들어서 중소기업들의 이른바 3D업종의 인력난이 눈에 띄게 가시화되자 사용자단체들이 정부에게 외국인 노동자 수입의 허용을 요구하였다. 기업 및 산업체 활동과 국제교류를 담당하는 부처와 노동 및 출입국 관리를 담당하는 부처 간의 입장 차이가 있었으나 (설동훈 1999, 422), 정부는 기업가와 노동자 양자의 요구를 수용하는 방안

---

[4] 영주, 결혼이민, 거주, 재외동포를 말하며 이들 중 상당수가 중국동포 등이다.

으로 '외국인 산업연수생제도'(이하 '산업연수생제도'라 함)를 실시하였다. 산업연수생제도는 저숙련·단순기능의 외국인력을 유입하여 중소제조업체 생산직 인력난을 해소하고자 외국인력을 '노동자' 신분이 아닌 '연수생' 신분으로 고용하는 것이었다. 처음에 해외투자 기업에만 허용되던 산업연수생제도는 곧 내국인 노동자들이 기피하는 3D업종에 도입되었다. 산업연수생제도는 외국인 노동자를 연수생으로 받아들임으로써 노동관계법으로부터 자유로울 수 있었으나 외국인력의 편법 활용이라는 비판에서 벗어날 수 없었다. 산업연수생제도는 연수의 명분으로 그들의 노동을 이용하는 편법적인 정책으로 인권침해, 불법체류 등의 문제를 야기하여 사회적 문제로 대두되었다.

산업연수생제도의 폐단을 시정하고 보다 발전적인 제도적 대안을 마련하기 위해 나온 것이 2004년 8월에 시행된 '외국인 고용허가제'(이하 '고용허가제'라 함)이다. 고용허가제란 이주노동자를 고용하기 위해 고용노동부의 허가를 받아야 하는 제도로, 이주노동자를 합법적인 노동자로 인정한다는 점에서 산업연수생제도와의 근본적인 차이점을 갖는다. 고용허가제는 그동안의 오랜 사회적 갈등과 논란 끝에 이주노동에 대한 법적 근거를 마련하고 합리적 관리체계를 구축하는 등 전환적 개선을 이루었다는 점에서 긍정적인 평가를 받아 오기도 하였다. 그러나 고용허가제 역시 시행되는 순간부터 논란의 대상이 되었으며 이 제도가 시행된 지 19년이 경과하고 있는 현재도 고용허가제는 여전히 그 한계와 문제점을 보여주고 있다.

많은 정책 결정이 그러하듯이, 한국 이주노동정책은 한국사회의 정치적, 경제적 이해관계와 맞물려 나온 산물이다. 기피되는 일자리 확보

와 저임금 등의 이유에서 비롯된 기업들의 지속적인 요구에 의해 이주
노동자를 받아들였고 이들을 산업연수생이나 고용허가제를 통해 제도
화시켰다. 한국뿐만 아니라 국제적으로도 이주노동자는 대체로 경제
적 필요에 의해 형성되었고, 이들에 대한 학문적 관심, 즉 노동자 중심
의 국제이주이론은 주로 경제학적 접근으로 이루어져 왔다. 신고전경제
학이론에서 이주노동자는 국가 간의 노동력 수요와 공급 차에 따라 나
온 결과라 파악한다. 즉 자본은 풍부하나 노동력이 부족한 국가들에
게로 그렇지 못한 국가의 노동자들이 이동한다는 것이다(석현호 외 2003,
17; Todaro 1976, 361). 신고전경제학이론에서 이주가 개인적 차원의 의사결
정으로 이해되는 경향인 것과 대조적으로, 노동시장 분절론에 의한 이
주노동은 경제구조적 조건에 의해 설명된다. 분절론에 의하면, 국제이
주는 발전국가들의 경제구조에 따른 이주노동력의 영구적 수요에서 비
롯된다. 발전국가에서 미숙련 노동의 공백을 채우기 위해 고용주나 혹
은 이들을 대변하는 정부에 의해 이주노동이 주도된다는 것이다(설동훈
2000, 24; Piore 1979, 31). 한편, 중심국의 자본 지배 논리를 강조해 온 세계
체제론은 자본주의 세계경제체제에서 중심국인 발전국가의 정부와 다
국적 기업에 의한 주변국의 시장 침투가 국제이주를 견인한다고 주장
한다(Petras 1981; Portes and Walton 1981). 국제이주노동에 관한 이러한 이론들
은 내용의 차별성이 있으나 이주노동의 원인을 경제적 요소에서 찾고
있다는 공통분모를 갖는다.

　　이주노동의 경제적 요인을 강조해 온 연구와 달리, 이 글은 이주노
동의 발생과 지속이 국민국가 체제라는 정치적 패러다임에 의해 조건
지워짐을 보여주고자 한다. 개인, 정부 혹은 기업의 필요와 선택에 의

해 국제이주노동이 이루어진다 하더라도, 이주노동이 무제한적으로 허용되지 않으며 허용된 이주노동의 경우에도 그 범위와 권한 설정이 매우 정치적 정책 결정으로 이루어질 수밖에 없다. 특히 그러한 정치적 조건은 근본적으로 국민국가체제의 프레임인 시민권 정치, 경계의 정치에 조건 지워진다. 지구화로 인한 노동력 이동과 변화로 인해 야기된 한국의 대표적인 이주노동정책, 즉 고용허가제의 현황과 쟁점도 이 프레임에 머물러 있다. 고용허가제와 같은 이주정책이 정권의 정치적 성향과 사업주의 경제적 이해관계와 밀접한 관계를 맺고 있으며 국민국가의 틀을 쉽게 넘어설 수 없는 이유이다. 이러한 인식하에, 이 글은 한국 고용허가제의 현황 및 쟁점을 비판적으로 고찰하고, 나아가 지구적 이주 시대에 맞는 고용허가제에 대한 발전적인 개선방안과 제도 전환의 필요성을 제시하는 데 목적이 있다.

이 글의 구성은 다음과 같다. 서론에 이어 II장에서는 한국 이주노동정책의 방향과 흐름을 개관하고, III장에서는 한국의 현행 이주정책인 고용허가제의 내용과 쟁점을 밝히며, IV장에서는 고용허가제의 한계와 그 대안으로 단계적 노동허가제를 제시한다. 결론에서는 다문화사회에 진입하고 있는 한국사회가 경계의 정치, 현재 국민국가의 정치 프레임에서 결코 자유로울 수 없다 하더라도, 이주노동자의 지속적인 증가라는 현실 인식과 이를 위한 대비라는 점에서 이주노동정책 변화의 필요성을 주장한다.

II. 한국 이주노동 정책의 방향과 흐름

한국의 「출입국관리법」 제18조 1항은 "외국인이 한국에서 취업하고자 할 때에는 동법에 따라 취업활동을 할 수 있는 체류자격을 갖추어야 한다"라고 규정하고 있다. 이 규정에 의거하면 이주노동자의 유형은 크게 '합법체류 이주노동자'와 '불법체류 이주노동자'로 구분할 수 있다. '합법체류 이주노동자'는 동법에 따라 취업활동을 할 수 있는 자격을 갖춘 자로, '합법체류 이주노동자'는 다시 '전문 외국인력'과 '비전문 외국인력'으로 세분하여 구분할 수 있다. 전문취업과 비전문취업을 구분하는 기준은 일종의 숙련성에 기초한 비자 유형에 따라 분류한 것이나, 이러한 구분에는 전문취업은 대졸 이상의 자격과 경력요건을 갖춘 반면, 비전문취업은 특별한 기능을 요구하지 않고 수행하는 단순기능을 함축한다(이규용 외 2011, 8). 한편, '불법체류 이주노동자'는 취업활동을 할 수 있는 법적 자격을 갖지 못한 자를 가리키는데, 이는 취업활동을 할 수 없는 비자로 입국하여 취업하는 경우와 취업체류자격을 갖추었다가 사업장을 이탈하거나 체류 기간이 넘어 불법체류자가 된 경우를 말한다. 이와 같은 분류에 의하면, 한국에서 취업활동을 하고 있는 외국인은 크게 세 유형으로 정리될 수 있다. 즉 합법적 체류의 '전문 외국인력'과 '비전문 외국인력', '불법체류 이주노동자(미등록 이주노동자)'[5]이다. 이 글에

---

5 '불법체류 이주노동자'와 '미등록 이주노동자'의 용어 구분은 다음과 같다. 불법체류 이주노동자는 한국에서 체류자격이 출입국관리법에 따라 불법이라는 것이

서는 이러한 세 유형 중 대표적인 한국이주노동정책인 고용허가제의 대
상이 되는 합법적 비전문 외국인력을 주로 다룬다.[6]

한국 정부는 이주노동정책의 기본방향에 있어 두 가지 입장을 보인
다. 하나는 국가경쟁력 제고라는 취지하에 우수한 인재라고 할 수 있는
전문 외국인력을 적극적으로 유치하고, 다른 하나는 저숙련·단순기능
직 외국인력은 가급적 유입을 억제하여 제한적인 허용을 하고 있다. 이
러한 입장하에 한국 정부는 1963년 출입국관리법 제정 당시부터 전문기
술 외국인의 도입을 허용하였고 IT, BT 등 과학기술 분야의 글로벌 인
재를 유치하기 위한 골드카드(Gold Card), 사이언스 카드(Science Card)제도
를 운영하여 더욱 적극적으로 전문기술 외국인력의 도입을 추진해오고
있다(한국산업인력공단 2011). 대조적으로, 저숙련·단순기능직 외국인력은
원칙적으로 국내 유입이 금지되었으나, 1998년 출입국관리법이 개정되
면서 공식적으로 저숙련 취업분야에도 외국인력 도입의 길이 공식적으
로 열리게 되었다. 그럼에도 한국 정부는 저숙련 취업분야에서는 내국

지 노동자로서 노동 자격 자체가 불법이 되는 것은 아니다. '불법'이라는 표현이
범죄와 동일하게 받아들여지는 어감을 주고, 체류자격은 합법이 아니나 취업 자
체를 불법이라 할 수 없다. 또한 이들의 존재 자체가 불법적인 존재인 것처럼 인
식될 여지가 있기에 '불법체류자' 용어보다 한국에서 노동할 수 있는 허가를 얻지
못한 노동자라는 의미에서 '미등록 노동자(Undocumented Workers)'라는 용어를
선호한다(최홍엽 1997, 44).

6 이 글에서 논의의 주 대상은 일반고용허가제(E-9)에 따른 이주노동자이다. 특례
고용허가제인 방문취업제(H-2)에 따른 이주노동자(외국국적동포)는 논의의 대
상에서 제외한다. 이는 방문취업제가 일반고용허가제와는 고용관리 등에 있어 전
혀 다른 양상으로 이루어지고 있기 때문이다.

인 노동자의 일자리가 이주노동자에게로 대체되는 것을 방지하고 내국인 노동자의 임금 등 근로조건이 저하되는 것을 예방하려는 이른바 '보완성의 원칙'을 지키고 있다.

한국에서 비전문 이주노동인력이 활동한 것은 1998년 훨씬 이전이었다. 1980년대 후반부터 비공식적으로 미등록 이주노동자가 내국인 노동자들이 기피하고 있는 3D업종에서 취업하고 있었고, 1991년 이후 산업연수생 이름으로 이주노동자가 유입되었다. 한국 정부는 중소기업의 단순기능인력 부족 현상이 갈수록 심각해지자 이주노동에 대한 제도 도입을 서두르기 시작하여 1993년 12월 이후 산업연수생제도를 시행하였다. 산업연수생제도는 근본적으로 외국인을 노동자가 아닌 연수생 신분으로 활용하기 위한 제도였다. 그러나 산업연수생제도는 시행 초기부터 이주인력의 보완책으로는 한계를 가질 수밖에 없었다. 특히 임금체불, 강제(감금)노동, 산업재해 등의 문제가 발생하면서 인권유린의 문제가 심각하였다. 또한 이주노동력에 대한 수요 증가에도 불구하고 이에 대한 정책적 대응이 미흡하였고, 제도 운용에 따른 각종 문제로 인하여 사업장이탈 연수생이 증가하는 등 미등록 체류자가 증폭하였다. 산업연수생제도는 시민사회 및 지원단체들로부터 지속적으로 강한 비판을 받았고 시민단체들은 이주노동자를 위한 연대활동을 전개하였다.[7] 이러한 문제와 비판의 분위기 속에 노동부는 고용허가제 도입

---

7   1995년 1월 9일 네팔 산업연수생 13명의 명동성당 농성이 계기가 되어 이주노동자들의 인권유린 사태가 현실로 드러났다. 이에 1995년 7월 민주노총, 시화일꾼의 집, 외국인노동자 피난처, 한국교회여성연합, 경불련 외국인노동자 마을, 성남

을 고려하였으나, 통상산업부와 중소기업협동중앙회의 반발에 밀려 좌절되었다. 산업연수생제도는 사회적 문제로 확산되었고 2002년 대통령 선거에서 여·야 각 당의 후보 모두가 외국인력 제도에 대한 합법화 공약을 내세울 만큼 그 상황은 매우 심각하였다. 사회적 인식의 확산에도 불구하고 이주노동제도를 산업연수생제도에서 정부의 허가를 받는 고용허가제로 변경해야 한다는 사회적 합의를 이끌어 내기란 쉽지 않았다. 중소기업의 사업주들은 외국인 고용에 있어 고용허가제보다는 임금 덤핑 등에 유리한 산업연수생제도를 더 선호할 수밖에 없었으며, 중소기업협동조합중앙회 등 연수추천단체들은 산업연수생제도로 자신들이 유지하고 있는 기득권을 포기할 수 없었기에 고용허가제 도입에 반대하였다.

사회적 갈등과 논란 끝에 2003년 8월 16일 국회에서 「외국인근로자의 고용 등에 관한 법률」(이하 '외고법'이라고 한다)이 제정되었고, 2004년 8월 17일부터 고용허가제가 시행되었다. 그러나 고용허가제의 실시가 산업연수생제도의 완전 폐지를 의미하는 것은 아니었다. 산업연수생제도는 고용허가제의 시행에도 불구하고 중소기업협동중앙회 등 연수추천단체와 국내 인력송출 기관들의 반발에 의해 폐지되지 못하고 고용허가제와 함께 병행되다가 2007년 1월 1일부터 고용허가제로 완전히 통합되었다.

외국인노동자 피난처, 부천 외국인노동자의 집 등의 시민단체들이 '외국인노동자 대책협의회'를 결성하여 본격적인 활동을 전개하였다.

III. 고용허가제: 현황과 쟁점

한국 정부는 2023년도 고용허가제에 따른 이주노동자 도입 규모를 11만 명으로 결정했다(고용노동부 2022). 이는 역대 최대 규모로 여기에 더하여 올해 8월에는 기존 11만 명에서 1만 명을 더 추가하겠다고 하였으며, 2024년에는 12만 명 이상으로 확대하겠다고 발표하였다(김승욱 2023). 한국사회의 저출산·고령화의 문제, 그리고 국내 산업현장에서의 심각한 구인난을 방증하듯 이주노동자 도입의 필요성은 점점 커지고 있을 뿐 아니라 이제는 간과할 수 없는 현실이 되었다. 이 장에서는 한국 이주노동정책의 핵심인 고용허가제의 내용, 현황과 문제점 등을 검토하고, 현재의 고용허가제가 지구적 이주시대의 이주노동자들에 대한 유효한 정책으로 작동할 수 있는지 보고자 한다.

일반적으로 '외고법'을 대표하는 고용허가제란 사업주가 이주노동자를 고용하기 위하여 고용노동부의 허가를 득해야 하는 것으로서, 이주노동자의 고용권한을 사업주에게 허가하고 있는 것을 제도의 골간으로 한다. 고용허가제의 운용은 보완성의 원칙, 투명성의 원칙, 정주화 방지 원칙, 차별금지 원칙 등을 기반으로 한다. 보완성의 원칙이란 이주노동자를 고용하려고 하는 사업주가 일정한 기간 동안 내국인 구인 노력을 한 후 내국인 노동자를 채용하지 못한 경우에 한하여 이주노동자의 고용을 허가함을 의미한다. 이로써, 내국인 노동자의 일자리가 이주노동자에게로 대체되는 것을 방지하고 내국인 노동자의 임금 등 근로조건이 저하되는 것을 예방하고자 한다. 투명성의 원칙은 이주노동자의 선정·도입, 체류 지원에 있어 각종 비리와 브로커 개입 등의 문제를 사전에 차단하기 위하여 공공부문이 직접 관리한다. 정주화 방지원칙은 이주노동자에 대해 한시적으로 고용하고 반드시 귀국하도록 한다는 단기순환 원칙을 규정한 것이다. 이는 비전문 취업분야에 있는 이주노동자가 장기적으로 체류할 경우에 그에 따른 가족 동반과 영주권 부여 문제가 발생하여 막대한 사회적 비용을 야기하기 때문이다. 마지막으로 차별금지 원칙에 따라 이주노동자라는 이유로 부당하게 차별하여처우하여서는 아니 됨을 규정하고 있다(고용노동부 2014, 89).

고용허가제는 2010년 9월 국제노동기구(ILO)로부터 "아시아의 선도적인 이주관리 시스템"이라는 평가를 받았고, 2011년에는 UN으로부터 공공행정대상을 수상할 정도로 국제적으로 긍정적인 평판을 얻었지만, 내적으로 여러 문제점과 한계를 드러내고 있다. 특히 이주노동의 현장에서 사업주와 이주노동자 간의 이해관계와 갈등이 첨예하게 나타나고 있다. 상당수의 이주노동자는 사업주의 임금체불 또는 임금 지급 지연, 폭언 및 폭행, 근로조건 위반 및 계약 위반, 사업장 변경 등의 어려움을 호소한다. 이와 대조적으로, 사업주들은 이주노동자들의 사업장 변경 요청 문제에 대해 목소리를 높이며 근로계약 기간 동안 무슨 일이 있어도 계속 일을 시키지 않으면 사업의 영위가 어렵다고 주장하고, 근로기준법에 따라 임금 등의 근로조건을 충족하기란 사실상 불가능하다고 한다. 고용허가제 운용에 대한 관계법령상의 내용을 핵심 사안별로 정리하면서 고용허가제의 현황과 쟁점을 살펴보고자 한다.

1. 사업장 변경: 사유와 기간

1) 변경사유

사업장 변경은 고용허가제에서 가장 중요한 쟁점이다. 고용허가제를 통해 국내에서 취업활동을 하게 되는 이주노동자는 근로를 개시한 사업장에서 3년 동안 계속 근무하는 것을 원칙으로 한다. 그러나 '외고법' 제25조제1항 각호의 어느 하나에 해당하는 사유, 즉 불가피한 사유로 사업장에서 정상적인 근로관계를 지속하기 어렵게 된 경우에는 예외를 허용하여 사업장 변경이 가능하다. 이주노동자는 더 나은 조건을 위한 사업장의 자유로운 변경을 원하고, 사업주는 안정된 인력확보를 이유로 그것을 원치 않는다. 정부는 내국인의 고용기회를 우선적으로 보호하려는 만큼 이주노동자의 사업장 변경에 소극적인 입장을 보여 왔다. 이처럼 사업자 변경 문제를 둘러싸고 정부, 사업주, 이주노동자 각기 서로의 입장을 내놓고 있는 실정이다.

〈표 8-1〉 최근 3년간 업종별 사업장 변경신청 현황 (단위: 명)

구분	2020	2021	2022
제조업	29,598	23,342	28,246
건설업	3,930	3,361	3,174
농축산업	4,939	3,732	5,970
어업	2,944	1,603	2,932
서비스업	95	60	93
총계	41,506	32,098	40,415

출처: 고용노동부 정보공개청구자료(2023)

'외고법'에서 규정하고 있는 사업장 변경은 제25조제1항에 제시되어 있다. 각 호의 어느 하나에 해당하는 사유로 사업장에서 정상적인 근로관계를 지속하기 어렵게 된 경우에는 예외를 허용하여 사업장 변경이 가능하다.

'외고법' 제25조(사업 또는 사업장 변경의 허용)

① 외국인근로자(제12조제1항에 따른 외국인근로자는 제외한다)는 다음 각 호의 어느 하나에 해당하는 사유가 발생한 경우에는 고용노동부령으로 정하는 바에 따라 직업안정기관의 장에게 다른 사업 또는 사업장으로의 변경을 신청할 수 있다.

1. 사용자가 정당한 사유로 근로계약기간 중 근로계약을 해지하려고 하거나 근로계약이 만료된 후 갱신을 거절하려는 경우

2. 휴업, 폐업, 제19조제1항에 따른 고용허가의 취소, 제20조제1항에 따른 고용의 제한, 제22조의2를 위반한 기숙사의 제공, 사용자의 근로조건 위반 또는 부당한 처우 등 외국인근로자의 책임이 아닌 사유로 인하여 사회통념상 그 사업 또는 사업장에서 근로를 계속할 수 없게 되었다고 인정하여 고용노동부장관이 고시한 경우

3. 그 밖에 대통령령으로 정하는 사유가 발생한 경우

④ 제1항에 따른 외국인근로자의 사업 또는 사업장 변경은 제18조에 따른 기간 중에는 원칙적으로 3회를 초과할 수 없으며, 제18조의2제1항에 따라 연장된 기간 중에는 2회를 초과할 수 없다. 다만, 제1항제2호의 사유로 사업 또는 사업장을 변경한 경우는 포함하지 아니한다.

'외고법' 제25조제1항은 2009년과 2012년, 그리고 2019년 개정을 통하여 사업장 변경 사유에 있어 횟수의 제한이 없는 사유의 규정 및 그 확대를 이루었다. 고용허가 취소·고용제한, 기숙사 제공 위반, 사용자의 근로조건 위반, 부당한 처우뿐만 아니라 이주노동자 책임 아닌 사유가 있을 경우에는 사업장 변경 횟수 제한받지 않도록 한 것이다('19년 1월 15일 시행'). 따라서 이주노동자는 최초 3년의 고용허가 기간 동안 3회 이내의 사업장 변경이 가능하고 재고용되었을 때 1년 10개월 이내에 2회

의 사업장 변경이 가능함에 덧붙여, 2012년에 개정법은 제25조제1항제2호의 이주노동자 책임이 없는 경우 무제한 사업장 변경이 가능하다는 내용을 담고 있다.

그럼에도 제25조제1항제1호에서 보듯이, 근로계약에 대한 해지권과 계약갱신거절권이 사용자에게만 있다. 이에 따라 이주노동자가 계약갱신을 거절할 경우 동법에 따른 사업장 변경의 신청사유에 해당하지 않기 때문에 사직할 자유 없이 출국해야 한다. 이 조항의 가장 큰 문제점은 이주노동자의 강제근로에 대한 우려라고 할 수 있다. 이 문제는 2009년 10월 '외고법'이 개정된 이후에 현재까지도 근본적으로 해결되지 못하고 있는데, 이는 3년 이하의 근로계약이 만료된 후에 계약갱신거절권이 사용자에게 있다는 데 기인한다.

이러한 상황에서라면, 제25조제1항제2호가 규정하고 있듯이 고용허가 취소 및 고용제한의 사유로 사업장을 이동하는 것은 쉽지 않다. 근로계약상 사용자의 근로조건 위반의 경우나 임금체불, 그 밖의 노동관계법 위반 등의 경우에는 고용허가 취소나 고용의 제한을 할 수 있고 이러한 경우를 사업장 변경신청 사유로 정하고 있다. 그러나 고용허가 취소 및 고용제한에 관하여 법 제19조제1항 및 제20조제1항은 이를 "취소를 명할 수 있다" 및 "고용을 제한할 수 있다"라고 하여 고용센터에 그 재량권을 부여하고 있기에 실제 사업장 변경이 어려운 것이다. 즉, 위에서 말한 사용자의 귀책사유가 존재하면 고용센터의 재량권 행사가 결정인 영향을 미칠 수 있으나 현장에 있어 사업장 변경에 대한 고용센터의 재량권은 거의 발동되지 않는 실정이다.

게다가 위에서 말한 '그 밖의 노동관계법 위반'에 대해서는 '외고법'

제19조제1항제3호에서 "노동관계법 위반 등으로 근로계약의 유지가 어렵다고 인정되는 경우"라고 규정하고 있다. 이는 노동관계법 위반 위에 부가적인 조건을 첨가하여 고용허가의 취소를 규정한 것이며, '외고법' 제22조에서는 이주노동자의 부당한 차별적 처우를 금지하고 있으나 이는 제재 규정이 없는 선언적 성격의 조항에 불과한 것이다. 이러한 규정들로는 이주노동 현장에서 벌어지는 인권침해나 차별을 방지하기 어렵다. 따라서 '외고법' 제22조의 취지, 즉 이주노동자의 차별금지에 대한 현실적인 조치와 인권침해 및 차별의 문제를 해결하기 위해서는 '외고법' 제22조의 위반 및 사용자의 인권침해 행위 등에 대한 경우를 사업장 변경 사유로 규정하는 것이 실제 그러한 폐해를 막는 현실적 방법이 될 것이다.

'외고법' 제25조제1항제3호에서는 '그 밖에 대통령령으로 정하는 사유'가 발생한 경우 이주노동자가 사업장을 변경할 수 있도록 규정하고 있다. 대통령령으로 정하는 사유란, 동법 시행령 제30조제1항에서 밝히고 있는바, '상해 등'으로 이주노동자가 해당 사업장에서 계속 근무하기는 부적합하나 다른 사업장에서 근무하는 것은 가능하다고 인정되는 경우를 말한다. 고용허가제상의 이주노동자들이 3D업종에 한정되어 육체노동을 해야 하므로 일이 매우 힘들어 사업장 변경을 원한다. 이런 연유로 상당수의 이주노동자가 해당 사업장에서 얻은 상해나 질병 등이 '상해 등'의 사유에 해당하는지를 검토해 달라고 요청한다. 그러나 실제 대부분의 경우 '상해 등'의 사유로 사업장 변경하지 못하고 있다. 이는 고용센터가 삼고 있는 사업장 변경기준이 현재 사업장에서는 근무하기 부적합하나 다른 사업장에서는 가능해야 한다는 것인데, 상해를 입은 이주노동자의 경우 다른 사업장에서도 일하기가 힘든 경우가 다반사이기 때문에 고용센터의 허용을 받아내기 수월하지 않다. 또한 의정부외국인력지원센터를 내방한 이주노동자들을 상담하여 보면 '상해 등'의 사유로 사업장을 변경하기 위해 병원의 진료 소견서 내지 진단서를 제출하여도 이에 대한 판단을 고용센터에서 매우 엄격하게 판단하여 이로 인한 사업장 변경은 사실상 불가능하다고 할 수 있다. 따라서 동조에 따른 '상해 등'의 사유를 '외고법' 제25조제1항제2호의 '이주노동자 책임 아닌 사유'에 포함하여 사업장 변경 횟수에 산입하지 않는 것으로 개정을 고려할 필요가 있다.

2) 변경 기간

어렵사리 사업장 변경허가를 받았다 할지라도, 다음 사업장으로 취업하기 위해서는 구직기간의 제한이 있는데 반드시 3개월 내에 취업을 해야 하는 것도 쟁점으로 남아 있다. '외고법' 제25조제3항은 근무처 변경허가 기간 등에 대해 다음과 같이 규정하고 있다.

'외고법' 제25조(사업 또는 사업장 변경의 허용)

③ 제1항에 따른 다른 사업 또는 사업장으로의 변경을 신청한 날부터 3개월 이내에 「출입국관리법」 제21조에 따른 근무처 변경허가를 받지 못하거나 사용자와 근로계약이 종료된 날부터 1개월 이내에 다른 사업 또는 사업장으로의 변경을 신청하지 아니한 외국인근로자는 출국하여야 한다. 다만, 업무상 재해, 질병, 임신, 출산 등의 사유로 근무처 변경허가를 받을 수 없거나 근무처 변경신청을 할 수 없는 경우에는 그 사유가 없어진 날부터 각각 그 기간을 계산한다.

위 규정에 따르면 이주노동자는 근로계약 종료 후 1개월 이내에 사

업장 변경신청을 해야 하고, 사업장 변경신청 후 3개월 이내에 근무처 변경허가를 받지 못할 경우 출국을 해야 한다. 여기서 쟁점은 3개월이 이주노동자가 한국에서 근무처를 변경하기 위한 구직기간으로 충분한가 하는 점이다. 그 이유는 기간 자체가 짧고, 한국말과 제도를 잘 알지 못하는 이주노동자들이 당장 실직기간 동안 머물 곳이 없다는 점, 건강보험의 혜택이 중단되는 점 등이다. 충분한 기간이 확보되지 않은 상태에서 구직을 못할 경우 곧 출국해야 한다는 것은 고용허가제가 지나치게 경직적으로 운용되고 있다는 비판을 받기도 한다(하갑래 2011, 371). 무엇보다 이러한 경직된 규정으로 인하여 미등록 이주노동자를 양산할 수 있기에, 구직활동기간에 대한 충분한 시간을 확보해 줄 필요가 있다.[8]

물론 구직활동기간 3개월에 대한 예외 사유에 대한 단서 규정이 있다. "업무상 재해, 질병, 임신, 출산 등의 사유로 근무처 변경허가를 받을 수 없거나 근무처 변경신청을 할 수 없는 경우 그 사유가 없어진 날부터 각각 그 기간을 계산한다"라고 명시하고 있다. 그러나 구직활동기간의 도과 원인이 다양하고 이주노동자의 책임과 무관할 수 있음에도, 위 단서 규정에 따른 예외 사유를 거의 인정하고 있지 않은 실정이다. 실제로 사업주가 고용센터에 근로계약 체결 신고를 지연하여 근무처 변경 허가신청을 도과하는 경우가 종종 있다. 사업주가 자신의 과실

---

[8]　2008년 국가인권위원회는 이주노동자의 구직활동 기간에 있어 충분한 기간을 확보할 것을 권고하였다('외국인 이주노동자의 사업장 변경 허용기준 등 개선권고 (2008.10)' 참조).

을 인정하고 설명해도 근무처 변경 허가가 수용되지 않고 미등록 체류자가 되는 안타까운 사례들이 있었다.

2. 근로계약 기간

2009년 10월 '외고법'이 개정되기 전까지 고용허가제에 따른 이주노동자의 근로계약 기간은 1년 단위였다. '외고법'이 개정된 후 '외고법' 제18조는 고용허가를 받은 사용자와 이주노동자가 입국일로부터 최대 3년의 취업활동 기간 당사자 간의 합의에 따라 근로계약을 체결하거나 갱신할 수 있도록 하였다. 이는 1년 단위 근로계약의 반복으로 사업주들이 매년 이주노동자의 고용에 대한 연장신고를 해야 하는 불편함이 있었고, 이주노동자도 1년 단위 근로계약으로 인하여 고용불안을 가짐에 따라, 한국 정부가 3년의 체류 기간 내에서 당사자 간에 자율적으로 결정하도록 하자는 사업주들의 요청을 받아들인 것이다.

이러한 취지의 결정에도 불구하고, 이는 이주노동자들의 강제노동에 대한 위험을 고려치 않고, 사업주들의 목소리를 그대로 반영하여 실질적으로 3년 동안 이주노동자의 사업장 변경을 원천적으로 봉쇄해 준 것이라는 지적을 받아 왔다. 왜냐하면 본국에 있는 이주노동자들이 사업주와 근로계약을 체결하기 위해서는 사실상 3년짜리 계약서에 동의하지 않으면 한국으로 올 수 없기 때문이다. 현장을 보더라도 3년 계약으로 일하고 있는 이주노동자들은 3년 동안 뚜렷한 사유가 없으면 사업장 변경을 하지 못하기에 사업주의 부당한 처우에도 이를 참으며 일하는 경우가 많다. 사업주들은 자신들이 3년 동안 이주노동자를 마음 대로 고용할 수 있다고 생각하여 임금체불, 폭행, 상습적 폭언, 성희롱, 종교적 문화의 특수성에 대한 모독 등을 서슴지 않고 일삼는 사례가 자주 보고된다. 한편 근로조건이 더 좋은 사업장으로 가고자 의도적으로 사업주에게 문제를 제기하여 사업장 변경을 하려는 이주노동자들 또한 상당수 있다. 그러나 위에서 설명했듯이, 사업장 변경은 여러 사유에도 불구하고 실제 쉽지 않은 경우가 대부분이다. 최근 이주노동자들과의 근로계약 기간 관련 면담 결과에서 주목할 만한 사실은 '외고법'이 개정 되기 전인 1년 계약 단위의 고용허가제를 보다 선호하는 것이다. 이는 임금 등 근로조건에 있어 현재 만족하지 않더라도 1년 후 사업장 변경 혹은 재계약에 대하여 사업주와 협의할 수 있기 때문이다. 현재와 같이 3년 근로계약 기간에 묶여 있어 현 근로조건으로 3년간 일을 하기에 더욱 사업장 변경을 원하게 된다고 한다.

2007년 1월 시행된 비정규직 보호법에서 계약기간이 2년으로 제한됨으로써 현재는 폐지된 근로기준법 제16조에 의하면 "근로계약 기간을 정하지 아니한 것과 일정한 사업의 완료에 필요한 기간을 정한 것 외에는 그 기간은 1년을 초과하지 못한다."라는 규정이 있었다. 이것의 취지는 노동자를 강제노동의 위험으로부터 구제하는 데 있었던 것인 만큼, 폐지된 동 규정이 이주노동자에게 필요한 것으로 근로계약 기간에 대한 재검토도 적극적으로 고려할 만하다. 현재 이주노동자의 근로계약 단위를 1년으로 고려해 볼 수 있음은 사업주들의 고용안정에 기여하는 성실 근로자 재입국 취업제도와 같은 개선이 이루어진 점도 무관하지 않다. 즉 '외고법' 제18조의4에 따르면, 이주노동자가 최초 사업장에서 사업장 변경 없이 4년 10개월을 일하면 일정 요건을 충족하는 해당 이주노동자에 대해 사용자가 재입국 고용허가 신청을 할 수 있고, 이주노동자의 취업활동 기간이 만료된 후 3개월 뒤에 재입국하여 해당 사업장에서 일할 수 있는 제도가 2012년 7월 2일부터 시행되고 있다. 이주노동자들은 최초 사업장에서 본 제도에 따라 4년 10개월을 일해야 하는바, 현저하게 임금 등 법정 근로조건의 위반 사실이 없으면 계속 근로를 하여 다시 4년 10개월을 일하고자 하는 경우가 많다. 따라서 1년 단위 근로계약이 사업주의 고용안정을 크게 해하지는 않을 것이라 예상된다. 1년 단위의 계약이 사업주 입장에서 번거롭다는 불만을 갖게 할 수 있으나, 직업선택의 자유라는 측면에서 1년 계약을 위한 제도적 장치의 필요성이 더 우선순위이다.

3. 취업기간 연장과 재입국 취업

현행 '외고법' 제18조, 제18조의2, 제18조의3, 제18조의4는 동법에 따른 이주노동자의 취업기간 연장(이하 '재고용'이라고 한다)과 재입국 취업(이하 '재취업'이라 한다)에 대하여 규정하고 있다. 이 규정에 의하면, 이주노동자는 원칙적으로 입국한 날부터 3년의 범위에서 취업활동을 할 수 있으나, 사업주가 이주노동자의 취업활동 기간 3년 만료 전(출국 전 약 2개월 이내)에 고용노동부 장관에게 재고용 허가를 요청한 경우, 1회에 한하여 2년 미만의 범위에서 취업활동 기간을 연장받을 수 있도록 하고 있다.

'재취업'에 대해서는, 한국에서 취업한 후 출국한 이주노동자는 출국한 날부터 6개월이 지나지 아니하면 다시 취업할 수 없도록 규정하고 있으나, 이에 대한 특례규정을 두고 있다(제18조의4). 이에 의하면 연장된 취업활동 기간이 만료되어 출국하기 전에 사용자가 재입국 후의 고용허가를 신청할 경우 고용노동부 장관은 그 이주노동자에 대하여 출국한 날부터 1개월 후 동법에 따라 다시 취업할 수 있도록 하고 있다.

〈표 8-2〉 재고용 및 재취업 제도의 변화

'04.8월	'05.5월	'09.12월	'12.7월	'21.4월
3년	3년+3년 (중간에 1개월 출국)	4년 10개월 (3년+1년 10개월)	4년 10개월 + 요건 충족 시 4년 10개월 추가 (중간에 3개월 출국)	4년 10개월 + 요건 충족 시 4년 10개월 추가 (중간에 1개월 출국)
변경이유	재고용을 통한 숙련인력 활용 지원	출국부담 완화 및 인력공백 해소	숙련인력 계속활용 불법체류 감소에 기여	

'외고법' 제정 당시에는 사업주에게 이주노동자의 재고용을 허용하지 않았다. 그러나 〈표 8-2〉에서 보듯이, 2005년 5월 개정을 통하여 취업활동 기간 3년 만료 후 한국에 재입국하여 취업할 수 있는 기간을 기존 1년에서 6개월로 단축하였으며, 취업한 후 3년의 취업기간이 만료되는 이주노동자를 재고용할 수 있는 제도를 신설하였고, 이 경우 재취업 제한 기간을 6개월에서 1개월로 단축하였다. 또한 2009년에는 3년의 취업활동 기간이 만료되는 이주노동자 중 사업주의 요청이 있는 경우 해당 이주노동자를 출국 없이 1회에 한하여 2년 미만의 범위에서 취업활동 기간을 연장하도록 재차 개정하였다.

이러한 변화는 사업주, 이주노동자 모두를 충족하는 변화여서 긍정적이라고 할 수 있다. 특히 사업주에게 1개월의 일시 출국을 요건으로 이주노동자를 재고용할 수 있도록 하다가 2009년 개정을 통하여 이주노동자의 일시 출국 없이 1년 10개월의 기간을 연속하여 재고용함으로써 사업에 지장을 초래할 수 있는 이주노동자 공백 기간 1개월을 없애도록 한 것이 그렇고, 이주노동자에게는 근로 기회의 단절 없이 계속 취업활동을 할 수 있게 함으로써 임금 및 퇴직금에 영향을 받지 않도록 하였다는 점, 미등록 체류를 예방할 수 있다는 점에서 긍정적이라 할 수 있다.

더욱이, 2012년부터는 최장 10년 가까이 한국에 체류하며 일을 할 수 있도록 하는 '재입국 취업 특례 제도'(이전 '성실외국인근로자 제도')를 시행하고 있다. 앞서 언급했듯이, 한국 정부는 단기순환 원칙에 따라 비전문 취업분야 이주노동자의 장기체류나 정주화를 방지하는 정책을 견지해 왔다. 그러나 사업주들이 장기근속에 따른 숙련 이주노동자 확보를 지속적으로 요구하여 이주노동자의 취업활동 기간을 계속적으로 연장하고 있다. 이주노동자의 정주화에 따른 가족 동반, 사회적 비용 등의 문제를 야기할 수 있다는 비판적 견해(고준기·이병운 2010, 30)에도 불구하고, 한국 정부가 이들의 취업활동 기간을 연장함은 국내 노동시장에서 숙련 이주노동자의 필요를 사실상 인정한 것이고, 이를 장기체류가 아닌 단기순환 원칙의 틀 안에 어떻게든 포함시키려는 정책으로 풀이된다.

이러한 맥락에서 한국에서 일의 숙련도가 높아진 이주노동자를 계속 활용하고자 '재입국 취업 특례 제도'가 시행되었으며, 2021년 4월에는 기존 3개월에서 1개월 등 그 요건 또한 완화하였다. 이 제도는 고용허가제로 입국하여 취업활동 기간(4년 10개월)이 만료될 때까지 다음의 경우 재입국 취업이 가능하다. 1) 사업장 변경 없이 동일한 사업장에서 계속 근무하거나 사업장 변경을 한 경우라도 재입국 후의 고용허가를 신청하는 사용자와 취업활동 기간 종료일까지의 근로계약 기간이 1년 이상인 자로 동일 업종 내 근속한 경우, 2) 외고법 제25조제1항제2호의 사유(이주노동자 책임 아닌 사유)로 사업장을 변경하고 재입국 후의 고용허가를 신청하는 사용자와 취업활동 기간 종료일까지의 근로계약 기간이 1년 미만인 경우에도 개별 사례별로 권익보호협의회의 의견을 들어 재입국 특례 고용허가를 하는 것이 타당하다고 인정하는 경우가 그것이다.[9] 이런 경우, 사용자가 고용허가를 신청할 경우 귀국 1개월이 지난 후에 재입국하여 귀국 전에 근무하던 사업장에 다시 취업할 수 있게 하는 제도이다. 즉, 4년 10개월 근무 후 1개월을 거쳐 다시 최대 4년 10개월 동안 곧 총 9년 8개월 동안 한국에서 취업할 수 있도록 하는 것이다.

'성실외국인근로자 재입국 취업제도'는 사업주나 이주노동자로부터 모두 호응을 얻었다. 이 제도 도입으로 재고용과 재입국 취업이 이전보다 쉽고 합리적으로 이루어지기 때문이다. 그러나, '성실외국인근로자 재입국 취업제도'의 도입에도 이주노동자의 재고용 여부나 재입국 취업이 사업주의 배타적 결정에 달려 있다는 것은 여전히 근본적인 문제로 남아 있다. 사업주에게 부여된 재고용의 독점적 지위로 인하여 사업장 내 지위의 비대칭성과 이주노동자의 고용 종속이 심화할 수밖에 없으며, 이는 근로조건의 악화로 이어지기 쉽다(정정훈 2009, 34). 실제 재고

---

9 고용노동부에 따르면, 잔여 근로계약 기간이 1년 미만인 경우 폭행, 성희롱 등 부당한 처우를 받더라도 재입국특례를 인정받기 위해 사업장 변경을 못하는 등의 사례를 방지하기 위한 것이라고 함.

용과 관련된 상담을 보면, 취업활동 기간 3년 만료가 도래하고 있는 이주노동자의 상당수가 사업주의 임금 지급 지연, 근로조건 저하, 폭행 등 인권침해에도 재고용을 위하여 이를 감내하고 있으며 이에 대한 문제 제기를 원하지 않는 경우가 자주 드러난다.

재입국 취업의 경우도 마찬가지이다. 2021년 4월 개정을 통해 그 요건을 완화하였다고는 하지만, 마지막 사업장의 고용주와 근로계약 기간이 1년 이상이라는 요건은 여전히 불안한 요소이다. 즉, 선의의 이주노동자가 피해를 볼 가능성을 대비하였다고는 하나, 1년 미만의 경우 권익보호협의회의 심의를 거쳐야 하기 때문이다. 이주노동자의 경우 권익보호협의회에 그 안건을 제기할 수 있는지, 그 절차는 어떻게 되는지 등을 잘 알지 못한다는 것이며, 무엇보다 권익보호협의회의 심의에 따라 1년 미만의 사유가 소명되었다고 하더라도 재입국 취업을 할 수 있게 해주는 것은 여전히 고용주에게 있다는 것이다.

지속적인 근로기회를 갖기 원하는 이주노동자들의 희망은 숙련된 외국인력을 필요로 하는 사업주들의 요구와 맞아떨어진다. 이에 조응하여, 법무부 출입국·외국인정책본부에서는 2011년 10월 10일부터 이주노동자 중 자질이 우수한 인재를 선발하여 숙련 전문인력으로 계속 취업을 허용하고 있다. 이에 따라 고용허가제(E-9)에 따른 이주노동자에게도 특정활동(E-7)비자를 발급하고 있으며, 이주노동자들이 취업활동 기간을 연장하여 일할 수 있는 가능성이 열리고 있는 추세인데, 특히 법무부에서는 2023년 이를 반영하듯 숙련기능인력(E-7-4) 비자를 기존 2,000명에서 35,000명까지 17배나 확대하는 대대적인 조치를 시행하였다.[10] 이는 고용허가제상의 보완성의 원칙이 무색할 정도로 국내 노동시장에서의 이주노동자 수요를 반증하는 것이며, 정부가 이에 따른 정책을 추진하는 것이라고 할 수 있다. 그러나 인원수의 증가뿐만 아니라, 한국에서 이주노동자가 지속적으로 일할 수 있는 여건과 환경을 만들어 주는 노력이 필요하다. 즉, 이주노동 정책에 있어 이주노동자의 정주화 방지만을 고집할 것이 아니라, 이들을 한국 구성원의 일원으로서 인식하고 그들의 삶의 권리를 보장해주는 이주노동 정책을 적극적으로 고민해야 한다.

IV. 경계의 완화: 고용허가제에서 노동허가제로

고용허가제의 문제점이 여러 지점에서 나타나자, 이를 대신하여 '노동허가제'의 수용을 주장하는 목소리가 나오고 있다. 고용허가제가 이주노동자로 하여금 저임금·장시간 노동을 감내하도록 강요하고 이주노동자 착취 등 인권침해를 결과한다는 비판이 지속적으로 행해져 왔다. 고용허가제를 노동허가제로 전환해야 한다는 주장은 고용허가제 제도 시행 전부터 지금까지 이어지고 있다. 노동허가제란 이주노동자에게 국내에서의 취업과 노동할 권리를 허가해 주는 제도로, 이주노동자의 고용을 사업주에게 허가하는 제도인 고용허가제와 대비된다. 고용

---

10 법무부(23/09/25)는 "'숙련기능인력 3만 5천 명 혁신적 확대 방안(K-pointE74)' 9월 25일부터 본격 시행"을 골자로 하는 보도자료를 냄.

허가제나 노동허가제는 공통적으로 이주노동자의 국내 취업에 있어 그 취업활동 자격을 출입국상의 체류자격과 서로 분리하고 있다. 즉, 외국인이 국내에 체류할 수 있는 자격을 「출입국관리법」등 관련 법령에 따라 부여받는다고 하더라도 바로 취업활동 자격이 주어지는 것은 아니며, 국내 노동시장의 상황 등을 감안하여 취업활동 자격에 대한 권리 부여가 판단된다. 국내 취업활동 자격을 부여받은 외국인의 경우에는 내국인과 동등한 대우를 받게 되는데, 이는 내국인과 균등한 처우를 받는 것이 국제법과 국내법의 기본원칙이기 때문이다. 이처럼 양 제도는 외국인에 대한 출입국 체류 정책을 국내 노동시장 정책과 분리한다는 점, 국내 노동시장의 인력 수급 사정에 따라 이주노동자 도입을 고려한다는 점에서 공통된다(노재철 2010, 76).

고용허가제와 노동허가제의 주요 차이점은 제도의 주체인 법령의 대상을 사업주로 하느냐 이주노동자로 하느냐에 있다. 고용허가제는 이주노동자에게 단기 취업을 허용한 뒤 취업활동 기간이 만료되면 귀국시키는 것을 원칙으로 하고, 가족 초청 등의 가족 동반 프로그램을 금지하며, 이주노동자의 사업장 변경은 원칙적으로 제한하고 있다. 이에 반해 노동허가제는 이주노동자에게 취업과 노동할 권리를 부여하므로 이주노동자 스스로가 노동권을 가지며, 체류 기간을 충분히 보장하여 이주노동자들에게 안정된 체류 생활 및 정주화가 가능하도록 하고, 이주노동자의 사업장 변경을 자유롭게 허용하는 것을 내용으로 한다.

고용허가제는 사업장 변경 시 계약해지권과 계약갱신거절권이 사업주에게만 있고, 사업장 변경 사유를 확대했다 할지라도 실제 행정기관의 처분 여부에 의존한다는 점, 이주노동자의 책임 아닌 사유 입증이 쉽지 않은 점, 사업장 변경 횟수 제한, 근무처 변경 기간으로 인한 미등록 체류의 문제 등이 쟁점으로 부각되었다. 재고용과 재취업과 관련하여서도, 고용허가제는 재고용 여부가 사업주의 배타적인 결정에 의거하며, '성실 외국인근로자 재입국 취업제도' 등의 제도가 마련되어 있지만 이러한 제도들의 요건을 충족하지 못하는 이주노동자의 경우 미등록 체류 가능성이 높다.

장기적으로는 고용허가제를 노동허가제로 전환하는 것이 현행 고용허가제의 문제점을 해결하고, 지구적 이주시대 한국사회에서 이주노동자의 권리와 삶을 점차적으로 향상시키는 계기가 될 수 있다. 그러나 고용허가제 대신 노동허가제를 시행한다고 하더라도 단기간으로 취업활동 기간을 부여할 경우에는 그 필요성이 크지 않다는 견해(최홍엽 2002, 462), 보완성의 원칙에 따른 내국인 노동자의 고용기회 보장이 일부 필요하다는 점, 이주노동자의 인권침해 금지, 법정근로조건 준수, 강제노동 금지를 준수하며 중소기업체의 안정적인 노동력 확보가 필요하다는 점 등에서 당장에 제도를 전환할 수 없다는 의견 또한 무시할 수 없다. 실제 고용허가제와 노동허가제 두 제도를 현실적으로 명확히 구분하기 어렵기도 하다. 이는 고용허가제에서는 제한적일지라도 이주노동자의 체류와 취업에 대한 권리를 부여하여야 하며, 노동허가제도 업종 및 규모 등에 따라 이주노동자의 취업을 제한하고 있어 사용자가 등록 혹은 허가 등의 요건을 갖추어야 이주노동자에 대한 고용 권한을 부여받을 수 있기 때문이다.

이러한 현실 속에서 당장에 노동허가제로의 전환을 주장하는 것보다는 현행 고용허가제를 지속적으로 개선하되, 사업장 변경, 취업활동

기간, 정주화(영주권 및 가족 동반) 등에 있어 노동허가제적 요소를 점진적으로 수용하는 단계적인 노동허가제가 필요하다. 예컨대, 이는 사업장 변경과 관련된 문제가 심각한 만큼 최초 2년 동안은 현행 고용허가제의 틀을 유지하되, 최초 2년 후 2년 10개월 기간에는 업종 제한하나 사업장은 자유롭게 이동할 수 있는 노동허가제를 도입하는 점차적 개선 방식이다. 그리고 총 4년 10개월의 취업활동을 마친 후에는 일정한 요건을 정하여 이주노동자가 이를 충족하는 경우 특별노동허가제를 도입할 수도 있을 것이다. 좀 더 구체적으로 사업장 변경 사유, 사업장 변경 제한 횟수, 근로계약 기간과 사업장 변경, 재고용과 재취업과 관련하여 단계적 노동허가제가 제안하는 내용을 정리해 본다.

1. 사업장 변경 사유와 기간

현행 고용허가제는 최초 3년 후 사업주의 재고용 여부에 따라 1년 10개월 더 일할 수 있는 총 4년 10개월의 구조로 되어 있다. 여기서 제안하려는 단계적 노동허가제는 이주노동자에게 총 4년 10개월의 취업활동 기간을 허용한다는 점은 동일하나, 사업장 변경의 제한에서 그 차이가 있다. 즉, 단계적 노동허가제는 최초 2년의 취업활동 기간에만 '외고법' 제25조제4항이 규정하고 있는 사업장 변경의 횟수 제한을 인정하는 것이다.

'외고법' 제25조제1항제1호는 근로계약해지권이나 계약갱신거절권을 사업주에게만 부여하여 이주노동자의 강제노동이 문제가 될 수 있다. '외고법' 제25조제1항제2호는 직권 사업장 변경 결정을 고용센터의 재량으로 규정하였다. '외고법' 제25조제1항제3호에서 언급했듯이, '상해 등'의 사유도 고용센터가 판단하는데 그 판단의 기준이 명확하지 않다. 이러한 문제들에 대하여 '외국인근로자 권익보호협의회'(이하 '협의회'라 한다)의 활용을 적극 제안한다. 즉, 이주노동자와 사업주 간의 직권 사업장 변경에 관한 분쟁을 심의·결정하고, 이에 대한 판단 기준을 마련하는 등 사업장 변경 관련 사안 및 고용센터의 재량으로 발생하는 문제에 대하여 이를 합리적으로 해결하기 위한 심의·결정 기구로 활용하는 것이다.

'외고법' 제24조의2에서 지방고용노동관서 관할지역에 따라 이주노동자의 권익 보호를 위한 협의회를 구성하도록 하고 있는데, 협의회의 구성은 노동자 단체, 사용자 단체, 이주노동자 지원단체, 그 밖의 유관 공공기관으로 되어 있다. 협의회는 '외고법' 시행령 제15조의제2항[11]에 따라 이주노동자의 사업장 변경에 관한 사항 등에 대하여 협의할 수 있으나, 실무적으로는 관내 고용허가제 현황, 고용센터 업무처리 내용, 고용허가제 제도 변경 내용 등을 안내하는 것에 그치고 있다. 이 협의회를 '외고법'이 규정하고 있는 본래의 목적대로 적극 활용하되, 고용허가제에 따라 직업선택의 자유를 가지지 못하는 이주노동자에게 사업장

---

11 '외고법' 시행령 제15조의제2항은 협의회가 ① 이주노동자의 사업장 변경에 관한 사항, ② 이주노동자와 사용자 간 갈등 사항의 해소 방안, ③ 이주노동자의 국내 구직활동 및 생활에 대한 지원 방안, ④ 그 밖에 이주노동자의 권익 보호와 관련하여 필요하다고 인정되는 사항 등에 대하여 협의할 수 있다고 규정하고 있다.

변경 관련 분쟁에 있어 사업주와 이견이 있을 시 이를 심의하는 '공론장'의 형태로 적극 운용하는 방법을 고려하는 것이다.

'외고법' 제25조제3항에 따르면, 이주노동자는 근로계약 종료 후 1개월 이내에 사업장 변경신청을 하여야 한다. 그러나 사업주가 고용변동 신고를 미루다 그 기간을 초과하는 경우가 있다. 이주노동자가 계약해지권이나 계약갱신거절권을 갖고 있다면 이런 식으로 받게 되는 이주노동자의 불이익을 해소시킬 수 있다. 그리고 동 규정에 있어 이주노동자는 사업장 변경신청 후 3개월 이내에 근무처 변경허가를 받아야 하는데, 여기서 3개월의 의미는 이주노동자에게 3개월의 구직기간을 부여한다는 의미이며, 만약 이 기간 안에 취업하지 못하면 출국해야 하는 것이다. 그러나 이는 충분한 기간이 확보되지 않는 것으로 이주노동자에게 있어 매우 가혹한 일이 아닐 수 없다. 따라서 대부분의 이주노동자가 취업하지 않은 상태에서 급여도 없이 한국에서 장기간 체류한다는 것은 사실상 어렵다는 점, 미등록 체류를 방지하기 위한 방안이 된다는 점, 이주노동자의 가정해체를 예방할 수 있다는 점 등에서 구직활동 기간을 인권단체 등의 주장과 같이 6개월로 확보해 줄 필요가 있다.

2. 사업장 변경 제한 횟수

'외고법' 제25조제4항의 사업장 변경의 횟수 제한은 이주노동자의 사업장 변경과 관련하여 가장 근본적인 문제로 지적되고 있다. 이는 '외고법'이 이주노동자에 대해 원칙적으로 사업장 변경을 금지하고 있으며, 사업장 선택의 권리나 직업 선택의 자유에 있어 이들을 그 주체로 인정하지 않고 있기 때문이다. 이주노동자에 대한 한국 정부의 사업장 변경 금지는 국제규범 내지는 다른 나라의 이주노동 정책에 비하여 매우 엄격하다고 할 수 있다. UN은 1990년 12월 총회에서 「이주노동자권리협약」을 채택하였는데, 이 협약은 미등록 이주노동자를 포함하는 모든 이주노동자와 그 가족의 인권을 보장하는 가장 종합적이고 포괄적인 국제인권기준이다. 이 협약은 이주노동자가 고용국에서 보수활동을 자유로이 선택할 수 있는 권리가 있음을 원칙으로 하고 있다. 그러나 이 협약에서도 몇 가지 제약조건을 인정하고 있는데, 2년의 체류 기간에는 보수 활동 선택의 자유를 제한할 수 있으며, 2년 뒤에는 선택의 자유에 대한 기회를 주어야 한다.

1949년 채택된 ILO 제86호 이주노동자 권고에서는 5년 이상 거주한 이주노동자에 대해서는 취업활동 제한을 할 수 없도록 하고 있다(제16조 제2항). ILO 제143호 협약인 '이주노동자 보충협약(1975)' 제14조(a)에서는 "이주노동자가 2년을 초과하지 아니하는 규정된 기간 동안 취업을 목적으로 자국의 영토 내에 합법적으로 거주한다는 조건 하에서, 또는 법령이 2년 이하의 정해진 기간 동안 계약을 하도록 하는 경우 그 노동자가 첫 번째 고용계약을 완료하였다는 조건하에서, 이주노동자에게 지리적으로 이동할 수 있는 권리를 확보해 주어야 하며, 취업을 자유롭게 선택할 수 있도록 해야 한다"고 규정하고 있다. 이로써 2년 이하의 정해진 고용계약이 만료된 이주노동자에게 취업 선택의 자유를 부여하고 있다(권영국 2010, 20). 나라별 사례를 보면, 독일에서는 이주노동자가 5년 동안 합법적으로 계속 고용된 경우 이주노동자에게 지역 선택의 제한이 있는 업종 선택의 자유를 부여하고 8년 이상 합법적으로 고용되었을 때는 업종과 지역에 제한을 받지 않는다. 프랑스는 1년 이내의 기간제를 기본으로 노동허가를 발부하고 있으나 사업장 변경에 대한 횟수 제한은 두고 있지 않다. 이처럼 이주노동자의 사업장 변경과 관련한 국제규범과 이에 기반한 이주노동 정책을 실시하고 있는 여타 국가들은 이주노동자의 직업 선택 및 사업장 변경에 대한 자유를 완전히 보장하고 있지는 않지만, 일정 기간 후에 이를 인정하거나 특별히 사업장 변경에 대한 제한을 두고 있지 않다.

국가별 특수 상황이 있으나, 현행 '외고법'의 이주노동자 사업장 변경 부분은 국제적 동향과도 차이가 커 우리나라에서도 입국 최초 2년 후 사업장 변경에 대한 제한을 완화 혹은 폐지를 고려할 필요가 있다(김인재 2011, 62). 요컨대, 최초 2년의 취업활동 기간에는 이주노동자의 계약해지권이나 계약갱신거절권을 인정함을 전제로 이주노동자의 사업장 변경을 제한하되 변경 가능 횟수는 2회로 하고, 제25조제1항제2호의 규정 즉 사업장 변경 횟수 제한에 포함되지 않는 사유는 그대로 적용하며, 사업장 변경 관련 갈등적 분쟁이 있을 경우에는 '외국인근로자 권익협의회'를 활용하도록 하여 이주노동자의 임금 등 근로조건 저하, 인권 침해, 강제노동 등을 방지하는 제도적 장치를 확보하는 것이다.

3. 근로계약 기간과 재고용, 재취업

'외고법'은 고용허가를 받은 사용자와 이주노동자가 입국일로부터 최대 3년의 취업활동기간(재고용 후에는 1년 10개월) 내에서 당사자 간의 합의에 따라 근로계약을 체결할 수 있음을 규정하고 있다. 이주노동자의 사업장 변경 권한이 없는 상황에서 3년은 사업주 입장이 더 크게 감안된 경우이다. 이주노동자의 인신 구속, 강제노동 등의 문제 방지를 위해, 단계적 노동허가제에서는 국제규범의 취지에 따라 최초 2년의 취업활동 기간에는 사업장 변경의 제한을 두되, 근로계약 단위를 1년으로 하여 이주노동자로 하여금 1년 계약만료 후 계약갱신거절권을 행사할 수 있도록 할 것을 제안한다. 그 취지는, III장에서 설명했듯이, 이주노동자의 직업선택의 자유를 우선시하기 위해서이다.

재고용의 경우 현행 '외고법'에서 재고용 여부가 사업주의 배타적인 결정에 따르므로 이주노동자의 고용 종속이 심화되고 있으며, 근로조건의 악화로 이어지는 것이 가장 큰 문제임을 지적한 바 있다. 이러한 제도적 한계에 대한 시정이 필요하나, 근본적으로 취업활동 기간에 대한 재고도 할 필요가 있다. 다시 말해 재고용이라는 제도를 별도로 둘 것이 아니라 취업활동 기간을 최초 입국할 때부터 4년 10개월[12]로 하자는 것이다. 이는 최초 2년에 대해서는 현행 고용허가제, 즉 일반고용허가제의 요소를 도입하여 이주노동자를 고용하고, 나머지 2년 10개월의 기간은 재외동포(중국동포 등)를 고용하는 절차인 특례고용절차의 방식으로 업종 제한이 있는 노동허가제를 운영하는 방안이다.[13] 이러한 요소를

---

12 취업활동 기간을 5년으로 하면, 국적법상 거주기간이 5년 이상이 될 경우 국적을 취득할 수 있는 요건을 충족하는 문제가 발생하기에 4년 10개월로 한정한다.

13 방문취업제에 따라 방문취업(H-2)사증으로 입국한 동포들은 고용노동부 한국

적용한다면, 최초 2년 후 자유롭게 사업장을 변경할 수 있는 이주노동자는 가칭 '외국인고용가능확인서'를 발급받은 사업주와 근로계약을 체결하고 이를 관할고용센터에 신고(사업주는 '근로개시신고', 이주노동자는 '근무처변경신고')하는 절차로 2년 10개월의 기간 동안 취업활동을 할 수 있게 되는 것이다.

단계적 노동허가제에서 고려하는 재취업은 현행 '성실 외국인근로자 재입국 취업제도'를 수정·활용하여 이주노동자의 정주화를 돕는 가교역할의 기능을 하게 된다. '성실 외국인근로자 재입국 취업제도'를 가칭 '성실 이주노동자 특별노동허가제'로 변경하고, 다음과 같은 요건을 충족하는 이주노동자에게 이를 부여하는 것이다. 즉 고용허가제로 입국한 2년과 노동허가제로 취업한 2년 10개월 동안에 사업장 변경 없이 동일한 사업장에서 계속 근무한 자와, 고용허가제로 최초 2년간 취업활동을 하면서 사업장을 변경하였으나 휴·폐업 등 고용노동부 장관이 고시한 이주노동자의 책임이 아닌 사유로 변경한 것이고, 노동허가제의 2년 10개월 동안 국내에서 범죄사실 및 미등록 체류의 사실 없이 동일한 사업장에서 합법 취업한 자에게 정부가 그 요건을 심사하여 '특별노동허가'를 승인하는 것이다. 특별노동허가를 얻은 이주노동자는 3년간 취업활동(업종 제한 적용)을 할 수 있도록 하고, 이 기간에 일정한 요건

산업인력공단에서 실시하는 취업교육을 이수한 후 구직 신청을 한 다음 고용센터의 취업 알선 또는 자율적으로 특례고용가능확인서를 발급받은 사업장에 취업할 수 있다. 사업장 변경은 신고만으로 가능하다.

을 정하여 ILO 제143호 보충협약에서 규정하듯이 가족재결합권[14]도 인정하는 것을 허용한다.

V. 맺음말: 경계를 넘어서며

한국 이주노동정책은 그 첫 단추를 끼었던 산업연수생제도에서 고용허가제로 전환되었다. 산업연수생제도가 가지는 모순으로 인해 도입된 현행 고용허가제는 이주노동자의 신분을 연수생이 아닌 노동자로 법적 변화를 가져왔고, 연수추천단체, 국내 인력송출 기관의 개입을 차단함으로써 공공부문이 직접 외국인력을 도입하고 관리하여 공공성을 강화하였다는 점, 내국인 노동자 우선 고용원칙을 제시하였다는 점 등으로 ILO 등 UN에서 의미 있는 평가를 받기도 하였다. 그러나 시행된 지 19년째 되는 고용허가제는 그 한계와 문제점으로 다시 근본적인 제도 변화를 요구받고 있다.

이 글에서는 고용허가제의 쟁점과 함께 개선과제에 대한 제도적 대안을 논하고, 지구적 이주시대 한국 이주노동 정책에 대한 제도 전환의 모델로서 단계적 노동허가제를 제시하였다. 단계적 노동허가제는 현행

---

14 동 협약은 합법적으로 거주하는 이주노동자의 가족재결합을 촉진하기 위한 필요조치를 취하도록 하고 있으며, 가족의 범위에 있어서는 배우자, 부양자녀 및 부모로 하고 있다(제13조).

고용허가제에 따른 이주노동자의 인권침해, 강제노동, 미등록 체류, 정주화 등의 문제를 해결하고 한국 현실을 감안하여 제시한 대안이다. IV장에서 논의하였던 것처럼, 단계적 노동허가제는 고용허가제의 가장 중요한 원칙인 보완성의 원칙을 유지하면서 노동허가제적 요소를 점진적으로 수용하여 이주노동자의 노동권 및 인권을 보장하고자 한다. 이러한 제안은 고용허가제가 안고 있는 문제점을 점차적으로 해결하기 위한 것일 뿐만 아니라, 자본과 노동의 탈경계, 고령화, 낮은 출산율 등으로 인해 이주노동자의 유입과 확대가 불가피한 이주의 시대에 유연하게 준비해야 하는 데 필요한 정책이기도 하다. 경계의 고용허가제와 경계를 벗어나고자 하는 단계적 노동허가제를 비교·정리해 보면 다음과 같다.

〈표 8-3〉 고용허가제와 단계적 노동허가제 비교

		고용허가제	단계적 노동허가제
취업활동기간		최초 3년 재고용 후 1년 10개월	최초 입국 시부터 4년 10개월 보장
사업장 변경	원칙	사업장 변경 제한	최초 2년 동안 제한 최초 2년 이후 사업장 변경 제한 없음
	횟수	최초 3년간 3회 재고용 후 2회 (각 기간 동안 이주노동자 책임 아닌 사유 시 사업장 변경 무제한)	최초 2년간 2회 (최초 2년 동안 이주노동자 책임 아닌 사유 시 사업장 변경 무제한)
	계약해지권 및 갱신거절권	없음	있음
근무처 변경 기간		3개월	6개월
업종 제한		제한 있음	제한 있음
노동허가		해당 없음	최초 2년 이후 2년 10개월 (사업장 변경 제한 없음)
특별노동허가		해당 없음	요건 충족 시 총 4년 10개월 이후 3년간 특별노동허가 부여

가족재결합권	해당 없음	특별노동허가를 득한 자는 가능
영주권	해당 없음	특별노동허가 부여 후 심사 대상

위에서도 언급했듯이, 고용허가제와 단계적 노동허가제의 결정적 차이점은 제도의 주체를 사업주에 두느냐 이주노동자에 두느냐에 있다. 이를 통치와 관련하여 좀 더 확장해서 설명하면, 고용허가제는 국민국가 체제에서 나온 이주노동정책으로 단기순환원칙을 고수하고 대부분의 사안에서 국가의 합법적 구성원인 사업주의 배타적 권한이 결정적으로 작용하는 제도이다. 정부가 외국인의 고용을 허가하되 고용허가를 신청할 수 있는 주체는 사용자이다. 이 구조에서 사용자가 고용하려는 이주노동자는 사용자와 동일한 국적을 갖지 못한 경계 밖의 주변적 존재일 뿐이고 그리하여 사용자에게 종속적으로 될 수밖에 없다. 고용허가제가 안고 있는 이러한 근본적인 문제와 여러 폐해를 개선하고자 그 제도적 대안으로 단계적 노동허가제가 제시된다.

단계적 노동허가제가 국가라는 근대적 경계의 비관용으로부터 벗어나는 이주노동정책의 의미 있는 전환점이 되기를 기대한다. 이로써 상실된 이주노동자의 인권과 사회적 권리를 확보하고, 저비용의 단순 기능인력으로 활용해 온 이주노동자들을 한국사회에서 단지 경제적 노동력의 제공자가 아니라 사회 구성원으로 그들의 삶을 제대로 살 수 있게 하는 제도와 정책들이 보다 적극적으로 모색될 수 있을 것이다. 물론 이러한 제안은 자국민 보호를 우선시하는 국민국가 체제의 법적 경계와 정치적 현실에 직면하고, 실제로 사용자뿐만 아니라 내국인 근로자의 이해관계와 예민하게 대치되기도 한다. 이 지점에서 강조하고자 하는 바는, 지구적 이주의 시대는 근대 시민권의 정치와 경계 인식만으로 해결될 수 없는 지구적 차원의 변화를 요청하고 있다는 점이다.

　법무부·출입국외국인정책본부에 따르면 한국에 체류하고 있는 외국인은 2023년 9월 말 현재 2,514,159명에 이른다. 2023년 현재 우리나라 인구의 약 4.8%가 외국인, 귀화자와 그들의 자녀들이다. 전체 인구의 5% 정도가 다른 문화권으로부터 유입된 이주자로 구성될 때 이를 다문화사회라 한다면, 한국도 다문화사회로 진입할 준비를 해야 한다. 한국사회의 다양한 문화권의 외국인 유입 증가에 따라, 한국 정부는 2006년을 기점으로 다문화사회로의 지향을 공식화하며 법과 정책을 마련해왔다. 다문화가족의 보호를 위한 〈결혼이민자가족의 사회통합 지원대책〉과 이주노동자의 근로조건과 대우를 개선하려는 〈외국인 정책 기본방향 및 추진체계〉, 다문화사회 정책을 견인하기 위한 〈재한외국인 처우기본법〉이 대표적 대응이었다. 이러한 노력에도 한국 정부의 이주정책은 이주노동자보다 수적으로 적은 결혼이주여성에 중심을 두어 왔다. 그 이유는 한국 이주정책의 주요 이해관계가 국가 구성원의 보호, 더욱 구체적으로는 다음 세대를 생산·양육하는 결혼이주여성의 역할과 무관하지 않기 때문이다(박종보·조용만 2006, 10). 국내 체류 외국인 중 가장 큰 집단이 이주노동자이다. 이주노동자의 노동권과 인권의 보호와 확대라는 책무뿐만 아니라, 한국사회에서 점점 늘어나고 있는 이주노동자들의 사회적 적응을 무시한다면, 나아가 이주의 시대를 살아가는 지구촌의 현실을 제대로 인지하지 못할 때 치러야 할 비용이 결코 적지 않을 것이다.

　2023년 2월, 고용노동부는 "고용허가제 장기근속 특례제도"를 발표하여 이주노동자가 10년 이상 한국에 체류하며 취업활동을 이어갈 수 있도록 하는 방안을 발표하였다. 그 내용은, 국내 산업현장에서의 만성적인 인력난과 한국사회의 초저출산, 고령화 사회에 있어 이주노동자 도입의 필요성이 더 커지고 있는바, 이주노동자를 보다 많이 수용하겠다는 한 발 나아간 정책으로 보일 수 있다. 그러나, 이는 이주노동자의 노동조건, 예컨대 이주노동자의 사업장이동 금지 원칙은 그대로 두거나 더 강화한 채 이주노동자를 3D업종의 '인력'으로만 "더 넓게 더 오래" 활용하겠다는 근시안적 발상에 머무르고 있다.

출산율의 저하와 노동력의 지구적 이동으로 인해 향후 한국사회에서 이주노동자의 수는 더욱 늘어날 전망이다. 2023년 현재, 이주노동자의 수는 그 어느 때보다도 증가하였다. 이주노동자를 단순히 부족한 인력의 보완이 아니라 지구촌의 변화된 이주 시대의 풍경으로 보고 이에 적극적으로 대응하는 인식과 실천이 필요한 시점이다. 전 세계적으로 전개되고 있는 자본과 노동력의 세계화와 국가체제의 변화가 가져오는 도전이 한국사회에도 예외 없이 보이고 있다. 한국사회는 이제 그들을 '인력'이 아닌 '사람'이 온 것으로 이해해야 하는 과정조차 지났다. 그들은 근대사회의 '정치적 시민권'을 표상하는 국적만 없을 뿐 '노동하는 시민'이자, 우리 사회에서 현재를 함께하며 미래를 같이 할 '사회적 시민'인 것이다.

이주정책이 내국인 보호라는 국민국가 경계의 프레임 속에서 이루어지는 한, 이주정책은 이주노동자의 통제와 관리 정책이라는 비판을 면하기 어렵다. 지구화, 곧 정치, 경제, 문화, 사회의 구조적인 상호연결성 증가로 인해 결과된 이주정책은 사용자와 국내 노동자만을 보호하고 이주노동자를 배제하기 위한 수단이 아니라, 현재와 미래의 우리 공동체의 생존을 위한 단계로 이해되고 준비되어야 한다. 그것이 경계와 탈경계를 넘나드는 수용적인 인식과 정책이 국민국가 체제의 도전과 마주하고 있는 21세기에 공존할 수 있는 우리의 생존 방법이기도 하다.

참고문헌

고용노동부. 2012. "외국인력 고용실태조사: 사업장조사." 고용허가제 시행 8주년 평가 토론회. 서울. 8월.

고용노동부. 2014. "그간의 고용허가제 운영과 향후 정책방향." 고용허가제 시행 10주년 평가 토론회. 서울. 8월.

고용노동부. 2022. "제35차 외국인력정책위원회 결정사항 공고." https://www.moel.go.kr/news/notice/noticeView.do?bbs_seq=20221001126(검색일: 2023년 11월 1일)

고준기·이병운. 2010. "개정 고용허가제의 문제점과 개선방안: 2009년 10월 9일 개정법률을 중심으로." 『노동법논총』 18집, 1-36.

권영국. 2010. "이주근로자의 노동3권과 노동시장에서의 지위." 국가인권위원회 조사국 침해조사과 편. 『이주노동자권리협약 쟁점 토론회』, 1-25. 서울: 국가인권위원회.

김승욱. 2023. "내년 외국인력 쿼터 12만명 이상으로…사업장별 고용한도 2배 늘린다." 『연합뉴스』(8월 24일), https://www.yna.co.kr/view/AKR 20230824068700530(검색일: 2023년 11월 1일).

김옥녀. 2021. "이주민의 사회서비스 이용권." 『월간 복지동향』 275호, 22-30.

김인재. 2011. "외국인근로자의 사업장 이동 제한의 위헌 여부." 『노동법률』 246호, 57-62.

김태환. 2022. 『다문화사회와 한국 이민정책의 이해』. 서울: 집사재.

노재철. 2010. "미등록외국인근로자의 문제점과 해결방안." 『노동법논총』 18집, 37-90.

박종보·조용만. 2006. 『다문화가족지원법 마련을 위한 연구』. 서울: 여성가족부.

백석현. 1997. "외국인 노동자의 고용과 노동력 부족대책." 『노동연구』 13집, 29-68.

법무부. 2023. "숙련기능인력 3만 5천 명 혁신적 확대 방안(K-pointE74)' 9월 25일부터 본격 시행." (9월 25일), https://www.moj.go.kr/moj/221/subview. do?enc=Zm5jdDF8QEB8JTJGYmJzJTJGbW9qJTJGMTgyJTJGN-Tc1NTE0JTJGYXJ0Y2xWaWV3LmRvJTNG(검색일: 2023년 10월 28일).

석현호·정기선·이정환·이혜경·강수돌. 2003. 『외국인 노동자의 일터와 삶』. 서울: 지식마당.

설동훈. 1999. 『외국인 노동자와 한국사회』. 서울: 서울대학교출판부.

설동훈. 2000. 『노동력의 국제이동』. 서울: 서울대학교출판부.

송병준·백석현·유명기·함한희·설동훈·이번송·권주안. 1997. 『외국인 노동자의 현실과 미래』. 서울: 미래인력연구센터.

이규용·이승렬·박성재·노용진. 2011. 『외국인력 노동시장 분석』. 서울: 한국노동연구원.

정정훈. 2009. "이주노동자의 노동권 보장을 위한 고용허가제의 개선 방향과 과제." 『고용허가제 시행 5년, 이주노동자의 기본권은 보장되고 있는가?』, 21-56. 서울: 국가인권위원회.

최홍엽. 1997. "외국인 근로자의 노동법상 지위에 관한 연구." 서울대학교 박사학위 논문.

최홍엽. 2002. "외국인근로자 도입제도와 고용허가제." 『노동법연구』 13호, 443-469.

하갑래. 2011. "외국인고용허가제의 변천과 과제." 『노동법논총』 22집, 333-389.

한국산업인력공단. 2011. 『외국인력 관련법·제도 상담길라잡이』.

한준성. 2022. 『이주와 정치: 다문화사회의 이민정치와 이주평화학의 모색』. 서울: 당대.

Castles, Stephen and Mark J. Miller 저·한국이민학회 역. 2013. 『이주의 시대』. 서울: 일조각.

IOM. "Migration Data and Research." https://www.iom.int/data-and-research(검색일: 2023년 10월 28일).

Marshall, Thomas H. and Bottomore Thomas B. 저·조성은 역. 2014. 『시민권』. 서울: 나눔의 집.

Marshall, Thomas H. 저·김윤태 역. 2013. 『시민권과 복지국가』. 서울: 이학사.

Petras, Elizabeth M. 1981. "The Global Labor Market in the Modern World-Economy." In *Global Trend in Migration: Theory and Research on International Population Movement,* edited by Mary M. Kritz, Charles B. Keely, and Silvano M. Tomasi, 44-63. Staten Island, N.Y.: Center for Migration Studies.

Piore, Michael J. 1979. *Birds of Passage: Migrant Labor and Industrial Society.* Cambridge: Cambridge University Press.

Porters, Alexandro and John Walton. 1981. *Labor, Class, and the International System.* New York: Academic Press.

Todaro, Michael P. 1976. *International Migration in Developing Countries.* Geneva: International Labor Office.

Turner, Bryan S. 저·서용석·박철현 역. 1997. 『시민권과 자본주의』. 서울: 일신사.

이동수

서울대학교 정치학과에서 학사와 석사학위를 받았고, 미국 밴더빌트대학교 (Vanderbilt University)에서 정치학 박사학위를 취득하였다. 대통령직속 녹색성 장위원회 위원, 대통령실 정책자문위원, 경희대학교 공공대학원장과 교무처 장을 역임하였고, 현재 경희대학교 공공대학원 교수로 재직 중이다. 주요 저 서와 논문으로는 『시민은 누구인가』(편저), 『한국의 정치와 정치이념』(공저), *Political Phenomenology*(공저), "지구시민의 정체성과 횡단성", "그리스 비극에 나타난 민주주의 정신", "공화주의적 통치성" 등이 있다.

김태영

경희대학교 정치외교학과를 졸업하고, 서울대학교와 시라큐스대학교에서 각 각 정책학 전공, 행정학 전공으로 석사학위를, 코넬대학교에서 도시행정학 전 공으로 박사학위를 받았다. 대통령소속 자치분권위원회 위원 및 경희대학교 공공대학원 원장을 역임했으며, 현재 행정안전부 자체평가위원회 위원장, 지 방자치단체합동평가위원회 위원장, 서울시 지속가능발전위원회 위원장을 맡 고 있고, 경희대학교 행정학과 교수로 재직 중이다. 주요 저서로는 『정책학의 주요이론』(공저), 『지배에서 통치로: 근대적 통치성의 탄생』(공저), 주요 논문으 로는 "자치권의 확대에 대한 이해와 오해", "재정분권에 대한 이해와 오해", "자 치권의 주체에 대한 이해와 오해", "주민자치에 대한 이해와 오해" 등이 있다.

채진원

경희대학교에서 정치학 박사학위(비교정치학)를 받았다. 경희대학교 후마니타 스칼리지 전담교수로 〈시민교육〉, 〈세계시민교육〉, 〈NGO와 정부관계론〉, 〈정당과 선거〉 등을 강의했고, 한국주민자치학회 학술부회장을 역임했다. 현

재는 경희대학교 공공거버넌스연구소 학술연구교수로 재직 중이며, 한국정
치평론학회 연구이사, 공화주의 아카데미 공동이사장을 맡고 있다. 주요 논문
으로는 "시민정치의 흐름과 네트워크정당모델의 과제", "시민권 보장의 차이
로서 공화주의 논의: 민주주의, 민족(국가)주의, 세계시민주의와의 비교" 등이
있고, 주요 저서로는 『무엇이 우리정치를 위협하는가』, 『공화주의와 경쟁하는
적들』, 『제왕적 대통령제와 정당』 외 다수가 있다.

조석주

서울대학교 정치학과를 졸업하고 동대학원에서 정치학 석사학위를, 로체스
터대학교에서 정치학 박사학위를 받았다. 예일대학교 정치학과 조교수 및 성
균관대학교 경제학과 부교수를 역임했으며, 현재 경희대학교 경제학과 부교
수로 재직 중이다. 주요 논문으로는 "Voting Equilibria Under Proportional
Representation", "Retrospective Voting and Political Representation", "Bar-
gaining Foundations of the Median Voter Theorem"(공저) 등이 있다.

송경재

경기대학교 경제학과에서 경제학 학사·석사학위를, 경희대학교 정치학과에
서 비교정치(ICT 정치학)로 박사학위를 취득했다. 현재 상지대학교 사회적경
제학과 교수로 재직 중이다. 연구 관심 주제는 사회적 자본, 디지털 민주주의,
디지털 사회혁신, 지방소멸 대응 등이다. 주요 논문으로는 "지방소멸 시대, 사
회적 자본과 지역공동체", "정치 유튜브 이용자의 정치참여 의식에 관한 연구"
등이 있고, 저서로는 『근대적 통치성을 넘어서: 정책적 측면』(공저) 등이 있다.

임상헌

연세대학교 독어독문학과를 졸업하고, 서울대학교에서 정치학 석사학위를,
옥스퍼드대학교에서 사회정책학 박사학위를 받았다. 현재 경희대학교 공공
대학원 원장으로 재직 중이다. 주요 저서와 논문으로는 『복지국가 쟁점 2』(공

저), 『시민사회 파트너십과 공공성』(공저), "Look Up Rather Than Down: Karl Polanyi's Fascism and Radical Right-Wing 'Populism'", "Welfare State and the Social Economy in Compressed Development: Self-Sufficiency Organizations in South Korea", "Policy Entrepreneurship within the Advocacy Coalition Framework"(공저) 등이 있다.

한준성

한국외국어대학교 영어과를 졸업하고, 서울대학교에서 정치학 석사학위와 박사학위를 받았다. 한양대학교 평화연구소 연구교수와 경희대학교 공공거버넌스연구소 학술연구교수를 역임했으며, 현재 강릉원주대학교 다문화학과 조교수로 재직 중이다. 주요 저서와 논문으로는 『이주와 정치: 다문화사회의 이민정치와 이주평화학의 모색』, "이민행정과 이민윤리의 간극 줄이기: '공동의 차별화된 책임'에 따른 다부처 협력과 체류 안정화 정책", "우크라이나 난민 위기에 대한 유럽의 대응: '환대'와 '연대'에 가려진 '인종주의'와 '동맹'" 등이 있다.

이화용

이화여자대학교 정치외교학과를 졸업하고, 영국 케임브리지대학교에서 정치학 석박사학위를 받았다. 경희대학교 공공대학원장과 한국정치사상학회 편집위원장을 역임했으며, 현재 경희대학교 공공대학원 교수로 재직 중이다. 주요 저서와 논문으로는 "Political Representation in the Later Middle Age", "UN and Its Democratization", "네그리와 하트의 '제국'론에 대한 재성찰", "국제기구와 시민사회" 등이 있다.

이기호

성공회대학교에서 사회학 박사과정을 수료하였으며, 2006년부터 2021년까지 노사발전재단, 의정부 외국인노동자지원센터에서 이주노동자 법률지원 업무를 담당하였다. 현재 서울노동권익센터 법률지원 팀장으로 재직 중이다.

주요 논문으로는 "한국의 이주노동 정책에 대한 비판적 연구"(경희대 석사학위 논문), "경계(境界)의 이주정책: 고용허가제의 쟁점과 과제", "이주노동자 주거 문제의 인권적 접근" 등이 있다.

근대적 통치성을 넘어서: 제도적 측면

발행일 1쇄 2024년 4월 10일

지은이 이동수 편
펴낸이 여국동

펴낸곳 도서출판 인간사랑
출판등록 1983. 1. 26. 제일-3호
주소 경기도 고양시 일산동구 백석로 108번길 60-5 2층
물류센타 경기도 고양시 일산동구 문원길 13-34(문봉동)
전화 031)901-8144(대표) | 031)907-2003(영업부)
팩스 031)905-5815
전자우편 igsr@naver.com
페이스북 http://www.facebook.com/igsrpub
블로그 http://blog.naver.com/igsr
인쇄 하정인쇄 **출력** 현대미디어 **종이** 세원지업사

ISBN 978-89-7418-445-2 93340

* 책값은 뒤표지에 있습니다.　　* 잘못된 책은 바꿔드립니다.
* 이 책의 내용을 사용하려면 저작권자와 도서출판 인간사랑의 동의를 받아야 합니다.